U0143146

迦陵讲演集

美玉生烟

叶嘉莹细讲李商隐

叶嘉莹 著

北京大学出版社
PEKING UNIVERSITY PRESS

图书在版编目（CIP）数据

美玉生烟：叶嘉莹细讲李商隐 / 叶嘉莹著. —北京：北京大学出版社，2018.7

（迦陵讲演集）

ISBN 978-7-301-27146-9

Ⅰ. ①美… Ⅱ. ①叶… Ⅲ. ①李商隐（812—约858）– 人物研究 Ⅳ. ① K825.6

中国版本图书馆 CIP 数据核字（2016）第 107791 号

录像材料由加拿大西门菲莎大学友情提供

书　　　名	美玉生烟：叶嘉莹细讲李商隐	
	MEIYU SHENG YAN: YE JIAYING XIJIANG LI SHANGYIN	
著作责任者	叶嘉莹 著	
责 任 编 辑	徐丹丽	
标 准 书 号	ISBN 978-7-301-27146-9	
出 版 发 行	北京大学出版社	
地　　　址	北京市海淀区成府路 205 号　100871	
网　　　址	http://www.pup.cn　　新浪微博:@北京大学出版社	
电 子 信 箱	pkuwsz@126.com	
电　　　话	邮购部 62752015　发行部 62750672　编辑部 62752022	
印 刷 者	北京中科印刷有限公司	
经 销 者	新华书店	
	890 毫米 ×1240 毫米　16 开本　15.75 印张　200 千字	
	2018 年 7 月第 1 版　2022 年 8 月第 4 次印刷	
定　　　价	68.00 元	

目 录

扫码观看
本书精彩视频

第一讲

从《锦瑟》诗谈起

我只是一个诗词爱好者，终身沉迷在诗词之中，我觉得诗词里面有那么美好的东西，我愿意把我所体会的美好的东西传达给大家。

李商隐那么有名，可是大家认为他的诗是诗谜，因为他的诗大家认为很难懂，不知道他说些什么。比如大家常常会背的一首诗《锦瑟》：

> 锦瑟无端五十弦，一弦一柱思华年。
> 庄生晓梦迷蝴蝶，望帝春心托杜鹃。
> 沧海月明珠有泪，蓝田日暖玉生烟。
> 此情可待成追忆，只是当时已惘然。

大家都不知道这首诗说的是什么。其实这首诗还不是李商隐最难懂的一首诗，李商隐还有很多首非常难懂的诗，像《燕台四首》的第一首开头："风光冉冉东西陌，几日娇魂寻不得。蜜房羽客类芳心，冶叶倡条遍相识。暖蔼辉迟桃树西，高鬟立共桃鬟齐。雄龙雌凤杳何许，絮乱丝繁天亦迷。"你不知道他说的是什么，所以大家就说李商隐的诗是诗谜。金元时代有个诗人叫元好问（号遗山），他说："诗家总爱西昆好，独恨无人作郑笺。"《诗经》有毛传，然后有郑玄郑康成的笺注。他说李商隐的诗也很美好，可惜没有人像《诗经》的毛传、郑笺一样，给李商隐的诗作很好的说明和解释。

不过呢，我跟李商隐似乎有一点特别的缘分。他的诗虽然如此之难懂，可是我从十二三岁——我六七岁时背诗，十二三岁时读诗——就特别喜欢李商隐的诗。怎见得说我喜欢李商隐的诗呢？

我现在先要从我小的时候对李商隐的理解谈起。李商隐的诗很难懂，但是我一个小孩子，为什么就喜欢上李商隐的诗呢？我第一首要谈的是我很早的一篇作品，题目叫作《咏莲》。这是1940年的夏天写的，那年我十六岁。我出生在北京，北京夏天有很多荷花。我北京老家的院子是一个有三进的很大的四合院。中间的院落就养着大盆的荷花。院子里没有池塘，于是用大的荷花缸养荷花。我家是一个很保守的旧家庭，女孩子也不能出去乱跑，所以都是在家里长大的。我小时候写的诗词，都是写我家院子里的景物。我出生在夏天，阴历的六月，家里人说，六月是荷花的月，我出生的月份是荷花的生日，所以我的小名就叫作"荷"。因为这个缘故，我从小对于荷花，就有一种特别的感情。一次偶然的机会，我看到了李商隐的《送臻师》二首。臻师是一个名字叫作"臻"的法师。这两首诗是送给修道的臻师的，我们现在说其中的一首。

苦海迷途去未因，东方过此几微尘。

何当百亿莲华上，一一莲华见佛身。

"见"字在中国古代和"现"字是通假字。他说的是什么事情呢？按照佛经《大般涅槃经》的说法，人世之间，不管是生离还是死别，一切都是忧伤，一切都是痛苦。人生就是在苦海之中。我们所有的人类都在苦海之中迷途了，我们都失落了自己，我们不知道我们从何而来，也不知道我们到何方去。我们不知道我们人生的意义和价值在哪里。我们有战乱，有流离，有贫穷，有离别，有死伤，有痛苦，为什么？为什么这个世界是如此痛苦？

多年以前我在温哥华，那大概是七十年代，我偶然在英属哥伦比亚大学（简称UBC）的布告栏上看到一则布告，说东城的一个很小的剧院，在演瑞典的斯特林堡（Strindberg）的一个戏，叫作《梦剧》（*Dream Play*）。我是个很好奇的人，对于西方有些新鲜的东西，我也非常爱好。我就一个人开车到东城的那个小戏院去看斯特林堡的《梦剧》。那个剧场很小，你一进去，都是黑暗的。而且剧场很严格地限定，只要开场了、开演了，就再也不许人进去了。剧场四面的墙上有几扇门，每个门上有一盏灯，很黯淡的灯光。整个剧场里演奏着弦乐，我不知道那是什么，也许是提琴，非常幽微、抑扬、哀怨的一种丝弦的音乐。人们都很安静。忽然间，空中有了一个声音，这个声音是神的声音，他说："我创造了人类，我希望他们在世界上过幸福、美好的生活。我希望知道他们现在的情况是什么样。"声音是从空中传下来的，舞台上没有人。剧场造了一个通道，从天上到地下，神可以从通道的洞穴之中听到世界上的声音。他说："为什么我在天上听到地下的声音都是哀哭？"都是悲

奥古斯特·斯特林堡（August Strindberg，1849—1912），瑞典戏剧家、小说家、诗人。他是继易卜生之后的又一位北欧戏剧大师，仅剧作就有六十多部，被誉为世界现代戏剧之父。

哀，都是痛苦，那是什么缘故呢？他说："我要了解，为什么人类会走向这样一个痛苦的境况？我创造了人类，为什么他们的生活是如此悲哀和痛苦？"他说："我要叫人去考察一下。"

《圣经》上说，是神派遣他的爱子，道成肉身，耶稣基督来到世界上。斯特林堡写的那个剧，就说神派遣他的一个女儿从天上降到地下来考察。当空中说了这么一大段话以后，从舞台的旁边就上来一个全身都是黑衣服的人，他不是一个正式的演员，就是一个隐身的、无形的人。手里边拿着的东西像我们挂衣服的衣架，衣架上挂钩的地方画的是一个少女的头像。衣架拿上来以后，从戏院的顶上飘下来一匹白绸子，一匹白色的柔软的长长的绸子。黑衣人拿着衣架在那里承接，然后这一匹白绸就披在衣架上了。于是，本来只是一个少女的脸，现在披上白绸，就变成一个美丽的女子的图像。这个舞台旁有很多小门，每个门上有灯光，然后每个门后陆续出来一些既不是常人也不是演员的拿着衣架的隐身人。衣架上面画的头像——有老人，有年轻人，有男子，有妇女，来自人类各阶层、各方面的人物。每个人上来，空中的谈话所说的就是这种人的痛苦、那种人的痛苦。人类有不同的遭遇，不同的痛苦。整个剧演的就是人类的不同的遭遇、不同的痛苦。

我从来没有看过一场戏让我觉得这样感动。戏结束以后，我坐在剧场中，很久都没有离开。为什么世界会是如此？——就是在舞台上所演出的人类的种种的不幸。我这说的是当年，那大概是二十世纪七十年代，我在温哥华。现在我要说的是四十年代，很早以前，我读了李商隐的《送臻师》。他说"苦海迷途去未因"，人世间有这么多痛苦，我们都是沉没在苦海之中，我们不知道我们从哪里来，也不知道我们到哪里去，我们活着带来什么，我们死去又带走什么。我们不知道。"去"是过去，"未"是未来，我们就迷失了过去、未来的因果。他说"东方过此几微尘"，佛教是从西方传来的，所以是东来，像玄奘去西方求法、求佛经。"东方过此"，经过了多少大千的微尘世界，佛教说世界有三千大千世界，每一个世界在整个的宇宙看来，都不过是一粒尘沙而已，所以他说"苦海迷途去未因，东方过此几微尘。何当百亿莲华上，一一莲华见佛身"。人类这么痛苦，都在苦海之中。"何当"，就是当什么时候。我们要等到哪一天，等到什么时候，我们能够看见，这个世界上有百亿的莲花。"亿"是极其多，"百亿"是极言其多。这是见于佛经的，李商隐诗上有注解，说出于《大般涅槃经》。他引了一段佛经，佛经上的神话说，人的身上有无数的毛孔，而释迦佛的每一个毛孔都会生出一朵莲花，每一朵莲花上都会坐着一尊佛像。佛经上这样说，所以李商隐就说"何当百亿莲华上"，是什么时候，我们才能在佛的那个毛孔所生的百亿的莲华上，"一一莲华"，每一朵的莲花上，都出现了佛身，都是对世界的救赎。我们能够得到佛的这么多的救赎来救赎我们吗？

其实那个时候，1940年，我不过十六岁，可是我读了李商隐的这首诗，就很感慨，因为我经历了很多。我出生的那一年是1924年。1924是什么年？那时国民革命刚刚成功，不过国父孙中山说"革命尚未成功"，表面上你把清朝推翻了，可是革命并没有成功，当时有南北的战争，有军阀的混战，有袁世凯的称帝，有张勋的复辟，那时候的中国充满了战乱，各地方都有军阀和土匪。中国是一个疆土广大的国家，一旦失去控制——我们说中国有各个乱离的时代，不用说东晋的五胡乱华，就是晚唐以后的五代十国，我们中国都是分裂成多少个小国——所以一旦失去了清朝的王权的统治，马上出现各地的军阀混战，有军阀同时就有土匪。所以我小的时候，中国是在军阀混战的背景之下。而军阀还没有平定，国家也没有完全建设起来的时候，就发生了"七七事变"。

"七七事变"是1937年，我十三岁，刚刚上初中二年级。因为

"七七事变"是突然发生，所以暑假开学，日本或者伪政府来不及准备新课本，我们用的还是旧课本。旧课本上就记载着从甲午战争开始日本侵华的种种恶迹。但是这个历史，日本人不能让它留在那里，日本人就把历史书统统改写。所以一个国民，要知道自己本国的历史。当你有一天失去了国家，你就再也没有机会读你本国的历史，因为它们被篡改了。第一天上课，我们把历史跟地理书拿出来，老师说第几页的纸要整页都撕掉，第几页的第几行到第几行要拿毛笔统统涂掉。不让你有本国的历史和地理的认识，都要完全按照它的新的历史来讲。然后就要庆祝，庆祝上海陷落，庆祝南京陷落，庆祝汉口陷落。日本在1937年卢沟桥事变以后不久，接连打下了我们多少城市！而它叫我们所庆祝的那些陷落的城市，都是我父亲的所在地。我父亲是北大外文系毕业的，也是想要报国，所以投身于航空事业，翻译、介绍西方的航空事业。最近有个朋友，帮我找到了我父亲当年翻译的文章，就是介绍西方航空事业的文章。前些时候，中国演了一部片子，是演河南的大饥荒的，叫《一九四二》。那个时候我们在北京也是几个月吃不到白米白面的，但是我们有混合面，就是老舍在《四世同堂》中所叙写的那个，我们还有东西可以吃，还不至于饿死。可是我们看到报纸，就是1942年的大饥荒，不知道死了多少人。不用报纸上说死了多少人，我早晨去上学，门一开开，墙角上就会有冻死、饿死的人。到学校同学就互相问，你今天在路上看到了几个"倒卧"？"倒卧"就是倒在街上冻死、饿死的人。那是我所经历的少年时代。

"苦海迷途去未因，东方过此几微尘。何当百亿莲华上，一一莲华见佛身。"所以你就知道，为什么当时我读了李商隐的这首诗会被他感动。因为我不知道我们的国家、我们整个世界的救赎在哪里。所以我就写了一首小诗《咏莲》：

植本出蓬瀛，淤泥不染清。

如来原是幻，何以度苍生。

海上有三座仙山，蓬莱、瀛洲、
方丈，山上是仙境，有长生不老药。

——《山海经》

"植本出蓬瀛"，荷花是从水里边生长的，"蓬瀛"是指蓬莱、瀛洲、方丈，是传说中的海上神山，莲花是在水里生长的，所以说"出蓬瀛"。"淤泥不染清"，它生在污秽的泥土之中，可是莲花长出来，一尘不染。不用说尘不染，连水都不染。你看莲花瓣或者莲叶，如果是下雨，或者是往上面洒水，它在荷叶上变成一颗水珠，它不沾在那里，你一摇，水珠"噗噜"就掉下去了，它不被污染，所以宋朝的周敦颐说莲花是"花之君子者也"，"出淤泥而不染，濯清涟而不妖"。现在的科学，专家说，莲花这种植物上有纳米。纳米是现在的名词，我不知道是什么。总而言之，莲花是不沾染其他东西的。所以我说："植本出蓬瀛，淤泥不染清。"可是我们说有佛，有如来，救我们脱离苦海，但如来在哪里？我家是没有宗教信仰的，所以我说"如来原是幻，何以度苍生"。我虽然很小，但我看到国土的沦亡，看到战乱，看到死伤，不禁想为什么——"如来原是幻，何以度苍生"。这是李商隐的诗那么早就打动了我的原因。

我再讲一首李商隐的诗，也是我小时候读的。小的时候啊，最早家里长辈说背《唐诗三百首》，从开头第一首背，"兰叶春葳蕤，桂华秋皎洁"，张九龄的《感遇》。我觉得这个太没有意思了，什么"兰叶春葳蕤，桂华秋皎洁"，我觉得念起来不是很好听，也不是很使我感动，当然后来我知道这也是很好的诗。我就拿了《唐诗三百首》自己乱翻，翻到李商隐的又一首诗，题目叫《嫦娥》：

> 云母屏风烛影深，长河渐落晓星沉。
>
> 嫦娥应悔偷灵药，碧海青天夜夜心。

大家听我读，我虽然不是广东人，我不会说[-p][-t][-k]结尾的入声字，但是从小我的家长就告诉我说，诗里边有平声、仄声，入声字属仄声。北方话没有入声的字，我家长告诉我说，你只要遇到入声的字，把它读成短促的去声、短促的仄声就可以了。所以我说"云母屏风烛影深"，蜡烛的"烛"，你念zhú，与诗的平仄不合，"烛"字是入声字。云母是一种矿石，上面有一些花纹，这种矿石可以磨得很薄，甚至可以磨成半透明的。它不像玻璃，什么都能看穿，这个有点隐蔽，也就是说它既漏光，也很隐蔽。那个时候没有我们现在各种各样的玻璃，就是把云母磨光了，做成屏风。在云母屏风的遮掩之下，你隐约地看见房间里面的这个人没有睡，还点着一根蜡烛，在深深的卧室之内，有蜡烛的光影在摇动。

　　"长河渐落晓星沉。"天上有银河。我小时候家里那个四合院的院子很大，夏天很热，就找一领席子，铺在地上，

"长河渐落晓星沉"写诗人所望见的天空之情景。

两句合参，则此诗人必已是长夜无眠之人。

我就喜欢仰睡在席子上，看天上的星星。因为我父亲是外文系毕业的，后来进了航空署，所以我家里有很多航空方面的书。英文书我看不懂，可是它有天上的星辰图，因为有时候飞机在夜间航行，要认天上的星辰的方向。我看我父亲的书，就认得这个是北斗星，是大熊星座，这是牵牛，那是织女，所以我就都认识。当我读李商隐这首诗，我就感觉很亲切。"云母屏风烛影深，长河渐落晓星沉。"其实这个天河不是落了，是当天慢慢亮起来了，天上这银河就慢慢、慢慢消失了，你就看不见了。"晓星沉"，本来东方有一颗启明星，很亮的一颗启明星，可是天再亮起来，那个星星也不见了。黑夜过去了，白天来临了。昨天晚上，那碧空之上有一轮明月，月亮在碧海青天之上。最近刚刚过了六月十五，前几天 Jenny 告诉我说："叶老师啊，你知道我到你这里，回家路上看天上的月亮好漂亮，很亮、很亮的月亮。"我们这几天都是晴天，月亮非常美丽。上个礼拜，阴历从十二三到十七八，天上的月亮非常圆，非常亮。所以等到"长河渐落晓星沉"，月亮也不见了。

这个李商隐真是妙。世间有不同的诗人，杜甫的诗说"致君尧舜上，再使风俗淳"（《奉赠韦左丞丈二十二韵》），我要使我的国君成为尧舜一样美好的国君，我要转变我们这种恶劣的、贪婪的风气，让它变得更纯良，更美好，这是杜甫的诗篇；李太白的诗说"遥见仙人彩云里，手把芙蓉朝玉京"（《庐山谣寄卢侍御虚舟》），我梦见天上有很多神仙——

所以每个诗人有每个诗人不同的感受、不同的想象，各有他们的特色，各有他们的好处。李商隐看到昨天晚上那么亮的一轮圆月，现在当"长河渐落晓星沉"时，那

"碧海青天"之孤独寂寞既已令人深悲深恨，而复益之以夜夜，则一夜复一夜，一年复一年，此深悲沉恨乃竟将长此而终古。

个月亮就消失了。可是嫦娥就是住在那个月亮里面的。嫦娥本来是古代一个会射箭的人——后羿的妻子，因为她偷吃了长生不死的药，所以就飞上天空，住到月宫里边去了。这是小时候我们小孩子都听到过的一个神话故事。他说嫦娥应该后悔当年偷吃了灵药，离开了人间。她离开人间是一件好事情啊，我们都要死，她可以在月亮上长生不死，应该也是好事。我们以为那是好事，可是你如果真替嫦娥想一想，嫦娥从此离开了人间，没有亲人，没有朋友，也没有悲欢离合。她永远长生不死，感受长生不死的寂寞和孤独，再也没有对话的人，再也没有来往的人，所以他说嫦娥"应悔"，她应该后悔她偷吃了灵药。下边是无边的碧海，上边是无际的青天，她夜夜在天上是孤独的、寂寞的、冷落的，是没有人答应、理会的，是"碧海青天夜夜心"。

我小的时候念了这首诗，我当时以为我懂了，什么云母屏风啊，什么天河、晓星、嫦娥啊，所以我也会背。不但会背，我家孩子小的时候都要吟唱。也不是长辈们特别教我吟唱，是我们家里边有这种习惯。我伯父、我父亲，甚至于我伯母、我母亲，读诗、读古文都拿着调子。我伯父跟我父亲就大声吟诗，大声地吟唱，我伯母跟我母亲就小声地吟唱。我在台湾一共住了二十年，经历了很多事情，在台大教了十五年书。我在台湾大学也讲诗词，可是我从来没有给台

我初读义山这首《嫦娥》诗时，不过只有七八岁……我忽然体味出这首诗后两句的好处所在，并且有了颇真切的感受，这时距离我初读此诗时已经有二十余年之久了。

——《迦陵论诗丛稿·从李义山〈嫦娥〉诗谈起》

湾大学的同学吟诵过任何一首诗词。因为吟诵的调子不是唱歌，大家听起来觉得很奇怪。我现在是九十岁的老太婆了，脸皮越来越厚，我那个时候才三十岁左右，我觉得我不好意思给大家吟诵。到现在回想起来，我就总觉得对不起台湾的同学，我没有教给他们吟诵。所以现在我其实一边讲课，一边也教吟诵。

我小时候也读诗，也吟诗，这是我十几岁时候的事。等到1948年，我二十四岁，便结了婚。我先生在南京，在海军一个士兵学校教书。我本来在北京教书，出嫁从夫，所以我就离开北京到南京去。我们是3月底、"三·二九"青年节结的婚。1948年是国共大变化、大转折的时代，到11月底，国民政府就把所有的机关都撤到台湾去了——我父亲的航空公司也撤退到台湾，我先生在海军的士兵学校也撤退到台湾，我既从父又从夫，就跟他们到了台湾。1948年我到了那里，1949年的春天，我就到彰化一个女子中学去教书。那时我已经怀孕，暑假里边就回到左营生了我的第一个女儿。我平生教书一直到现在，不但从来没有休息过，就连产假都从来没有过——我两个女儿都是暑假生的，满月就上课。到了12月，那时我的女儿四个月的时候，我先生从左营到彰化来看望我们母女，那是那一年的12月24日的晚上。12月25日圣诞节的早晨，天没亮，就有人敲门，海军来了几个官兵，说我的先生有思想问题，有"匪谍"嫌疑，就把他抓走了。我很不放心，我还有吃奶的孩子。我的孩子是吃母乳的，没有买奶粉的问题，我就带着我的女儿，带着小孩子换的衣服跟尿片子——也没有你们现在那种现成的尿布，过去的尿布都是把破衣服、破布撕成一条一条的，小孩子有了大便小便，我要亲手去拿刷子刷洗再晾干——跟他们一起从彰化到了左营。那个时候台湾还不发达，没有快速的火车，也没有私家的汽车，我们就上了台湾的那个南北纵贯的火车。我在左营住了几天，想打听打听我先生到底是什么罪名，判决有什么结果，但没有消息，打听不到一点点消息。可是我先生被关了，我要留在那里，我无以为生，我还要谋生啊。我没有工作就没有宿舍，没有薪水，没有薪水就没有饭吃，所以我抱着孩子坐着火车就又回到了彰化女中。人家说你先生怎么回事，我说没有什么事情。你不能说他有"匪谍"嫌疑，那还得了，那我就不能生存了。所以我面如常色，一切如常，我照常教书，教到暑假。刚刚考完学期考试，又来了一批人。我当时住在女中校长家里，校长是女的，还有一个女老师也住那。我们三个女老师，有三个孩子。那批人不但把我们三个老师带走了，同时也带走了学校里另外的几个老师，一共六个人，都抓进去关起来了。这就是台湾的所谓"白色恐怖"。

我是带着吃奶的孩子被关的。后来，虽然我被放出来了，却无以为家。没有工作，就没有宿舍，我就寄居在亲戚家里边。每天晚上在走廊上带着我的女儿打地铺。就在这种生活之中，过了一段日子。其实平常我清醒的时候都不大作诗，因为生活种种的忧患困苦逼人而来，就没有闲情逸致去写诗。可是写诗成了习惯的我，就会半夜做梦，梦到一些诗句。大家不要觉得很奇怪，这是真的。后来我写了《梦中得句，杂用义山诗，足成绝句三首》。我现在是讲我与李商隐诗的一段因缘，我是怎么认识李商隐的诗，怎么理会李商隐的诗的。

第一首：

换朱成碧余芳尽，变海为田凤愿休。

总把春山扫眉黛，雨中寥落月中愁。

这里边用了很多李商隐的句子，用的是李商隐诗《代赠二首》中的句子。"代赠"是他代朋友写的诗，送人的诗。原诗是这样的：

东南日出照高楼，楼上离人唱石州。

总把春山扫眉黛，不知供得几多愁？

"东南日出照高楼"，"出"是入声字，所以念chū的话，平仄是不对的，所以我念chù。"楼上离人唱石州"，"石"字是入声字，所以我念shì。"总把春山扫眉黛，不知供得几多愁？"反正那时候我常常喜欢念李商隐的诗，念来念去就背下来了。我梦中梦到一两句诗，它不是完整的，梦都是非理性的，不是清醒的，就忽然间跳出一句，也不知道哪里跳出来的。那怎么样凑成呢？我就用李商隐的诗来凑成。"东南日出照高楼"，汉朝有一首乐府诗《陌上桑》："日出东南隅，照我秦氏楼。秦氏有好女，自名为罗敷。"说东南的太阳出来了，照在高楼上，高楼上有一个美丽的女子。"楼上离人唱石州"，楼上的女子跟她所爱的人分别了。在古代，诗人写女子时，思妇、怨妇是一个永恒的题材，是一个命定的题材，因为这是过去的女子被注定了的命运。中国古代是男人主外，女人主内，女子应该大门不出二门不迈，在家里侍奉公婆，教养子女，主持中馈，烧饭洗衣服，是不能出去的。男子的理想是什么？男子志在四方，岂能株守家园？不管做官也好，做买卖也好，男子非要出去不可。所以命定男人是一定要出去，女人是一定不许出去的。所以中国传统诗词中的女子都变成了思妇，就是相思怨别之中的、独守空房的一个女子。如果丈夫在外边拈花惹草，这女子就从思妇变成怨妇了，所以古代的女子注定就是思妇和怨妇。他说"东南日出照高楼，楼上离人唱石州"，"石州"是一首离别的曲子。他说这个在离愁别恨之中的女子，"总把春山扫眉黛"，她每天还是要化妆，尽管丈夫不在了。"黛"是一种描眉的颜色，不是用春山来扫眉黛，而是总把眉黛扫成春山的样子。晚唐五代的韦庄说"一双愁黛远山眉"，说女子的眉毛像远山，所以李商隐说"总把春山扫眉黛"。这个像春山一样的眉黛，总是哀愁的，这个女子的眉毛像外边的山一样，在下雨的时候山是寥落的，在月光底下它是哀愁的，"不知供得几多愁"，不知道这春山一样的眉毛上能承载多少愁。

"雨中寥落月中愁"是李商隐写的又一首诗中的句子，原诗题目叫作《端居》。

> 远书归梦两悠悠，只有空床敌素秋。
>
> 阶下青苔与红树，雨中寥落月中愁。

李商隐写的诗，虽然大家总说不懂，其实他还有很多诗是很容易懂的，而且很容易唤起读者的共鸣。"端居"就是我什么都不干，我就在家里待着。那么端居的时候，李商隐有什么样的感想呢？他说"远书归梦两悠悠"，我一个人离家在外——李商隐的一生是非常不幸的，一生都是在幕府之中做书记、秘书，幕府就是当时的地方长官的府署，因此永远是离开家的，是漂泊四方的，所以他说"远书归梦两悠悠"，我远方的家人有信来了。不像现在，我觉得现在的人真是幸福。我看张静在我家，一下有短信，一下有手机视频，而且视频还可连在电视上，她可以和家人在电视上面对面地讲话，现在是多么美好的一个时代。我从1948年离开故乡北京到台湾，一直到我1974年回家以前，我没有机会跟家里人通信，更不要说见面了。因为，你想，我没有收到大陆的一封信，还说我们是"匪谍"，把我们关起来了，你敢跟大陆通信吗？我的弟弟也没有敢跟我们通一封信，这样还说他有海外关系，在大陆也被关起来了。我们两边敢通信吗？没有，就从此消息断绝。"远书"，远人的书信没有收到；"归梦"，回家的梦梦不成。你希望做梦回家，你果然就能做梦回到家吗？梦是不由你掌握的。远书既无凭，归梦也无凭，现在在远方陪伴我的是什么，只有"空床敌素秋"。没有家人跟我在一起，我一个人，一张床，而且是空床，包围我的床的，是秋天的凄凉和寒冷。"敌"，我要面对它，我要抵挡这一份孤独和寂寞。"阶下青苔与红树"，台阶下，下雨过后长了一片青苔，秋天天气冷了，树叶都变红了。从我一个离别的人来看，是"雨中寥落月中愁"。雨天，我看那青苔是非常寂寞寥落的，在月光之下，那青苔与红树，都是哀怨忧愁的。这是李商隐的两首诗。

其心灵所感受到的寒意的酷烈、抵御的悲辛，不言可知。

我呢，不是梦中得句嘛，我得的是哪两句呢？前面这两句："换朱成碧余芳尽，变海为田夙愿休。"那真是我当年的感情。我当年生长在北京，在我的故乡，有我的兄弟，有我的父母，我现在一个人到了台湾，我先生还被关起来了，我带着吃奶的女儿无家可归，所以我说"换朱成碧余芳尽"。人家都说有什么青春，有什么芳华，我的芳华是在患难之中度过的。我先生被关起来那一年，我不过只有二十六岁。"变海为田夙愿休"，人生有那么多恨事，像李商隐说的"苦海迷途去未因"，怎么样能够把苦海填上？"何当百亿莲华上，一一莲华见佛身。"所以我也曾经想过，我自己也希望像莲花一样度苍生。那我现在还说什么度人不度人，我有什么理想？我现在自身不保啊，所以"换朱成碧余芳尽，变海为田夙愿休"。

睡着的时候没有什么清醒的意识，糊里糊涂的，它就莫名其妙地跑出来。你醒来以后，你拼命要把诗作好，反而越作越不对了。所以我因为常常背李商隐的诗，就把李商隐的诗拉来两句，"总把春山扫眉黛""雨中寥落月中愁"。反正我在梦里人家也不知道我说些什么，我就是引了李商隐的诗，人家也不知道我说些什么。

我虽然遭遇到种种的不幸，我虽然"换朱成碧余芳尽"，芳华都断送了，我虽然"变海为田夙愿休"，愿望理想也都没有达到，可是我没有放弃我自己，"总把春山扫眉黛"，我仍然要坚持我的美好，虽然是寂寞的，或者虽然是悲哀、痛苦的，"雨中寥落月中愁"。

那个时候，我白天不作诗，晚上还常常梦到诗，我就又梦到了两句。这都是真的，不是我在说梦话。第二首：

> 波远难通望海潮，朱红空护守宫娇。
> 伶伦吹裂孤生竹，埋骨成灰恨未销。

我在梦中得到的也只是前面两句："波远难通望海潮，朱红空护守宫娇。"后面两句是李商隐的。李商隐的什么诗呢？《钧天》和《和韩录事送宫人入道》。"钧天"就是上边的那个昊天、苍天，那个老天爷，在天上的。李商隐写了这么一首诗，题目就是《钧天》：

> 上帝钧天会众灵，昔人因梦到青冥。
> 伶伦吹裂孤生竹，却为知音不得听。

"竹"字是入声字。他说"上帝"，我们中国很早就认为天上有一个主宰，就把它称作上帝。基督教God翻译成中文，就用中国原来的名词——上帝。所以上帝就在那个钧天、那个天堂、那个天空上。"上帝钧天会众灵"，上帝召集了天上所有的神灵来聚会。天上众仙灵的聚会你怎么知道的？他说"昔人因梦到青冥"，有人曾经做梦就梦到天空，看到天上聚会的众灵。你不用说现实中你没有到过天堂，你梦中到过天堂吗？"伶伦吹裂孤生竹，却为知音不得听。"上帝在钧天之中不但召集众仙灵来聚会，而且还演奏了美妙的音乐。"天乐"，无比美妙的音乐。地上有一个叫作伶伦的音乐家，会吹笛子。"伶伦吹裂孤生竹"，这就是李商隐，吹竹笛就吹竹笛，他说这个竹笛是孤生的竹子。《古诗十九首》说"冉冉孤生竹"，是说这个竹子它不是一丛竹子，它是特立独行的，它是唯一的一根竹子。我就用这唯一的一根竹子做成了笛子。前几天，我忘记是哪个节目上，讲音乐，说有"爨尾琴"。东汉时候的蔡邕，也就是蔡文姬的父亲，懂得音乐，有一天他走在一个地方，人家在烧柴火，他听到这个木柴在火中燃烧的声音，噼噼啪啪，响声格外与众不同，他说这是好的梧桐木，如果做成了琴，那个回音是非常美好的，于是他赶快把它救出来。天下事就是如此，如果这一段已经丢在火中的梧桐木，当年蔡邕没有把它救出来，它早已烧成灰烬。可是，被一个知音的蔡邕听见了，从这木柴爆裂的声音听出来这段木柴做成琴一定是好听的，就把它抢救出来，然后找了个琴工，把这

吴人有烧桐以爨者，邕闻火烈之声，知其良木，因请而裁为琴，果有美音，而其尾犹焦，故时人名曰焦尾琴焉。

——《后汉书·蔡邕传》

段木头做成了一把琴。而这个木头的尾巴，还有一段烧焦的痕迹，所以叫"焦尾琴"。他说"伶伦吹裂孤生竹"，所以这个人生的难得，是只有这一段竹子，唯一的一根，那段被烧焦的梧桐木，只有那一段，那是多么难得的一个材料，可是没有人知道，没有人赏识。如果那个梧桐木没有被蔡邕救出来，就会烧成灰烬，就没有了。他说伶伦把一个孤生竹做成一把笛子，他尽他最大力量去吹，把笛子都吹裂了，"却为知音不得听"。我尽了我最大的力量，我要奏出来最美好的音乐和曲调，你们有谁知道？有谁欣赏？有谁了解？有哪一个人是知音？他说，我虽然吹裂了孤生竹，却没有一个知音，没有一个人理解，没有一个人欣赏。这是李商隐的诗。

李商隐还有一首诗，《和韩录事送宫人入道》。韩，是一个人的姓。录事，是一个人的官职。一个姓韩的录事，送一个宫人，就是宫中的女子去学道。唐朝的时候学道的风气很盛，杨贵妃还曾经做过女道士，公主也可以做道士，很多宫中的女子都去做道士。这个韩录事送宫人入道，从他的诗来看，可能跟入道的宫人有一段感情：

星使追还不自由，双童捧上绿琼辀。
九枝灯下朝金殿，三素云中侍玉楼。
凤女颠狂成久别，月娥孀独好同游。
当时若爱韩公子，埋骨成灰恨未休。

李商隐这个人有各种的诗篇，有的诗你完全看不懂，不知道它说什么，我们以后会讲一些像《燕台四首》这类看不懂的诗。但是李商隐有时候喜欢写一些风流浪漫的诗句，他自己曾经跟人家说：我虽然在诗里面写得很浪漫，可是我的生活并不浪漫。他确实写了很多浪漫的诗，有的是托词，给朋友写的。总而言之，这个韩录事应该是跟一个宫中的女子有相当的感情，这个宫女后来入道了。

"星使追还不自由"，就是上天的使者想把这个女子叫回来，这个不是可以随便叫回来的。"双童捧上绿琼辀"，宫中的人护送着她上了辀，辀是一种运输的工具，把这个女子送走了。"九枝灯下朝金殿，三素云中侍玉楼"，是说这个女子在九枝灯——如果是一支蜡烛，光线有限，所以中国古代有九枝灯，一个铜托上面插九支蜡烛，这是最讲究的蜡烛——"九枝灯下朝金殿"，这是宫人嘛，她要跟皇帝告别；"三素云中侍玉楼"，她就居住在最高层的楼中。"凤女颠狂成久别"，本来这个女子跟韩录事可能有很浪漫的一段感情，可是现在两个人分别了。"月娥孀独好同游"，她现在就像月亮中的嫦娥那样，一个人在那儿了，是不是你还可以去拜访她呢？"当时若爱韩公子"，如果这个宫人当时果然是很爱韩录事韩公子，那么现在两个人被分别了，就"埋骨成灰恨未休"。

李商隐有时候也写这样一些玩笑的诗，没有很深的意思。那么我呢，梦中得了两句，还是前面两句，"波远难通望海潮，朱红空护守宫娇"，这是我自己梦中得的句子。就跟刚才我说我在梦中得到了那两句诗一样，我说是"换朱成碧余芳尽"，我的青春年华早已没有了，我"变海为田"，我的愿望也落空了，所以"变海为田夙愿休"。那现在我说的是什么呢？"波远难通望海潮"，其实"望海潮"本来是个词的牌调，梦的时候呢，也不管它通不通，反正就有这么一句，就说这个距离很远，这个水波不能够达到。"朱红空护守宫娇"，这是中国古代的一个传说。古代的男子对女子都有专有的、占领的欲望，所以他要想证明一个女子的贞洁，就养一只壁虎，用朱砂喂这个壁虎，等这个壁虎的身体整个都变得通红了，他就把这个女子的手臂刺破，挤出血来，把这个用朱砂喂的红色的壁虎的血液揉进去，揉进去后，这个女子的手臂上就有一块红印，如果这个女子不守贞洁，红印就消失了。我现在说的是，"波远难通望海潮"，虽然我期待的、我盼望的，或者我的理想是如此之遥远，"朱红空护守宫娇"，但是我的理念、我的品格、我的坚持、我的操守没有改变。所以尽管是"波远难通望海潮"，虽然一切是落空，但是"朱红空护守宫娇"，朱红仍然保护着守宫的娇红的颜色。后边我醒了就凑不出来了，我就把李商隐两句诗凑上了，"伶伦吹裂孤生竹""埋骨成灰恨未休"——就像那个音乐家伶伦找到一支最好的竹子，我尽量在吹，把竹子都吹裂了，没有人听，是埋骨成灰，你的遗恨也不会消灭的。

（李商隐原来的句子是"恨未休"，我为了押韵改成"恨未销"了。）

但是我没有停留在李商隐诗的这种悲观绝望之中。后面我还是用李商隐的诗，我要讲一讲我的转变。

第二讲

李商隐诗对我一生的影响

我遭遇到很多人生中的挫折、苦难、不幸的事情，我都是用李商隐的诗来化解，但是你要看我是怎么样从李商隐的那种悲观的心态里慢慢地转化出来的。李商隐的诗大半都是悲哀、伤感的诗，以后我们会介绍李商隐的生平，看看李商隐为什么会形成如此忧郁、悲观的性格。我当年也曾经喜欢过李商隐的忧郁、悲观的性格，可是我后来从李商隐的忧郁、悲观中转化出来了。我们慢慢地看。

　　不是说"梦中得句"吗？有两首已经讲过了，还有第三首，也是梦中得句，也是用的李商隐的诗。前两首诗是我有了两句诗，然后用李商隐的诗把它们凑完整。现在呢，我是前面三句都是李商隐的诗，只有最后一句才是我梦中所得。这最后一句就是"独陪明月看荷花"。荷花跟我有缘，所以我常常在诗里写荷花，梦见荷花。

　　去年冬天，北京尘霾弥漫。我在南开大学的宿舍在八楼，空气也不好，我不常出门，从八楼望出去，天空一天到晚都像被雾气笼罩，都是尘霾。所以我就说"连日尘霾郁不开"，这个天上老看不见太阳，都是阴阴沉沉的。"楼居终日困尘霾"，我在高楼上住，每天都被尘霾围困住。又下了一场雪，我说"何知一夜狂风起，天舞飞花瑞雪来"。那天飘飘洒洒下了一天大雪，下雪以后，我以为这个尘霾应该散开，应该晴了，可是"雪后依然郁不开，楼居仍是困尘霾"。我就做梦，我真的做了梦，"相思一夜归何处，梦到莲花碧水崖"，梦到一个青山碧水的地方，水边都是莲花。于是我就写了一首诗。

可我那次梦就梦到一句"独陪明月看荷花"。这一句更不像诗了，所以我就用李商隐的诗，把前面三句凑上了。这三句原来在李商隐的诗中是不连贯的，是我把它们连在一起的：

一春梦雨常飘瓦，万古贞魂倚暮霞。

昨夜西池凉露满，独陪明月看荷花。

我们先说前面的三句。第一句"一春梦雨常飘瓦"出自于李商隐的《重过圣女祠》，原诗是：

白石岩扉碧藓滋，上清沦谪得归迟。

一春梦雨常飘瓦，尽日灵风不满旗。

萼绿华来无定所，杜兰香去未移时。

玉郎会此通仙籍，忆向天阶问紫芝。

"一春梦雨常飘瓦"虽然不容易懂，却充满了诱惑力。这句诗的魅力就在于你不明白它，但它说得很妙，对你有很大的诱惑力。春天是个做梦的季节，很好的梦，他说这个梦啊，像雨丝一样飘飞在瓦上。圣女祠是一个真实的地方，有一座山中的庙宇，名字是圣女祠。李商隐从长安东西往来，常常从这里经过，所以他写《过圣女祠》《重过圣女祠》《再过圣女祠》。既然叫圣女祠，这个祠堂里应该敬供的是女神。这个圣女祠是什么样子呢？"白石岩扉碧藓滋"，庙门都是石头的，上面长满了青苔。这个神仙是怎样的？"上清沦谪得归迟"，她是天上被贬谪下来的仙女，所以她很久没有回去了。"一春梦雨常飘瓦，尽日灵风不满旗"，写得真是美！如果是个女神仙，那个女神仙的庙是什么样子呢？

整个春天，雨丝飘动在瓦上，迷迷蒙蒙的，就像那女子的梦一样迷离，在瓦上飘飞。"尽日灵风不满旗"，整天刮着风，但是那个风是小小的微风，好像带着神灵的仙气的微风，"不满旗"，风力小到不能把旗子吹起来。这个女神仙是谁呢？他说可能有的时候是萼绿华来了，"萼绿华来无定所"，也不知道她到底在哪里，没看见；"杜兰香去未移时"，杜兰香也是个女神仙，有的时候是杜兰香来了又走了，"未移时"，走了刚刚不久。萼绿华、杜兰香都是古代相传的仙女的名字。你想象，有个仙女刚刚要来，有个仙女又刚刚离去，而你都没看见。"玉郎会此通仙籍"，如果有一个美丽的男子，一个玉郎，他如果能够在这里，跟这个女神仙能够有一种交会，能够相遇，"忆向天阶问紫芝"，那么两个人能有一个美好的结果，一直到上天去问有没有紫芝，有没有长生不老这样的幸运。李商隐学过道，所以他在诗里常常用一些道家的神仙的想象。

后边还是李商隐的诗，《青陵台》：

萼绿华者，自云是南山人，不知是何山也。女子，年可二十，上下青衣，颜色绝整，以升平三年十一月十日夜降羊权。自此往来，一月之中，辄六过来耳。云本姓杨，赠权诗一篇，并致火浣布手巾一枚，金玉条脱各一枚。条脱乃太而异，精好。神女语权："君慎勿泄我，泄我则彼此获罪。"访问此人，云是九疑山中得道女罗郁也。
——南朝梁陶弘景《真诰·运题象第一》

汉时有杜兰香者，自称南康人氏，以建业四年春数诣张传，传年十七，望见其车在门外，婢通言："阿母所生，遗授配君，可不敬从？"传，先名改硕，硕呼女前视，可十六七，说事邈然久远。有婢子二人：大者萱支，小者松支。钿车青牛，上饮食皆备。作诗曰："阿母处灵岳，时游云霄际。众女侍羽仪，不出墉宫外。飘轮送我来，岂复耻尘矢。从我与福俱，嫌我与祸会。"至其年八月旦，复来，作诗曰："逍遥云汉间，呼吸发九嶷。流汝不稽路，弱水何不之。"出薯蓣子三枚，大如鸡子，云："食此，令君不畏风波，辟寒温。"硕食二枚，欲留一，不肯，令硕食尽。言："本为君作妻，情无旷远，以年命未合，且小乖，太岁东方卯，当还求生。"兰香降时，硕问："祷祀何如？"香曰："消魔自可愈疾，淫祀无益。"香以药为消魔。
——《搜神记》

青陵台畔日光斜，万古贞魂倚暮霞。

莫讶韩凭为蛱蝶，等闲飞上别枝花。

"斜"字押韵念xiá。蝴蝶的"蝶"，入声。青陵台是个地名，关于青陵台，有一个传说。古代宋国国君手下有一个工作人员，叫作韩凭。韩凭的妻子非常美丽，宋王就夺取了韩凭的妻子。韩凭的妻子怀念韩凭，有一天她就要自杀，她要从高楼上跳下来。那旁边的侍女就抓住她的衣服，想把她拉住，可是这个韩凭的妻子事先已经用了些什么东西把她的衣服弄腐烂了，大家要抓她却抓不住，她就摔死了。韩凭的妻子曾经跟宋王说，我希望死后跟我的丈夫合葬，因为她丈夫也被宋王杀死了。宋王就故意把他们两个分开葬，说你们两个如果真正相爱的话，你们自己合起来，于是就把他们埋葬在两个坟墓。不久，两个坟墓上面各长出一棵树来，然后这两棵树越长越密，变成了连理枝，结合在一起了。"青陵台畔日光斜"，一个悲哀的、殉情的故事。这两个相爱的人死去，在青陵台畔。落日西斜的时候，"万古贞魂倚暮霞"。这"青陵台畔日光斜"，还可以是写实的，青陵台旁边，落日西斜。"万古贞魂倚暮霞"，这李商隐的想象真是好。我们在温哥华这么美丽的环境，有一次朋友开车带我到Richmond，傍晚黄昏时分，我们在Richmond吃过晚饭，回程经过一个大桥，这时海阔天空一片，天上的晚霞呈现出各种颜色、各种形状，那真的是美丽。李商隐说，这么美丽的云霞，就作为贞洁的、对爱情持守的那个韩凭妻子的背景，那美丽的黄昏的晚霞，都是那贞洁的、痴情的女子的身影。"莫讶韩凭为蛱蝶，等闲飞上别枝花"，可是有的时候，你虽然是贞洁了，你却不知道对方怎样。他说也许，韩凭跟他的妻子都死了，死后化成蝴蝶了，化成蝴蝶后的韩凭是不是飞到别的花朵上了呢？人生是难以保障的。所以这是首很妙的诗。

后面还有李商隐的一首诗，《昨夜》：

不辞鹈鴂妒年芳，但惜流尘暗烛房。

昨夜西池凉露满，桂花吹断月中香。

"不辞鹈鴂妒年芳，但惜流尘暗烛房。"一定要把入声字读成仄声才好听。李商隐说得真是好，他都是层层地深入。鹈鴂是种鸟，《楚辞》上说，每当这个鹈鴂鸟一叫，春天就走了，百花就零落了。所以他说，"不辞鹈鴂妒年芳"，当鹈鴂鸟叫的时候，一年的芳华、所有的花都零落了。

他说，我知道人一定会衰老，也一定会死亡的，花开一定会花落的，我不逃避，我"不辞"，这是必然的结果。"但惜流尘暗烛房"，我所惋惜的，觉得可惜的，就是尘土、流尘把那燃烧的蜡烛、把那光明给遮暗了。人生衰老是必然的，死亡也是必然的，但是你在世的时候，心头的那一点心焰的火光，有没有被遮蔽啊？如果连那个都遮蔽了，这个真是可惜的。他说我"不辞鹈鴂妒年芳"，花的零落、人的衰老，我"不辞"，我所惋惜的是"流尘暗烛房"，为什么我心头的那一点光明就被你们给遮暗了？"昨夜西池凉露满"，昨天晚上，我在西池的水边，天上洒下了满天的寒凉的露水。我仰望天上的明月，据说天上的月亮中有一棵桂花树，"桂花吹断月中香"，我就是到不了月宫，我希望能闻到月中桂花的香气，可是桂花的香气被狂风吹断了。我不仅不能到达月宫，连桂花的香气也不能闻到。李商隐总是进一步写他的悲哀，写他的失落，写他的无可挽回。退一步说，你就觉得他更加悲哀。

这是李商隐三首不同的诗。我呢，梦里面只有一句"独陪明月看荷花"，我就摘取了李商隐三首诗中各一句，把它们凑到一起。人家说，你凑得很好，很像是天生来的，好像就是一首诗。我凑的是："一春梦雨常飘瓦，万古贞魂倚暮霞。"其实这是两首诗的句子，但是我把它结合在一起了。也许你平生的追求、你的梦想、你的感情，像"一春梦雨常飘瓦"；可是你的持守、你的坚定、你的志意，却"万古贞魂倚暮霞"。以你这样的感情，以你这样的持守，你面对的是什么？——"昨夜西池凉露满"，昨天晚上我一个人在水

池旁边，满天的寒凉的露水，我"独陪明月看荷花"。李商隐是悲哀，我已经不是完全的悲哀了，我要陪天上的明月看水中那不染尘土的荷花。所以，这已经是有一点转变了。

后来我还有另外的转变，《绝句二首》：

> 一任流年似水东，莲华凋处孕莲蓬。
> 天池若有人相待，何惧扶摇九万风。
>
> 不向人间怨不平，相期浴火凤凰生。
> 柔蚕老去应无憾，要见天孙织锦成。

随着我年龄的老大，这已经是2007年，我已经从1947年讲到

2007年，六十年过去了："连日愁烦，以诗自解，口占绝句二首。首章用义山《东下三句苦于风土马上戏作》诗韵，而反其意。"我反用了李商隐的意思。"次章用旧作《鹧鸪天》词韵，而广其情。"这是我2007年、过了六十年以后的觉悟。我说什么呢？还是先看李商隐说什么吧。

路绕函关东复东，身骑征马逐惊蓬。
天池辽阔谁相待，日日虚乘九万风。

李商隐的诗《东下三句苦于风土马上戏作》，是李商隐从函谷——从西往东走——向长安去的路途中作的。我们今天净讲诗，就是这虚无缥缈的感情，下一次我们就讲李商隐的生平。李商隐是个非常不幸的人，"年方就傅，家难旋臻"，他的祖先是三世孤寒，孤儿寡母，都是父亲早死，李商隐的父亲也是很早就死了，他十岁左右就要作为长子担负起一家的责任。无以为生，怎么样？"佣书贩舂。"（李商隐《祭裴氏姊文》）唐朝的时候印刷术还不流行，所以他就被雇佣给人家抄书；贩舂，给人家捣米，养活他的母亲、兄弟和姐妹。所以李商隐写了这样的诗。他一心想着苦读，他真是苦读，而且真是有才华，他的诗文都写得非常好，可是终生不遇，他终生没有能够得到一个施展才华的机会。他写《东下三句苦于风土马上戏作》，我从西方到东方去，我要到长安去，长安是首都所在，长安能够给我一个机会吗？不知道啊。我已经走了三十天了。古代没有现在的汽车、飞机，就是骑着马在黄土路上走。"苦于风土"，要知道北方的风沙厉害得很，所以"马上戏作"。"路绕函关东复东"，我从函谷关向东走，一天一天地向东走。"身骑征马逐惊蓬"，我骑着的是一匹正经历远行的、疲倦的老马，我身边飘散的是秋天被吹断的断梗飘蓬。"天池辽阔谁相待"，我骑着这样的征马，在风尘之中奔驰，一天一天地"身骑征马逐惊蓬"，我要去的地方是一个美好的地方吗？真的有人在等着我吗？他用了《庄子》的典故。《庄子》说北海有一条大鱼，"北冥有鱼，其名为鲲"，这个鱼的名字就叫作鲲。这个鲲变成一只大鸟，

"化而为鸟，其名为鹏"，它的名字叫作鹏。本来是北海的鱼叫鲲，变成了鸟，叫作鹏，要去哪里呢？要从北海飞到南海去。《庄子》上用的是"南冥"，遥远的南海。南海是什么地方呢？"南冥者，天池也"，是天上一个美丽的地方。李商隐就用了这个典故，说要从北海飞到南海去，天池那么遥远，那里有人等着我吗？真的有人等着我吗？我真的能在那里碰到一个相知、相识的人吗？"天池辽阔谁相待，日日虚乘九万风"，我就一天一天白白地随着风沙飘荡。李商隐是悲哀的。

我用了李商隐诗的韵，但我改变了他的感情。我说："一任流年似水东"，2007年我八十三岁，他不是"东绕函关东复东"嘛，我说"一任流年似水东"，人生是不可逆转的，我就任凭我的年华流逝，像东流的逝水一去无还。但是我知道，"莲华凋处孕莲蓬"，就在莲花的花瓣零落的时候，它里边有莲蓬，莲蓬里边结的是莲子。我一辈子教书，现在教书教了七十年没有停止，我说"天池若有人相待"，只要有一个人因为我的讲解而真的喜欢了诗，真的能够把诗传承下去，我"何惧扶摇九万风"，这种九万风的遥远、劳苦我是无所畏惧的，

我愿意尽我的力量。所以你看，我从李商隐的伤感中跳出来了。

后边呢，后边我是说"旧作《鹧鸪天》词韵，而广其情"。"不向人间怨不平"，人生当然有很多不幸的事情，像我经过白色的恐怖，经过很多的不幸，这都不用细说。"相期浴火凤凰生"，火中可以生凤凰。"柔蚕老去应无憾，要见天孙织锦成"，李商隐说"春蚕到死丝方尽"，我说"柔蚕老去应无憾"，只要我吐出来的丝有人能够把它织成锦，我"要见天孙织锦成"，这是我老年说的狂言。

今天我就讲到这里，这是李商隐的诗对我的影响——你看我一生不管是悲哀还是欢喜，我常常引用李商隐的诗。那么李商隐的诗究竟如何呢？我们下次就介绍李商隐的生平，介绍李商隐的诗。

第三讲

李商隐诗的悲哀

我讲完了我的梦中得句，用了很多李商隐的诗。我虽然用了很多李商隐诗的句子，但是我的诗里边所表现的意境，跟李商隐并不是完全相同的。

两个礼拜前的一个星期天的早晨，《世界日报》上登了一篇文章，是耶鲁大学的教授孙康宜女士写的，叫《好花原有四时香》。她里面其实提到了我的一些转变。昨天晚上的凤凰台有一个节目叫《文化与人生》，

李商隐无法转变的悲哀。

也说了一段我的故事，就是我是怎么样转变的。那么李商隐，李商隐不能够转变。为什么转变，我是怎么样转变的，李商隐何以没有转变，这个我等最后再说。我先说李商隐为什么不能够转变，为什么没有转变。为什么我能够转变，为什么他不能？这中间我跟他有很多的差别，有时代、个人、遭遇等多方面的因素。

中国的读书人、诗人、男子，天生就注定了一个命运。是什么？古人说一般士子是"学而优则仕"。"士"是读书人，"仕"是仕宦。读书读得好的人，你的目的在仕宦、在做官。所以你看，中国古人所讲的"修养"，是修齐治平，修身、齐家、治国、平天下，这是中国给古代的士人制定的一个人生的途径。而你要求仕，没有别的路子，就只有科考。科考你要知道，杜甫就没有考上，李商隐是考到第三次

才考上。所以李白了不起，李白说，我不考，等皇帝来请我。皇帝果然请了他。这是李白了不起的地方。但是一般人都是等着科考，只有李白是等着皇帝去请他。为什么中国所有的读书人都特别羡慕诸葛亮？诸葛亮说："先帝（刘备）三顾臣于草庐之中，咨臣以当世之事，由是感激，遂许先帝以驱驰。"刘玄德三顾茅庐，诸葛亮高卧不起，把刘玄德冻在外边、不理他，而刘玄德来了三次。一个在上位的君主这样诚恳地、低声下气地来求他出山——中国所有的读书的士人梦想的都是这样。为什么没有一个刘备来求我呢？所以他们只好去考试。而这些人去考试又往往考不中。怎么办呢？唐朝就有一个办法，很有名的一个办法，叫"行卷"。"卷"，就是你写的作品。"行"，就是你要到处去推销。"行销""行销"，现在不还说这个词吗？我写

唐代，在政治上、文坛上有地位并与科举考试主考官关系特别的人，可以推荐人才，考官除详阅试卷外，有权参考举子平日的作品和才誉，以决定去取和名次。因此，应试的举人便将自己平日优秀的诗文习作加以编辑，写成卷轴，在考试前送给有地位者，以求推荐，此后形成风尚，称为"行卷"。

了几篇好文章，我把我的文章都整理出来，然后找到达官贵人那里，送你一卷，再送他一卷。李商隐当然就做了这些行销的事情。

李商隐为什么要做这些行销的事情呢？我们现在就要讲回来。追求这个仕宦，每个人都追求，这是中国传统读书人的必经之路。可是李商隐在求仕的路途上，他感受的压力特别大。要讲一个诗人，《孟子·万章下》说："颂其诗，读其书，不知其人，可乎？是以论其世也。"我们要讲李商隐为什么不能改变，要从知人论世的角度讲。李商隐生在唐朝什么时代？他生在中唐以后，经过宪宗、穆宗、敬宗、

文宗、武宗、宣宗，他经过了这么多皇帝。你要知道李商隐一共不过才在世界上生活了四十几年，四十几岁的他经过了这么多皇帝的变换。他生在宪宗时代，死在宣宗时代。先说这个时代。在中唐以后，宦官得势，皇帝的生杀——让你活还是叫你死，立废——立你做皇帝还是把你废除，这生杀废立的大权都操纵在宦官的手里。宪宗在唐朝是一个比较有作为的皇帝，他曾经办了一件大事，就是平定了淮蔡的节度使之乱。可是宪宗最后怎么死的？历史上说宪宗皇帝"一夕暴卒"，一天晚上忽然间就死了，于是外面就传说"为宦官所弑"，就是被宦官给杀死了。宪宗以后的穆宗就是宦官所立的。敬宗立的时候呢，年岁还很小。宦官喜欢立小皇帝，因为小皇帝就在他们的掌握之中。当时唐朝流行一种运动——马球，这个年少的皇帝沉醉于这种游戏之中，他在位不过两年，有一天晚上回来也被宦官给杀死了。

　　文宗是这些皇帝里边比较有作为的一个皇帝，他很希望能够诛除——就是除去或杀死——这些得势的、掌权的宦官。所以文宗曾经跟外面的大臣，一个叫李训，一个叫郑注的，就"谋诛宦官"，就想把宦官诛除。有一天，他们提前在一个宫殿的帐幕之后埋伏了一些士兵，然后就来报告皇帝，说庭院之中的石榴树上有甘露，甘露是中国古代传说中的一种吉祥、祥瑞的现象，请皇帝去看。因为那个时候，皇帝永远被宦官包围，所以请皇帝去，那宦官就得去，这样就可以把宦官抓住杀死。当然宦官也很聪明，他要有些什么行动的时候，就先叫小宦官去探望一番。于是小太监就去了。小太监去到那里的时候，天公不作美，一阵风过，把帐幕吹起来了。这小太监看到后面藏的都是拿着兵甲的武士，回来报告给大宦官。大宦官听了，知道是要杀他们了，大怒，不但把李训、郑注抓了起来，连当时的宰相王涯、满朝的文武大臣都不能幸免，杀了几百人，而且株连了眷属，杀死了非常多的人。这是唐朝历史上一次重要的事变，叫"甘露之变"。历史上记载，"甘露之变"发生在大和九年（835）。这个"大"字历史上一直有争议，说这个究竟念"大和"还是"太和"？我的意思是念"太和"，因为"大"字古代是通"太"字的。"甘露之变"发生的时候，李商隐多大呢？李商隐二十四岁。国家有了这么大的国变，李商隐写了一首诗。

现在我们就配合着时代的背景，来看李商隐的几首诗。我们按照时代先后，先看李商隐的第一首诗《无题》，"八岁偷照镜，长眉已能画"，一首五言诗。根据李商隐诗的编年，这首诗是在敬宗宝历二年（826）写的，当时李商隐大概是十七岁。我们讲到李商隐十七岁还不够，我们要先讲一讲李商隐的生平。

李商隐姓李，据李商隐说，他们家跟唐朝是本家——唐朝是李唐，姓李——都是西凉的武昭王暠的后代，他本来是皇族，是龙种。所以后来李商隐写他的小儿子，还说"寄人龙种瘦"。李商隐总在外边给人家做秘书，他的儿子、妻子都寄居在娘家，所以说"寄人龙种瘦"。他们李家跟李唐王室本来是一家，不过虽然祖先是一家，但是后代的支族各有不同的生活和遭遇。在李商隐的时代，从他的曾祖开始，他的祖父、他的父亲是三代孤贫。他的曾祖父很早就死了，留下来他祖父，是孤儿——无父为孤，男孩子父亲死了，就叫孤。他的祖父又很早死了，剩下他父亲，也是孤儿。李商隐差不多十岁的时候，他的父亲就死了。李商隐有两个姐姐，

闻君来日下，见我最娇儿。
渐大啼应数，长贫学恐迟。
寄人龙种瘦，失母凤雏痴。
语罢休边角，青灯两鬓丝。
　　——李商隐《杨本胜说于长安
见小男阿衮》

出嫁以后都很不得意：一个姐姐出嫁以后遭遇很悲惨，很早就死了；一个姐姐出嫁以后没有子女，也很早就死了。李商隐有纪念他姐姐的文章，里边写到他自己，"某年方就傅，家难旋臻"，他说我的年岁正当跟老师读书的时候，"方"是正当，"就傅"是跟老师读书，我家里边就很快地遭遇到灾难，"旋"是很快，"臻"是来到。什么灾难？他父亲死在外地。他们是河南人，他父亲在江南做官，就死在外地。他是李家最大的男孩子，一切的责任都落在男孩子的身

上，所以就"躬奉板舆，以引丹旐"。虽然是十岁左右的男孩子，但是他现在是一家之主了。男子为一家之主，没有父亲，这个儿子就是一家之主。他就亲自侍奉父亲的棺材，把父亲的棺材运回去。"躬"是亲自，"奉"是侍奉，"板舆"是他父亲的棺材。古人还不讲什么火葬，棺材也不能埋在外地，棺材要运回到祖先的家乡去埋葬。"引丹旐"，古人说的引魂幡，像小旗子一样。我十几岁的时候，我母亲去世了，我母亲出葬的时候，我是女孩子，是我弟弟打着这个幡。离开家乡很久了，家乡没有住处了，"四海无可归之地，九族无可倚之亲"，四海之内，我归向何方？九族，父族、母族、妻族，这是三族，三族又各有三族，所以是九族。这是极言众亲族没有一个我真正可以依靠的亲人。我自己初到台湾时经历的苦难，那时候可以说也是"四海无可归之地，九族无可倚之亲"。大陆跟台湾断绝了来往，我的亲人都在大陆。不过幸而我先生有个姐姐在台湾，我就到她家的走廊上

去打地铺，带着我吃奶的孩子。而李商隐呢，是个十岁左右的男孩子，"九族无可倚之亲"。

经过了很久的时间，古人说父母之丧要有三年，三年之内你还不许出来工作，也不许出来交往，"既祔故丘，便同逋骇"。"祔故丘"，"祔"是祔葬，中国古人都要把尸骨埋到祖坟去埋葬，所以他要把他父亲的棺木运回到故乡，运回到河南。可是他说，他把他父亲的棺木埋葬以后，他"便同逋骇"，"逋"是捕抓的人，"骇"是每天惊慌的人，因为他没有户籍，无所归属。"生人穷困，闻见所无"，人生在世，遭遇到的那种穷困，可以说是平常没有看见，也没有听说过的。就是这么穷苦、无依无靠的生活。"及衣裳外除，旨甘是急。"你还不是只是受苦就好了，男孩子作为一个长子，有养家的责任啊，你不能只在那里受苦啊。"衣裳外除"，就是把丧服脱掉。"旨甘"，"旨"是美好的，"甘"是甜蜜的，代表好吃的东西，"旨甘"说是子女奉养父母，要把最美好的东西奉养父母。他前面还有母亲呢，父亲死了，奉养母亲是他的责任。守孝的时候应该穿丧服，把丧服脱掉了以后，他马上要找工作养活母亲跟全家。怎么样？"乃占数东甸"，他们就勉强找到一个户籍，就把他们的名字登记在东甸，"东甸"，就是东都的乡下，东都就是洛阳。他是河南人，你要知道李商隐是河南人，杜甫也是河南人，所以河南人很光荣，有这么多好的诗人。他要找个工作，找什么工作？一个没有功名的、没有考过科举，还不说考上考不上，考都没有考过的小孩子，他能找什么工作来养家？"佣书贩舂"，这就是他的生活。"佣"，就是被雇佣，做什么？"书"，抄写。因为唐朝当时所有公文、书籍都要人抄写，所以他就做一个抄写工。做抄写工仍不能养家，就"贩"，卖力气，卖劳力做什么？就"舂"，舂米，把谷子的谷壳捣碎。所以你要知道，时代，是晚唐的时代，宦官专权、藩镇跋扈，天子的生杀废立都出于宦官，这是时代的背景；他自己个人的家庭背景，是这样的孤苦伶仃，所以"佣书贩舂"。凡是这样出身的人，在中国文学历史上的记载，都是特别刻苦、特别奋发的人。除了李商隐，还有一个很有名的人，就是柳宗元。柳宗元的祖先曾经做过很高的官，因为武则天的时代，他不肯附和武氏的政权，他们柳家就中途衰落了。柳宗元出生了，从小就很有才华，所以"众谓柳氏有子矣"。"众谓"，大家都说。这就是为什么中国这么重视生男孩子，而且父母对男孩子寄予这么大的希望——要让他光宗耀祖，尤其是以前有过光荣历史而中间衰落的家族，就更盼望有个好的男子振兴他们的家族。这是李商隐精神、感情上所有的负担。

李商隐刻苦读书，读书读得非常好，"以古文出诸公间"（《樊南甲集序》），在那些老先生面前，他的古文是被大家赞美的。古文是相对骈文而言的。"骈"，本义是两匹马并行；"骈偶"，是对句。像王勃的《滕王阁序》，这篇文章写得非常漂亮，"落霞与孤鹜齐飞，秋水共长天一色"，就是对偶的句子。当时唐朝流行的是骈文，不只王勃写的《滕王阁序》是骈文，当时唐朝写章奏、公文都要写出对偶的句子。可是李商隐最初所写的是古文，"以古文出诸公间"。历史上记载，李商隐自己说，他写过什么呢，写过《才论》《圣论》。就是说，他所追究的是人生的基本问题。他的古文，所论的是人的基本的禀赋和修养。基本的禀赋是什么？你所应该有的基本的修养是什么？你怎么样才能够真的成为一个圣者，使自己的品性达到一个圣的境界？这就不是一般读书人所追求的，这是真正有思想、有理想的，要追求人生基本的价值、意义和目的的人所思索的问题。我曾经写过一本书，是专门讲清末民初的学者王国维先生的。王国维先生早期写过几篇文章，《释理》《原命》《论性》。我们人生有什么是可以掌握、可以依赖的？是讲理吗？讲道理、是非，就可以依赖吗？王国维说了，其实不止王国维说，庄子也说："彼亦一是非，此亦一是非。"(《庄子·齐物论》)这样的人可以跟你说出一个道理来,那样的人也可以跟你说出一个道理来,所以天下没有一个终极的完全正当的道理,理是不可靠的。那么《论性》,人性是善的还是恶的呢?当然有人主张性善,有人主张性恶。孟子主张性善,荀子主张性恶。以王国维的研究,他的结论是:人性是永远不停止的善恶的斗争,每个人的天性里边都是有善也有恶的,在你的内心之中,每天有善和恶的斗争,每个人都是善恶交争的战场,没有绝对。所以他说,性是善是恶,这是不可依赖的;道理是对是错,也是不可依赖的。那么命,他说所谓命者,有几种:一种是吉凶祸福,这是世人所占卜的、迷信的命;一个是业,业就是,你之成为现在的你,你为什么生在这个家庭、没有生在那个家庭,你为什么生下是这样的材质、不是那样的材质,你为什么是这样的性格、不是那样的性格,冥冥之中,"莫之为而为者,天也"(《孟子·万章下》)。按照王国维的追求,他的《论性》《释理》《原命》,人生一切都是不可靠的。李商隐写的《才论》和《圣论》,人的才、禀赋是天生来的,你怎么样完成你的才,这个在你自己,人的禀赋虽然不同,但完成的力量在你自己。而你所要追求的,你是不是如同"水之就下"(《孟子·告子上》),就随波逐流了?你还是能够持守你自己,能够让它向上?成圣或者成愚,这个在你自己。这是非常奇妙的事情。不但中国这些哲人、才子讨论这些事情,《圣经》上也说,虽然耶稣是救世主,你信它就可以得救,但是一定是要你自己敲门,神就给你开门,你不敲门,神永远不会给你开门。你求你就得道,你不求你就不得道。一个人要向上还是向下,你走上哪一条道路,在己不在人。所以李商隐最初写的是这样的《才论》《圣论》,他有一个他想要完成自己的人生追求。可是有谁理你呢?有谁用你呢?李商隐的这两篇文章并没有留存下来,这只是我从他文章的题目所作的推想。

而这个时候，有一个人影响了李商隐的一生——镇守河阳的令狐楚。在朝廷做过大官的令狐楚，到河南来做地方官了。李商隐是河南人啊，所以李商隐就把他平常写的诗文拿给令狐楚看。刚才我们说过，唐朝人要行卷，要让你的卷子在那些权贵之间流传。令狐楚一看，就非常地高兴，说这个年轻人太有才华了，就叫李商隐到他的幕下来，说你写这样的文章，当不了官，你要想出来做官，你要学流行的文笔。流行的是什么？是骈文。就叫他写骈文。到现在，李商隐除了他的诗集还偶然流露他的感情跟性灵以外，李商隐也留下了两卷文集，叫《樊南文集》，有甲乙两册。你打开看看，都是骈文，写的是什么？不是写他自己的思想感情的文章，而是他给人家做秘书，替那些长官写的应酬的文字。所以每当我看到李商隐的《樊南文集》，我就非常替李商隐悲哀，这么好的才华，这么好的文笔，每天去给那些长官写这种无聊的文字，真是非常悲哀的事情。

第四讲

诗谜代表作：《无题》《燕台四首》

我们现在要正式地讲李商隐的一首诗，诗的题目是《无题》，是一首五言古诗。在中国古典诗歌的传统之中，有一种习惯，就是常常用男女来表示君臣，用婚姻来表示仕宦。中国古人讲道德，都讲三纲五常。仁、义、礼、智、信，是每个人日用生活必须遵守的常法，所以叫作五常。什么是三纲呢？三纲是三种重要的人际关系，就是"君为臣纲，父为子纲，夫为妻纲"，做君主的是做臣子的主人，做父亲的是儿子的主人，做丈夫的是妻子的主人，一定要尊奉着君、父、夫，遵守着他们的管理。如果用英文说，上面统治的是

dominate，下面被统治的是subordinate。既然君臣的关系相当于夫妻、男女的关系，中国古代的诗人、读书人就常常用男女的这种爱情关系来暗喻君臣。

李商隐写了很多《无题》诗，《无题》诗不是完全都讲的是爱情，很多人都以为李商隐的《无题》诗，什么"相见时难别亦难"，肯定说的都是爱情，其实不完全如此。里边有的是爱情，有的不是爱情。李商隐写得最早的这首无题诗，作于敬宗宝历二年，那年李商隐大概十七岁。他写的是什么？写的是一个女孩子：

八岁偷照镜，长眉已能画。

十岁去踏青，芙蓉作裙衩。

十二学弹筝，银甲不曾卸。

十四藏六亲，悬知犹未嫁。

十五泣春风，背面秋千下。

他完全写的是一个女孩子。他说这个女孩子，从八岁就知道爱美了。当然，爱美是人之天性。她八岁就偷偷地照镜子，因为她母亲还不许她照镜子。母亲说，你现在还没有到化妆的年龄呢，涂涂抹抹干什么？八岁的女孩子自己就偷偷地照镜子。不但偷偷地照镜子，还学着画眉毛。而且他说，是"长眉已能画"，已经能够画出那么修长的眉毛了。这说的不是一个现实的女孩子。他是用女子的爱美和要好，比喻男子对于才智美好的追求，是用女子的容颜比喻男子的才智。"八岁偷照镜，长眉已能画"，你要得到别人的欣赏，你要希望国家能够任用你，你自己要努力充实你自己。要是你自己什么都不干，每天游手好闲，整天说没有人了解我，没有人任用我，那你就活该，因为谁让你自己不努力呢？"十岁去踏青，芙蓉作裙衩"，我十岁的时候，出去踏青，春天年轻的少男少女都出去踏青。踏青的时候就希望能够有遇合，能够找到一个自己所喜爱的对象或者伴侣。打扮得很漂亮才出去，我十岁去踏青的时候，我的裙子的衩，裙子的下摆、分衩的地方，绣的都是芙蓉花。

我不但追求外表上容貌、衣饰的美，而且我要有才能的美，所以"十二学弹筝"，十二岁我就学习弹筝。弹筝的时候都是用指甲，但是你用指甲来弹，指甲容易断掉，古人都是戴一个指甲套，这个女孩子戴了一个银的指甲套来弹。她说我学弹筝的时候，"银甲不曾卸"，银甲不曾摘下来，那时候我整天都在学习弹筝。我，准备好了我自己，有这么丈夫生而愿为之有室，女子生而愿为之有家。父母之心，人皆有之。

——《孟子·滕文公下》

美好的容颜，有这么美好的才能，这么努力地学习，谁知道"十四藏六亲，悬知犹未嫁"。古人说男女授受不亲，等到十四五岁就不可以男女杂处了，除了见你自己的父母兄弟以外，外在的亲戚、男孩子，你不可以再去见了。"悬知"，外边的人猜想，遥远地听说，这个女孩子容貌也美丽，才能也很好，可是还没找到主儿呢，还没有嫁呢。"十五泣春风，背面秋千下。"古人说，男子生而愿为之有室，女子生而愿为之有家。古代的女子，十五岁就是结婚的年龄了，十五岁叫"及笄"，就是头发不再像小孩一样披散着，要把它盘起来。可是她还没有找到对象。所以十五岁，当她打秋千的时候，就背着面，在秋千架下流下泪来。这是李商隐。李商隐急于想遇到一个知赏他的人，希望他能得到一个好的工作的机会，表现他自己才能的机会，但没有得到。

下面一组诗真的像诗谜一样，就是《燕台四首》。《燕台四首》一共四首诗，那我们要讲的诗太多，四首诗里面我选择了一首，就是第一首《春》。我们说李商隐的诗是诗谜，其实并不完全是诗谜。像刚才我们所说的"八岁偷照镜"，这种比喻、寓托，他用男女比喻君臣，用找到一个爱她的人表现他要找到一个赏识、任用他的人，这种寓托是比较明显的。可是他的《燕台四首》就比较难懂了。它分《春》《夏》《秋》《冬》四首来写。中国诗里面常常有春夏秋冬的循环，凡是有春夏秋冬循环的，都代表这种追寻是永恒的、绵延的，是不断绝的一种追寻和向往。从春天写起，哪一年写的呢？根据李商隐诗的编年，是唐文宗大和九年写的。

我们刚才说，大和九年发生了"甘露事变"，他写这首诗的时候，"甘露事变"还没有发生。"甘露事变"是大和九年十一月发生的，李商隐写《燕台四首》诗的时候虽然还没有发生"甘露事变"，但宦官专权已经是非常明显的了。李商隐作为一个有理想、有才干的人，当然觉得这对国家是很不幸的，是很悲哀的一件事情。皇帝，他是生来的，因为他是上一个皇帝的儿子，他就当了皇帝，不是按照才能选出来的。像晋朝的晋惠帝，根本是个白痴，就因为他是上一个皇帝的儿子，他就当了皇帝。所以皇帝不一定都是有出息的，不一定都是有才干的。当然历史上也有很多很好的皇帝。李商隐生在宪宗的时代，经过穆宗、敬宗，现在到了文宗了。他眼看到前边的皇帝，有的是被宦官杀死了，有的是被宦官拥立的，有的是先被宦官拥立又被宦官杀死了，而且当时的唐朝，外边藩镇跋扈，里边呢，是大臣的党争。而李商隐现在还没有考上科举。

诗有绝句，有律诗。绝句是四句一首，律诗是八句一首，古诗是不限句数的。《燕台》是七言古诗，而且不止一首，它是一组，也就是我们所说的组诗。组诗有很多不同的种类，像三国魏晋之间，阮籍曾经写了《咏怀》诗，有八十二首；晋朝的陶渊明写过《饮酒》诗，有二十首；李商隐呢，这一组是四首，而且标题标得很清楚，是《春》《夏》《秋》《冬》。我们还说，古诗是长篇的，长篇的里边换韵。绝句不换韵，比如："打起黄莺儿，莫教枝上啼。啼时惊妾梦，不得到辽西。"（金昌绪《春怨》）律诗，如"相见时难别亦难，东风无力百花残"（李商隐《无题》），也不换韵。可是古诗是长篇，长篇是换韵的。换韵都要赶到双数的句子，双数的句子才换韵。所以你一定要注意到，读长篇的古诗，它有一个停顿，是它换韵。而且你要注意到平仄，古诗也有一个平仄。

我只念第一首《春》。你要注意到我念的时候，凡是入声字，我都读成短促的仄声。

> 风光冉冉东西陌，几日娇魂寻不得。
> 蜜房羽客类芳心，冶叶倡条遍相识。
> 暖蔼辉迟桃树西，高鬟立共桃鬟齐。
> 雄龙雌凤杳何许，絮乱丝繁天亦迷。
> 醉起微阳若初曙，映帘梦断闻残语。
> 愁将铁网罥珊瑚，海阔天翻迷处所。
> 衣带无情有宽窄，春烟自碧秋霜白。
> 研丹擘石天不知，愿得天牢锁冤魄。
> 夹罗委箧单绡起，香肌冷衬琤琤佩。
> 今日东风自不胜，化作幽光入西海。

"风光冉冉东西陌，几日娇魂寻不得"，这是押韵的。"蜜房羽客类芳心"，第三句不押韵。"冶叶倡条遍相识"，"识"字是入声。"暖蔼辉迟桃树西，高鬟立共桃鬟齐。雄龙雌凤杳何许？絮乱丝繁天亦迷。"换了一个韵。

关于这首诗，先说一个故事，一个叫作柳枝的女子的故事。"柳枝，洛中里娘也。"柳枝是洛阳城里一个住在边街巷中的女孩子。"父饶好贾"，她父亲很有钱，是做生意的。"风波死湖上"，因为出外做生意，遇到风浪，死在外边了。"其母不念他（tuō）儿子，独念柳枝"，她母亲不关心别的孩子，只特别关心这个柳枝。为什么要关心这个柳枝呢？因为这个柳枝"年十七"，她已经有十七岁那么大了，可是呢，"涂妆绾髻未尝竟"，她化妆的时候，她梳头的时候，化妆不化完，梳头也不梳整齐，"已复起去"，她坐在这里，但不久就站起走开了。她化妆这边描一描，那边描一描，这边眉毛描了，那边眉毛还没有描呢，就站起来走了。而且她喜欢"吹叶"，拿片叶子在口中吹出声音来，"嚼蕊"，拿个花瓣在嘴里嚼。"调丝擪管"，她喜欢摆弄乐器，丝乐、弦乐、管乐。她拉出来的旋律是什么样的声音呢？"作天海风涛之曲，幽忆怨断之音。"你要知道，这是李商隐在描写这个女孩子，他们俩之间有一段遇合。

李商隐接着说，"居其旁"，住在他们家旁边，"与其家接，故往来者"，与他们家有交接、常常往来的人，"闻十年尚相与，疑其醉眠梦物断不娉"，说这个女孩子疯疯癫癫的，一定嫁不出去了。这是别的亲戚朋友的批评。李商隐说，"余从昆让山"，我的一个本家的兄弟叫让山，"比柳枝居为近"，他的住家和柳枝住家很接近。"他日"，有那么一天，"春"，是春天，"曾阴"，天上阴得很，有浓重的阴云。"让山下马柳枝南柳下，咏余《燕台》诗"——我想这个让山可能对这个女孩子很有兴趣，他们也是邻居嘛——这个让山就下了马，在柳枝家南边的一棵柳树底下，就开始吟唱。吟唱什么呢？吟唱的就是李商隐的《燕台》诗。

柳枝，洛中里娘也。父饶好贾，风波死湖上。其母不念他儿子，独念柳枝。生十七年，涂妆绾髻未尝竟，已复起去，吹叶嚼蕊，调丝擪管，作天海风涛之曲，幽忆怨断之音。居其旁，与其家接，故往来者，闻十年尚相与，疑其醉眠梦物断不娉。余从昆让山，比柳枝居为近。他日春，曾阴，让山下马柳枝南柳下，咏余《燕台》诗。柳枝惊问："谁人有此？谁人为是？"让山谓曰："此吾里中少年叔耳。"柳枝手断长带，结让山为赠叔乞诗。明日，余比马出其巷，柳枝丫鬟毕妆，抱立扇下，风障一袖，指曰："若叔是？后三日，邻当去溅裙水上，以博山香待，与郎俱过。"余诺之。会所友有偕当诣京师者，戏盗余卧装以先，不果留。雪中，让山至，且曰："东诸侯取去矣！"明年，让山复东，相背于戏上，因寓诗以墨其故处云。

——李商隐《柳枝诗序》

"柳枝惊问"，柳枝听了以后非常吃惊，就问："谁人有此？谁人为是？"我认为这两句话问得非常好，接连两句，问得非常急迫，问得非常重要。"谁人有此？"谁人有此情？每一个人内心之中的思想跟情意是不一样的，是什么人内心之中有这么精微、细致的思想跟感情？"谁人为是？"什么人能把这种思想感情写出来，"为是"，写出来这么美好的诗篇。所以这女孩子一听就动心了。"让山谓曰"，他说我的那个堂兄弟让山就告诉她了："此吾里中少年叔耳。"这就是我们本家的一个年轻人嘛。"柳枝手断长带，结让山为赠叔乞诗。"女人有腰带嘛，"衣带渐宽"就是指那腰带，所以柳枝马上就把她系裙子的那个腰带撕断下来一段，送给让山，跟他定一个盟约，"你把我这个衣带送给那个年轻人，跟他为我要一首诗"。让山回去了，就把李商隐约出来了。"明日"，第二天，"余比马出其巷"，比马，他跟让山兄弟两个并排骑着马，就来到柳枝所住的那个巷子。

"柳枝丫鬟毕妆，抱立扇下"，这个柳枝平常化妆从来不化完的，"涂妆绾髻未尝竟"，头也不梳好，眉毛也不画完。可是今天听说李义山来了，就打扮得特别整齐：梳了两个"丫鬟"——这是没有结婚的年轻的小女子的妆；"毕妆"，化妆化得非常美好。"抱立扇下"，立在一个门扇的旁边。"风障一袖"，那时候正好一阵风吹过，把女孩子的一个袖子飘起来遮在她身上。这是李义山描写见面的情景。"指曰"，柳枝对让山指着说，"若叔是"，就是这个年轻人吧？你说的年轻人就是他吧？然后女孩子就接着说，"后三日"，三天以后，"邻当去溅裙水上"。那个时候，有一个风俗，春天三月三，女孩子都到水边去沐浴啊、洗啊，像是泰国现在有什么泼水节啊，就是这样。说我要去溅裙水上，"以博山香待"，博山是香炉。我们在博物院里常常看见有一种铜炉，盖子是尖起来的，像个山的样子，那叫博山香炉。她说我要准备一炉好的香，用最好的博山香炉，等着你来。"与郎俱过"，希望你们两个一起过来。"余诺之"，李商隐说，我也答应她了。

可是，"会所友有偕当诣京师者"，"会"就是恰好，我有一个朋友，恰好我跟一个朋友有一个约会，他约我一起到京城去赶考，而且"戏盗余卧装以先"，这个朋友开玩笑说，你要约会，我就把你的行李拿走，意思是你不要约会了，就跟我走吧，就把李商隐的行李拿走了。行李拿走了，他"不果留"，他也不能留下，他就跟着朋友到京师去了。他到了京师，春天已经过了。"雪中，让山至"，下大雪的时候，他的堂弟让山来了。他问，这个女孩子怎么样了？"且曰：'东诸侯取去矣！'"让山告诉他说，那个女孩子被东方一个诸侯，就是一个有权位的人、一个有地位的人娶走了。"明年"，第二年，"让山复东"，让山离开长安，再回到洛阳。"相背于戏上"，他就跟让山告别，"背"是告别，"戏"是一条水的名字，陕西的一条河，我们就相别在戏上。"因寓诗以墨其故处云"，我就要写一首诗，叫让山把它题在这个女孩子从前住家的门前，这个女孩子虽然不见了，她虽然对李商隐很有感情，但是李商隐走了，没能够践约，她被别人娶走了，所以李商隐就写了诗，叫堂弟题在柳枝的家门那里。

听起来是这么美的一首诗，被人家吟诵，能打动女子的心，说"谁人有此？谁人为是？"那么他写的是什么呢？

"风光冉冉东西陌"，李商隐写得非常好。你说那"万紫千红"，那都非常落实。李商隐说是"风光"，风，是流动的，春天的时候，天上的天光云影，云彩也在飞，风也在吹，那个光影都在动荡；"冉冉"，天光云影慢慢地流荡；"东西陌"，无论是东边的小路，无论是西边的小路，漫山遍野都是春光的流动。在这样的春天，他说我要找一个人，"娇魂"，不只是一个美人，美人也许只是形体，但是她有没有那种绵邈幽深的、精微细致的感情呢？一般说的"美人"只是指一个美貌的容颜，可是他说的不是"美人"，是"娇魂"，是个娇美的心魂，一种心灵上的、一种精神上的、那样娇美的一个娇魂。他说我就是要找这样一个娇魂，我找了好几天了，没有找到，在这个风光冉冉的东西陌，我在寻找娇魂，"几日娇魂寻不得"。

他说我寻找的这个娇魂的心像什么呢？"蜜房羽客类芳心，冶叶倡条遍相识。""蜜房"，花的花心就是蜜房，蜜蜂在花心采蜜嘛，就是蜜房；"羽客"，就是蜜蜂，蜜蜂有两个翅膀，是羽客。他说采花的那只蜜蜂的芳心就像我追寻娇魂的心。"冶叶"，最美的叶子，"倡条"，最茂盛的、长长展开的枝条。每一片美丽的叶子、每一根柔软的枝条，我都飞过了，因为我要寻找那个娇魂。我寻来寻去，我把它都寻遍了，但还是没有找到。

后来发生什么事情了？"暖蔼辉迟桃树西，高鬟立共桃鬟齐。"在傍晚的时候，"暖蔼"，春天的温暖的日光的光影，"辉"，日光的光辉，"迟"，迟迟地照在桃树的西边，落日西斜，那温暖的春天的日光照在桃树的西边，我就仿佛看到那个女子了。什么样的女子？那个女子头上盘着很高的一个鬟。女子的头发可以梳成各种不同的样子。刚才我说丫鬟，一边一个；也可以是堕马髻，斜在旁边的；也可以是盘起来立在头上的，高髻。一般说起来，高髻，代表一种庄严、一种高贵；堕马髻，代表一种风流、一种随意；丫鬟，代表一种天真。不同的发型代表不同年龄、不同身份、不同感情的女子。这个女子是高鬟（环形的鬟），高鬟的女子站在那里，"高鬟立共桃鬟齐"，那个桃树上有花，我就想象，那桃树上红色的花朵就像是这个女孩子高鬟上插的花朵一样。真有这个女孩子吗？没有啊，这是诗人所幻想的——我就好像看见那个女子，她梳着高鬟，就跟桃树上红色的桃花并排站在那里。可是，两个人没有见面，他没有找到这个女子。

天下最幸福的、最美好的事情，当然是男女能够相合在一起。但是他说没有。"雄龙雌凤杳何许"，雄跟雌是一对配偶，龙跟凤是一对配偶，如果有雄龙就应该有雌凤，这世界才是美好的，才是圆满的，可是现在不只是没有雄龙，也没有见到雌凤，那些美好的、应该得成配偶的，没有。我们要找寻的配偶没有找到。在你失落的时候，在雄龙没有找到雌凤、雌凤没有找到雄龙，而且雄龙雌凤都不存在了的时候，你就发现"絮乱丝繁天亦迷"，满天的柳絮飞舞，到处的游丝飘荡，连天也迷乱了。古人说"天若有情天亦老"，我追寻的没有得到，我只有满心的惆怅和迷惘。

"醉起微阳若初曙，映帘梦断闻残语。"于是我就跑去睡了一觉，我喝了酒，等到我睡醒了，酒醒了，那个时候落日西斜了，那种微微的阳光照在西窗上，本来是西斜的落日的阳光，恍惚之间，我误会了，以为它是刚刚破晓的阳光。我的神魂颠倒，我的情意迷乱。就在这个斜日的光影之下，在那帘枕之上，我的梦已经醒了，可是就在这个隐约的日光跟朦胧的帘子的光影之间，我好像听见有人在跟我说话。人是找不到了，人已经消失了，可是我的耳边好像还留着梦中她的言语。

我没有找到这个人，我始终没有找到这个人，我梦醒了，我觉得在帘子的光影映照中好像还留着她说话的声音，我就想我一定要把她找到。我怎么找她呢？"铁网罥珊瑚"，我就用海上那些采珊瑚的人的办法。你知道采珊瑚的人怎样采珊瑚吗？据说，采珊瑚的人是用一大张铁网——铁丝织成的网，沉到有珊瑚的海底，珊瑚有很多枝丫的，就会从铁网的一个个网眼中增长出来，珊瑚是很僵硬的，它的很多枝杈长出来，都是从网中钻出来的，然后他们就把铁网绞上来，就把这个珊瑚从海底拔出来了。他说，我找不到这个女子，我曾经想要变作一只蜜蜂，到处寻找这个美女，我没有找到，我现在要下一个铁网，铁网下在海上，我希望"罥"，就是网住海底的珊瑚，把这个珊瑚找出来。但是我把网撒在哪里呢？哪个地方有珊瑚？哪个地方是我该下网的地方？广阔的海洋、辽阔的苍天，哪里是我下网的所在呢？"愁将铁网罥珊瑚，海阔天翻迷处所。"

于是在这种追寻而不能得到的失落和怅惘之中，"衣带无情有宽窄"，我的人就憔悴了，我的人就消瘦了。衣服的带子是无情之物，所以你的衣带宽了，它就告诉你宽了，它不会隐藏不告诉你。"春烟自碧秋霜白"，春天过去了，秋天来了，春天的烟霭迷蒙，和着春天的碧绿的颜色是美丽的，秋天的白露为霜，那霜的凄凉、那种白色，也是美丽的。我的等待，一日复一日，这一年过去了，春天过去了，秋天也过去了，我经过了春烟自碧，我也经过了秋霜自白。为什么说"自碧""自白"呢？"自"，是它们自管自如此，春烟自管碧，它不管我李商隐的感情是如何；秋霜自管白，它也不管我李商隐的感情是如何。

但我的追寻没有断啊。"研丹擘石天不知"，我的这种追寻的感情和心意就像磨一块丹砂一样，我把那丹砂都磨成粉了，我把我的这种坚定的志意，就像"擘"一块石头，都打碎了。我把我的一切都打碎了、奉献出来，我要追寻，我要得到。可是有人知道吗？有人理会吗？有人帮助我吗？是"研丹擘石天不知"啊，上天没有同情，上天没有了解，上天没有给我任何帮助。所以他说"愿得天牢锁冤魄"，我的这种追求不到的含冤莫白的魂魄，要有一个安顿的所在。我要把我这种失落的、迷惘的、追寻不到的冤魂放在哪里？我就希望天上，天上有没有一个牢狱——中国人富于想象，凡是人间有的，天上都有，人间有厨房天上就有天厨，人间有牢狱天上就有天牢——我就愿意把我这种最痛苦的、含冤莫白的魂魄锁在那天上，永远不得超生。

就在这种痛苦之中，春天真的走了。这首诗题目是《春》啊。"夹罗委箧单绡起，香肌冷衬琤琤佩"，春天过去，夏天就来了。春天穿的是夹层的罗衣，夏天呢，要穿单层的纱、绡。"委"是抛弃；"箧"，锁在箱子里。春天过去，把你的夹衣服放在箱子里收起来了，你开始要穿单薄的纱的衣服了，整个的春天落空了。"香肌冷衬琤琤佩"，他说的还是这个女孩子，说夏天天气越热，女子的肌肤越凉，她身上戴着玉佩，她走过的时候，就会留下一串琤琤的玉佩的、环佩的声音。

可是春天是留不住的，"今日东风自不胜"，现在的春天一点力量都没有了，春风没有力量再把春天带回来。春天跑到哪里去了？"化作幽光入西海。"那个"风光冉冉东西陌"的春光，就变成了一缕非常凄凉的、幽暗的幽光，滑入西海里边，永远消逝了。为什么要进到西海里边去？因为他说是东风，东风当然是向西吹了。而且，你有这么多的忧愁、怨恨和相思，什么地方可以容纳？海里边才能够容纳。所以，我把我所有的相思、所有的追寻、所有的哀怨，全都"化作幽光入西海"。

他写了这么一首美丽的诗，还打动了洛中里娘，说的是什么？李商隐诗真的是诗谜。既然是诗谜嘛，就是要让人猜。我们参考一下别人说的。时间到了，下次再看吧。

第五讲

一生等不到的救赎

大家就猜想，以为"燕台，唐人惯以言使府，必使府后房人也"（冯浩《玉谿生诗笺注》卷五《燕台》诗注），说唐朝的习惯，燕台是使府。什么叫使府呢？唐朝有很多节度使，每一个地区都有一个节度使——像安禄山——各地方的长官就是节度使。节度使办公的府就叫作使府。上次我们说了，李商隐的一生，都是在各地方的节度使里边给人家做秘书的职务。有人说，李商隐所写的《燕台》，就是他在各节度使的使府之中，跟使府之中的一些女子谈恋爱，所以才写的。我这样空口说，好像真是丝毫也没有凭据。关于李商隐诗歌研究的一些有名的著作，都是有名的作家、有名的学者所说的，都这样讲。可是，我个人并不同意这些大家这样的说法。

花房与蜜脾，蜂雄蛱蝶雌。
同时不同类，哪复更相思。

本是丁香树，春条结始生。
玉作弹棋局，中心亦不平。

嘉瓜引蔓长，碧玉冰寒浆。
东陵虽五色，不忍值牙香。

柳枝井上蟠，莲叶浦中干。
锦鳞与绣羽，水陆有伤残。

画屏绣步障，物物自成双。
如何湖上望，只是见鸳鸯。
——李商隐《柳枝五首》

为什么我不同意呢？因为李商隐自己写过《柳枝》诗，他说我作了《燕台》诗以后，我的一个本家的兄弟吟诵我的诗，有一位洛阳的女子，曾经受到感动。然后他又说，这个女孩子约我，等到三月的时候，我们到水边去，我准备一炉好香等你过来。可是李商隐说，他有一个同学，说他们要去赶考，就带着李商隐的行李到京城去了，所以李商隐就爽约了，就没能见到这个女子。作这首诗，应该是李商隐还没有考中科举以前，更不用说以后他在节度使做秘书的事情，这是把时间整个都颠倒了。《燕台》与后来的节度使、使府没有关系，与节度使使府之中的女子更没有关系。

那么现在我们就要说，他把这首诗叫作《燕台》，该是什么意思呢？我们从"燕台"来看，我的想法——这个不是他们的说法，这是我个人的说法，以前其实还没有人这样说过——我认为这个燕台，指的是春秋战国时候，有一个燕国，当时的国王叫作燕昭王，燕昭王想要招揽天下的贤能之士，所以他就筑了一个台，燕国的这个台，我想应该叫燕台。不过燕昭王筑的这个台当时不是简单地叫燕台，它叫什么呢？它叫黄金台。为什么叫黄金台？因为他准备了很多黄金在这个台上，如果有天下贤能之士出现，他就以重金来聘用这些贤士。

这也不是我一个人这样想，不是一个孤证。李白曾经写过《行路难》三首——其一、其二、其三。《行路难》其二里边有这样两句诗："昭王白骨萦蔓草，谁人更扫黄金台"，他后面说"行路难，归去来"。燕昭王筑了这个黄金台，招揽天下贤能的人士，李白说，我这个读书人，自认为是个有才能的人，可是呢，没有人任用我，从前那个任用人才的燕昭王老早就死了，昭王的白骨——他的坟墓上，"萦

燕台，用燕昭故事，唐人例指使幕……《燕台》诗四章，盖皆为杨嗣复而作。
——张采田《玉谿生年谱会笺》开成五年谱

大道如青天，我独不得出。羞逐长安社中儿，赤鸡白雉赌梨栗。弹剑作歌奏苦声，曳裾王门不称情。淮阴市井笑韩信，汉朝公卿忌贾生。君不见昔时燕家重郭隗，拥篲折节无嫌猜。剧辛乐毅感恩分，输肝剖胆效英才。昭王白骨萦蔓草，谁人更扫黄金台？行路难，归去来！
——李白《行路难》其二

蔓草"，已经都长满了荒草了，"谁人更扫黄金台"，什么人重新来整理这个黄金台，重新来聘用天下的贤能之士呢？所以我认为，这个燕台用的是燕昭王的黄金台的典故，是所有的这些有天才的人的希望。希望什么？希望被人赏识，希望被人任用。我有这样的联想，不但是从这个题目，而且要看看他写作的时间。

李商隐经过了唐朝的宪宗、穆宗、敬宗、文宗、武宗、宣宗六个皇帝，他死的时候，只有四十七岁。他写《燕台》诗的时候，是唐文宗大和九年。这一年，李商隐二十四岁，还没有考上科举呢，他到哪个幕府去工作？所以那些人的说法，完全是望文生义。李商隐写这首诗时，经过了两次落第的失败，大和七年的时候曾经有一次落第，第二年他又有一次落第。所以我认为这首诗所写的，都是他的向往，向往有一个能够欣赏他的人，能够任用他的人，我想《燕台》几首诗写作的背景都是如此。我们上次已经把诗讲过了，他所写的那种美妙的追求、美丽的遇合，那种追求不得的失落和悲哀，都是指的他仕宦的失落和悲哀。

他考了这么多次都没有考上，最后考上了没有呢？最后他终于考上了。什么时候考上的呢？唐文宗开成二年的十二月，他写了一首长诗《行次西郊作一百韵》。"次"，就是你路途上经过一个地方，你在那里稍微地停了一下。"行"，我们在旅行的途中。他到长安去赶考，赶考的时候经过了长安城西的郊外，他就写了一首长诗。我们刚才讲，说他写《燕台》诗，是大和年间写的。开成仍然是文宗的年号，他改了，不叫大和，叫开成了。为什么改了呢？我们说，他写《燕台》的时候，是大和九年，写《行次西郊作一百韵》的时候，是开成二年，即两年以后。他在835年写《燕台》的时候还没有考上，到837年写《行次西郊作一百韵》的时候，他刚刚考上。

历史记载着一些故事。说唐朝这些士子、读书人，到长安去考试，你一定要得到朝廷之中的高官、贵族的欣赏、赞美，在市场上造成一种风气，然后你才容易考上，否则你就不容易考上。这是唐朝的风气。像王维到长安，就先托他的朋友把他带到公主的府中。到公主的府中，他就吟诗、作赋，王维还懂得音乐，还弹琴，所以马上就被公主欣赏，他参加考试就得中了高第。白居易，到了长安，也是先把他的作品给那些达官贵人看。当时唐朝的这个风气叫作"行卷"，就是把你的卷子推出去让人家看，让人家认识你的才能。本来有一个达官，看到白居易送来诗文，就取笑他说，你的名字叫"居易"，可是"长安米贵，居大不易"（《全唐诗话》）啊，说你要想在长安留下来，非常不容易。等到他翻开他的卷子来，就看到白居易写草的一首诗："离离原上草，一岁一枯荣。野火烧不尽，春风吹又生。"（《赋得古原草送别》）啊，这个人大惊，说你有这样的才华，居天下都可以啊，何况长安!

> 尚书白居易应举，初至京，以诗谒著作顾况。况睹姓名，熟视白公曰："米价方贵，居亦弗易。"乃披卷，首篇曰："离离原上草，一岁一枯荣。野火烧不尽，春风吹又生。"却嗟赏曰："道得个语，居亦易矣。"因为之延誉，名声大振。
>
> ——《太平广记》

杜甫年轻的时候，也是没考上。杜甫其实从来没有考上过。王维当然是很快就考上了，李商隐最后也考上了，白居易也考上了。虽然杜甫从来没有考上，但他也曾把他的诗文拿给这些达官贵人看。当时有一个人叫韦济，在唐朝做尚书左丞，左丞是很高的一个官名。杜甫有上韦左丞的诗，说我非常感谢你，因为我把我的诗文给你看，你对我的诗文非常欣赏。杜甫怎么感谢他呢？他说："甚愧丈人厚，甚知丈人真。每于百僚上，猥诵佳句新。"（《奉赠韦左丞丈二十二韵》）因为韦左丞是长辈，是老先生、老伯，所以杜甫称他为"丈人"。他说，我非常感谢你对我的感情这么深，我也"甚知丈人真"，我也知道你对我的赞美是如此真诚。怎么知道你对我如此好、如此真诚？"每于百僚上"，你常常在百官上朝的朝廷之上，"猥"，我这样一个卑微的人，蒙你赞美，在百官之上跟他们朗诵我新作成的美好的诗文的佳句。所以你就知道，唐朝这些考进士的人还要做些下面的功夫。

李商隐考了两次都没有考上，这一次怎么就考上了呢？因为下边有人做了功夫。谁给他做了功夫呢？令狐楚。前面我单说过令狐楚非常欣赏他，认为李商隐是个才子，文章写得好，也用功读书，就让李商隐跟他的儿子交游，"令与诸子游"。令狐楚有好几个儿子，其中有一个儿子叫令狐绹。李商隐考了几次都没有考上，他们令狐家里边就想，我们要给他帮一帮忙。那年有一个主考官，叫作高锴，令狐绹跟这个高锴是好朋友。高锴问他，你知道现在的年轻人，什么人的才学文章最好？令狐绹就跟高锴讲，说我认识一个人，是我父亲欣赏的一个年轻人，这个人叫李商隐。据说他跟高锴说了三次，所以李商隐这次就考上了。

我现在讲这个，是关系李商隐一生经历的非常重要的一件事情。考上以后，他就做了一件他自以为是很好的、很对的事情，可是这件事情影响了他终身的仕宦。那是什么事情呢？他考上不久，就写了《行次西郊作一百韵》。要知道中国古代的读书人都是要修身、齐家、治国、平天下的。我们说"士农工商"，你一个读书人，肩不担担，手不提篮，又不下田种地，又不在工厂做工，你凭什么在农工商的上面？这农工商各有专业，可是士呢？士之所以为士，是以天下为己任。古代的读书人，都以天下为己任。所以杜甫跟韦左丞写他的理想，他说我的理想是"致君尧舜上，再使风俗淳"（《奉赠韦左丞丈二十二韵》）。这是读书人，读书人要科考，科考以后的理想："致君尧舜上，再使风俗淳。"

可是唐朝的当年，我说李商隐生在宪、穆、敬、文、武、宣，他经过了六个皇帝，现在已经到了文宗的时代了。宪宗，历史上说，被宦官杀死；敬宗，也被宦官杀死了；穆宗，宦官所拥立的。文宗，我们说现在是开成二年。文宗的年号，本来是大和，现在叫作开成，皇帝没有换，年号改了，叫改元，从大和改成开成了。发生了什么事情？为什么皇帝把大和的年号改成了开成？唐朝的穆宗、敬宗，都是比较不务政事的，喜欢嬉游的，被宦官所立的，可是文宗不是。文宗是个有理想的、希望把国家治理好的一个人。可是宦官的势力已经形成了，他在宦官的辖制之下。唐朝的历史记载说，有一天，文宗跟很多大臣聚会在一起，文宗就问这些大臣，说：你们看我比汉献帝何如？汉献帝是东汉末年一个几乎被废弃的皇帝，后来就被曹氏给篡夺了，汉献帝是亡国之君。那些臣子就说了，皇上啊，你是尧舜之君，你怎么自比献帝呢？文宗感叹道："赧献受制于强诸侯，今朕受制于家奴，以此言之，朕殆不如。"（《资治通鉴》）皇帝都称"朕"，他说我受制于家奴。汉献帝受制于谁？曹操。曹操还是个有才干的人。可是我，受制于家奴，就是宦官，我这是连汉献帝也比不上啊！

文宗不但有心改善国家的政治，也会作诗。文宗写过一首诗："辇路生春草，上林花满枝。凭高何限意，无复侍臣知。"（李昂《宫中题》）辇，是皇帝坐的车。这么美好的春天，百花齐开，上林苑里满枝都是花，可是我没有心思到上林苑里游春，所以皇帝的辇走的路都长满了青草，因为我没有赏花的心情。我内心有很多的感慨，"无复侍臣知"，哪个在我身边的大臣真的懂得我的心意呢？文宗后来就想消除宦官，不"受制于家奴"，然而文宗失败了。那是大和九年。我们上次已经简单地说过，就是唐朝历史上的一次巨变——甘露之变。

经过甘露之变这一大的变故，到了开成年间，李商隐考上了进上，他满心的理想——我要改变，我要改变现在的政治，所以他写了这首《行次西郊作一百韵》，一首非常长的长诗。大家都以为李商隐都是写浪漫的、迷离恍惚的、非常美丽的爱情诗，其实不然，我们要看李商隐的另外一面。李商隐其实是在唐朝的诗人里边最能够得到杜甫的神髓的。杜甫写过很多首五言古诗，比如说《自京赴奉先县咏怀五百字》，这是杜甫写的一首长诗，大家常常传诵的"朱门酒肉臭，路有冻死骨"就是在这首诗中所写的。杜甫还写过一首长诗，叫《北征》，写安史之乱之后生活的情况。李商隐和杜甫在表面上看起来很不一样。杜甫忠爱缠绵，"致君尧舜上，再使风俗淳"；李商隐"相见时难别亦难""春蚕到死丝方尽"（《无题》），你觉得他们两个完全不一样。可是他们真正在骨子里边的、内心深处的，是有相同、相似的地方的。那么，杜甫在《自京赴奉先县咏怀五百字》中说你们"朱门酒肉臭"，而老百姓是"路有冻死骨"，反映了现实的人民的疾苦，那李商隐写了什么？

蛇年建丑月，我自梁还秦。
南下大散关，北济渭之滨。
草木半舒坼，不类冰雪晨。
又若夏苦热，焦卷无芳津。
高田长槲枥，下田长荆榛。
农具弃道旁，饥牛死空墩。
依依过村落，十室无一存。
存者皆面啼，无衣可迎宾。
始若畏人问，及门还具陈。
右辅田畴薄，斯民常苦贫。
伊昔称乐土，所赖牧伯仁。
官清若冰玉，吏善如六亲。
生儿不远征，生女事四邻。

这首诗很长，一百韵。我们来不及完全讲，我不能把它整体讲。"蛇年建丑月"，蛇年，那天我还在想，中国古人，一直到现在我都觉得非常奇妙，到现在我还是一直也没有解答我这个问题——就是天干、地支的发明。天干——甲、乙、丙、丁、戊、己、庚、辛、壬、癸；地支——子、丑、寅、卯、辰、巳、午、未、申、酉、戌、亥。十个天干、十二个地支，要配合这个干支，纪年、纪月、纪日、纪时，占卜、批八字，都是按照这个干支。这是非常奇妙的一件事情。是谁给我们创立的？是从何而来的？我们不但说十个天干、十二个地支，我们还把十个天干分成五色，代表五行，五行、五色还要讲相生相克。所以这个非常奇妙。可是我们中国相沿的纪年、纪月、纪日就是用这个天干、地支。他说"蛇年建丑月"，蛇年是哪一年呢？你查查中国的历史，那年是丁巳年。巳是蛇，巳蛇，丁是天干，丁巳是红色的蛇。今年是癸巳，癸巳是什么蛇？是黑色的蛇。蛇年还建丑月。天干是十个天干，分成五行五色。十二个地支，我们中国的历法，这十二个支代表十二个月。哪一个月是正月？把哪个月当作岁首、当作开头的第一个月？我们现在都用的是夏历。夏朝是建寅，它是以寅月为岁首；周朝是建子；商朝是建丑：夏、商、周三代的正月不是同一个月。

"蛇年建丑月"是哪一月？唐朝用的什么历法？唐朝用的夏历。唐朝的正月，夏历是建寅，正月是寅月。可是他是说建丑的月，那是冬天的十二月。文宗开成二年，刚刚经过了甘露之变以后的两年，他

续上页

浊酒盈瓦缶，烂谷堆荆囷。
健儿庇旁妇，衰翁舐童孙。
况自贞观后，命官多儒臣。
例以贤牧伯，征入司陶钧。
降及开元中，奸邪挠经纶。
晋公忌此事，多录边将勋。
因令猛毅辈，杂牧升平民。
中原遂多故，除授非至尊。
或出幸臣辈，或由帝戚恩。
中原困屠解，奴隶厌肥豚。
皇子弃不乳，椒房抱羌浑。
重赐竭中国，强兵临北边。
控弦二十万，长臂皆如猿。
皇都三千里，来往同雕鸢。
五里一换马，十里一开筵。
指顾动白日，暖热回苍旻。
公卿辱嘲叱，唾弃如粪丸。
大朝会万方，天子正临轩。
采旂转初旭，玉座当祥烟。
金障既特设，珠帘亦高褰。
捋须塞不顾，坐在御榻前。
忭者死艰屦，附之升顶颠。
华侈矜递炫，豪俊相并吞。
因失生惠养，渐见征求频。
奚寇西北来，挥霍如天翻。
是时正忘战，重兵多在边。
列城绕长河，平明插旗幡。
但闻虏骑入，不见汉兵屯。
大妇抱儿哭，小妇攀车辀。
生小太平年，不识夜闭门。
少壮尽点行，疲老守空村。
生分作死誓，挥泪连秋云。
廷臣例獐怯，诸将如赢奔。
为贼扫上阳，捉人送潼关。
玉辇望南斗，未知何日旋。
诚知开辟久，遘此云雷屯。
送者问鼎大，存者要高官。
抢攘互间谍，孰辨枭与鸾。
千马无返辔，万车无还辕。
城空鼠雀死，人去豺狼喧。

续上页

南资竭吴越，西费失河源。
因今左藏库，摧毁惟空垣。
如人当一身，有左无右边。
筋体半痿痹，肘腋生臊膻。
列圣蒙此耻，含怀不能宣。
谋臣拱手立，相戒无敢先。
万国困杼轴，内库无金钱。
健儿立霜雪，腹歉衣裳单。
馈饷多过时，高估铜与铅。
山东望河北，橐烟犹相联。
朝廷不暇给，辛苦无半年。
行人推行资，居者税屋椽。
中间遂作梗，狼藉用戈鋋。
临门送节制，以锡通天班。
破者以族灭，存者尚迁延。
礼数异君父，羁縻如羌零。
直求输赤诚，所望大体全。
巍巍政事堂，宰相厌八珍。
敢问下执事，今谁掌其权。
疮痍几十载，不敢抉其根。
国蹙赋更重，人稀役弥繁。
近年牛医儿，城社更扳援。
盲目把大旆，处此京西藩。
乐祸忘怨敌，树党多狂狷。
生为人所惮，死非人所怜。
快刀断其头，列若猪牛悬。
凤翔三百里，兵马如黄巾。
夜半军牒来，屯兵万五千。
乡里骇供亿，老少相扳牵。
儿孙生未孩，弃之无惨颜。
不复议所适，但欲死山间。
尔来又三岁，甘泽不及春。
盗贼亭午起，问谁多穷民。
节使杀亭吏，捕之恐无因。
咫尺不相见，旱久多黄尘。
官健腰佩弓，自言为官巡。
常恐值荒迥，此辈还射人。
愧客问本末，愿客无因循。
郿坞抵陈仓，此地忌黄昏。
我听此言罢，冤愤如相焚。

从河南到陕西去。他写路上的情景："南下大散关，北济渭之滨。草木半舒坼，不类冰雪晨。"这是冬天的十二月，但已经有草木发芽了，不像是"冰雪晨"。可是这些发芽的、这些绿的树芽，不是很有水分的，不是很新鲜的，是枯干的。"又若夏苦热，燋卷无芳津"，因为当时遭遇了旱灾。我念下去，这个实在是没有办法讲，我们讲它就讲不完了。他就说荒凉："高田长槲枥，下田长荆榛。农具弃道旁，饥牛死空墩。"牛都饿死了。"依依过村落，十室无一存"，老百姓都逃荒逃走了。"存者背面啼，无衣可迎宾"，没有衣服穿。"始若畏人问，及门还具陈。"他后来就回忆，他说从前唐朝也有过好的时代，可是后来就败坏了。"降及开元中，奸邪挠经纶。晋公忌此事，多录边将勋。因令猛毅辈，杂牧升平民。中原遂多故，除授非至尊。"建立了很多藩镇，藩镇非常跋扈，而且藩镇的建立、罢黜，皇帝不能做主。"重赐竭中国，强兵临北边。"你要笼络这些边将，给他们的赏赐很丰厚，把国库钱财都掏空了，可是这些藩将却组织强兵侵临北边。"控弦二十万，长臂皆如猿。皇都三千里，来往同雕鸢。五里一换马，十里一开筵。指顾动白日，暖热回苍旻。"这些武将在民间搜刮，"五里一换马，十里一开筵"，搞得民不聊生。"大妇抱儿哭，小妇攀车辀。生小太平年，不识夜闭门。少壮尽点行"，年轻人都点去当兵了，"疲老守空村。生分作死誓，挥泪连秋云"，这些年轻人去当兵，跟年老的人告别，他们知道回来的希望很小，所以生别都当作死别来看，大家流泪痛哭，是"挥泪连秋云"。

续上页

昔闻举一会，群盗为之奔。
又闻理与乱，在人不在天。
我愿为此事，君前剖心肝。
叩头出鲜血，滂沱污紫宸。
九重黯已隔，涕泗空沾唇。
使典作尚书，厮养为将军。
慎勿道此言，此言未忍闻。
——李商隐《行次西郊作一百韵》

他说，"我听此言罢"，我听到老百姓说的这些话，"冤愤如相焚"，心里面替他们觉得冤屈，觉得悲愤，心里面像火烧一样。杜甫也说，"穷年忧黎元，叹息肠内热"（《自京赴奉先县咏怀五百字》）。"昔闻举一会，群盗为之奔"，这说的是春秋战国的时候，晋国用了一个贤能的臣子士会，那些强盗都不敢留下来了。意思是说，你要用到一个好的、治理国家的人，那么一切的风气都将改变。"又闻理与乱，在人不在天。"这国家是安定还是战乱，主要关系着人，看是什么人治理，而不是完全靠上天的运气。"我愿为此事，君前剖心肝。"我真是愿意为挽回我们国家的危难，把我的心肝剖出来。"叩头出鲜血"，我愿意在朝廷之上把我的头都磕破，流出来鲜血。我的血流出来这么多，"滂沱污紫宸"，把你皇帝那个紫宸殿都流满了。但是现在呢？"使典作尚书，厮养为将军。"现在都是宦官当政，让一些小人做尚书，弄一个不成才的人做将军。他说，"慎勿道此言，此言未忍闻"。李商隐就写了这么一首诗。

虽然他考上了进士，但是按照唐朝的制度，进士只是有了一个可以做官的资格，好像你考大学，你考上了，但是你要分科。所以第二次他要考一个分科的考试。本来考的成绩也很好，把这个名单呈到中书省，就是国家的最高机关，中书的长者看到李商隐的名字说："此人不堪。"说这个人不能用，就令删去，就把他删掉了。所以李商隐就遭遇过这样的待遇。但他毕竟是考中了进士了，第二年，他再次参加授官考试，那么他最后做了一个什么官呢？

我们接下来看他另外一首诗，《任弘农尉献州刺史乞假归京》。弘农是弘农县，让他做弘农县的一个县尉。什么是县尉？人家说知县，本来就是七品的芝麻官了，可是他在一县之中，他是最高首长，他是县官。尉，是知县底下的属官。在唐朝，这些尉官是完全没有作用的，完全是听县官的指使。我们还可以举个例证。杜甫，我不是说，也考了很多次没有考上嘛，杜甫正式的考试没有考上，皇帝举行了一个特考的科考，他又没有考上。这杜甫怎么办呢？杜甫就献赋。他要让皇帝认识他的文章、才干，他就给皇帝献赋，都是赞美、歌颂皇帝的。皇帝一看，这赋写得不错啊，把杜甫叫来，我给他一个特考，就给杜甫举行一个特别的考试。这次考试他通过了，就给他派了一个官职。杜甫当年就做了河西县的县尉。你看，都是县尉，一个卑微的小官。现在李商隐是弘农县县尉，杜甫是河西县县尉。杜甫怎么样？不接受。他本来考也考不上，什么官职都没有，给他一个特考，还给他一个河西县尉的官职。杜甫不做！人家杜甫就写了一首诗，杜甫说："不作河西尉，凄凉为折腰。"（《官定后戏赠》）因为做县尉这个官，你每天要听县太爷的，你要对他卑躬屈节。李商隐是做了，做了一半不干了，写了这首诗，《任弘农尉献州刺史乞假归京》。他做了弘农县的县尉，他写这首诗献给比县官更高的州刺史，他说我要告假，我不再做县尉了，我要回长安去了。看他说了些什么：

黄昏封印点刑徒，愧负荆山入座隅。

却羡卞和双刖足，一生无复没阶趋。

县尉这个官管什么？"黄昏封印"。县太老爷拿着官印来处理县里的这些案件，说这个人有罪，那个人没罪，这个人要判几年，那个人要罚多少钱，到了下班的时候，让县尉把官印收起来，把这些犯人的名字都点一点，要收监，"黄昏封印点刑徒"。"愧负荆山入座隅"，弘农县旁边有一座山，这座山叫作荆山。这个山名让李商隐联想到一个故事。春秋战国的时候，楚国有一座山就叫作荆山，有一个人叫作卞和，卞和认识美玉，他能看到矿石里边是不是有美玉。卞和就将荆山里边的一块石头献给楚王，说是一块美玉。楚王就叫玉工来看。玉工把这个玉看了看，说这是什么美玉，这就是块石头嘛。楚王大怒，楚王说，你这不是欺骗我吗？明明是块石头，你怎么说是美玉呢？惩罚！就把卞和的一条腿砍断了。这个楚王死了，第二个楚王继位了。卞和说，这真是一块美玉，很可惜的，大家都不认识。他又把这块玉拿来了，再献给第二个楚王。第二个楚王又叫一个懂得玉石的人来看。那人说这是石头，不是美玉。楚王说，把另外一条腿也砍断。于是卞和的两条腿就都砍断了。可是后来，有人把这块石头剖开了，果然是块美玉。据说秦始皇统一天下后，就是拿这块美玉刻传世的玉玺、皇帝的图章。李商隐说"愧负荆山入座隅"，我自己觉得惭愧，我们这里也有荆山，可是荆山的美玉没有人认识，我就坐在一个角落那里。"却羡卞和双刖足"，有美玉一样的人才，玉没有人认识，人才也没有人认识，他说，我反而羡慕这个卞和，他的两条腿都被砍断了，"一生无复没阶趋"，他这一辈子再也不会在官府的衙门底下、台阶底下供人驱使了，喊过来、叫过去的。李商隐就不做了。

李商隐在这一段时间还结了婚。李商隐跟谁结了婚呢？李商隐的岳父叫王茂元。因为李商隐确实很有才华，所以令狐楚当年欣赏他的才华。他考上进士的当年，令狐楚病逝。而时任泾源节度使的王茂元，也很欣赏他的才华。李商隐参与料理令狐楚的丧事之后，便接受了王茂元的聘请，到他的幕府之中工作。他写了一首诗，叫《安定城楼》，写于文宗开成三年，就是在王茂元的幕府之中写的。

迢递高城百尺楼，绿杨枝外尽汀洲。

贾生年少虚垂涕，王粲春来更远游。

永忆江湖归白发，欲回天地入扁舟。

不知腐鼠成滋味，猜意鹓雏竟未休。

"迢递高城百尺楼"，安定在甘肃，他说我登上这安定城楼，这是他的岳父王茂元做泾源节度使所镇守的地方。"迢递"，路程是横的、远的叫迢递，楼高，非常高，也叫迢递，那么高的城楼，百尺的高楼。"绿杨枝外尽汀洲"，那个时候是春天，他说我登上了安定城楼，向下一看，杨柳都发芽了，水边的沙洲，一片青青绿色。人，局促在一个小房间里边，像我在图书馆那个小房间，一共不过几呎，什么都关住了。人家说登高望远，你的胸襟就会广远，你的联想就会丰富，你的志意就会高远。所以王国维说成大事业大学问的人，有三种境界，其中第一种境界就是："昨夜西风凋碧树。独上高楼，望尽天涯路。"（晏殊《蝶恋花》）登得高，才望得远，你的胸襟、眼界才开阔，你的关心才远大。杜甫也说："花近高楼伤客心，万方多难此登临。"（《登楼》）我登上高楼，就想到我们国家的万方的多难。所以在高楼上，人有很多的感慨。这两句是写景，他一切的关怀，对整个的国家、民生的关怀，他的理想、他的志意，都是因为登高望远引起来的。所以他说"迢递高城百尺楼，绿杨枝外尽汀洲"，此情此景，我就想起来我的国家，为什么我的国家，唐朝，接连的外有藩镇之祸，内有朝廷的党争，皇帝的生杀废立都操纵在宦官的手中，为什么是这个样子？他说我是关心——刚才我们说的《行次西郊作一百韵》，国家有这么多的弊病，老百姓有这么多痛苦——这都是我所关心的。

"贾生年少虚垂涕"，贾生年少，汉朝的贾谊，大家都知道贾谊写过一篇有名的文章，叫《过秦论》。他说秦，为什么传了二世就灭亡了？秦始皇以为，我是始皇帝，以后千年万世要传到无穷的，可是秦不过二世就灭亡了，秦只传了两代。秦为什么这么短就灭亡了？所以贾谊写《过秦论》，就是指出秦朝所犯的过错。贾谊还写了《治安策》。写的是怎么样治理国家，这个国家所面临的危险、困难，有多少？贾谊在《治安策》里说："可为痛哭者一，可为流涕者二，可为长太息者六。"贾谊说，我看我们的国家，我要为她痛哭流涕的——他真是很幸运，可为痛哭的只有一件事情，也许有的时候，可为痛哭的事还不止一件呢——可以让我流下泪的有两件事情，可为长长地叹息的有六件事情。贾谊关心国事，他为国事而叹息而流泪。李商隐说，"贾生年少"，贾谊当时很年轻，我李商隐也很年轻，我也看到我们国家有这么多可为痛哭、流涕的事情。"虚垂泪"，白白地流泪。刚才我们也说了，他愿意在皇帝面前叩头、流血，鲜血流满了紫宸殿，他愿意为国家付出生命。可是"虚"，白白地，你白白地流泪，你也白白地流血。谁关心你了？谁听见你了？所以他说"贾生年少虚垂泪"，而我现在是"王粲春来更远游"。王粲是东汉末年建安时代的一个很有才华的人，建安七子之一。建安时代也有很多的变乱。建安时代是献帝，汉献帝曾经受制于曹操。在曹操以前还受制于谁？受制于董卓。献帝受制于权臣。东汉本来建都在洛阳，董卓就胁迫皇帝迁都到长安。很多大臣要夺权，先叫这个皇帝迁都。迁都的时候，就把他左右的侍卫都消除了，他就可以实行篡夺之事。就在董卓之乱的时候，当献帝被从洛阳胁迁到长安的时候，王粲离开了北方，到南方去了。他说我就像当时的王粲，我离开长安，我现在到了安定城楼了。

"永忆江湖归白发，欲回天地入扁舟。"这是非常有名的两句诗。有名在什么地方？一是它的内容跟意义，一是它的语法跟句法。杜甫写了很多五言古诗，完全用写实的笔法写五言古诗，反映民间的疾苦。不只这一类的诗，李商隐是真正的杜甫的继承者。另外呢，杜甫除了五言古诗写得好，杜甫的七言律诗也写得好。七个字一句的律诗叫七言律诗。什么叫律诗？律，格律。格律是很严密的。七言律诗有一种格律是这样的：平平仄仄平平仄，仄仄平平仄仄平。仄仄平平平仄仄，平平仄仄仄平平。平平仄仄平平仄，仄仄平平仄仄平。仄仄平平平仄仄，平平仄仄仄平平。假如只有前面四句，就是绝句。把它重复一次，八句，那就是律诗。律诗，出句两个字是平声，对句两个字就是仄声，两两相对，两两相反，这个格律是非常严格的。一般人写律诗就被绑在这个格律里边了，就没有变化了。像一般的诗人，比如说王维，王维比杜甫稍微早一点，王维写过一首诗，其中一句说："漠漠水田飞白鹭，阴阴夏木啭黄鹂。"（《积雨辋川庄作》）漠漠，一大片，一大片水田，上边有白色的鹭鸶鸟在飞。阴阴，很浓密的夏天的树林。上面有"啭"，鸟在叫，什么鸟在叫？黄鹂鸟在叫。他是平铺直叙。他是平着写下来的。对是都对上了，天对地，雨对风，大陆对长空，都是直着对的。

到了杜甫的时候怎么对呢？杜甫曾经写过《秋兴八首》，有这么两句："香稻啄余鹦鹉粒，碧梧栖老凤凰枝。"胡适之先生说，杜甫写得不通，什么叫"香稻啄余鹦鹉粒"，香稻也没有嘴，香稻怎么啄呢，香稻不能啄啊；说"碧梧栖"，栖，鸟有两个爪子落下来了，梧是个木头，它怎么能栖呢？说这句子应该倒过去说，说这杜甫文法不通。倒过去就对了。怎么倒呢？鹦鹉啄余香稻粒，这就通了嘛，鹦鹉啄剩下的香稻粒，香稻怎么啄余鹦鹉粒呢？后边倒过去也通了，凤凰栖老碧梧枝，对不对？这就很通了。

杜甫为什么故意写得不通？他说"香稻啄余鹦鹉粒，碧梧栖老凤凰枝"，这种句法是杜甫的发明，把它颠倒了，把它浓缩了。但是为什么颠倒？为什么浓缩？为什么要写不通的句子，不写通顺的句子？你要知道杜甫的主题。如果把鹦鹉倒上去，鹦鹉啄余香稻粒，说鹦鹉吃香稻吃不完，剩下很多香稻粒。说凤凰，栖，落下来，落下来不走了，栖老在碧梧枝。可是这样一通，这就变成了realistic，纪实，就变成真的有鹦鹉在啄香稻粒，真的有凤凰栖老在碧梧枝。这是写实的句子："鹦鹉啄余香稻粒，凤凰栖老碧梧枝。"可是杜甫把它们倒过去。倒过去之后，香稻是主词了，我要写的不是鹦鹉，我要写的是香稻，是在开元盛世的时候，渼陂这一带产的那个稻米之丰盛，产的稻米之美好，不但人吃不了，拿它可以喂鹦鹉，鹦鹉都吃不了。所以他的主词在写香稻美和盛。这个"啄余鹦鹉粒"，是一个形容的子句（adjective clause）。"香稻"是subject，"啄余鹦鹉粒"是 adjective clause。后面也是，传说凤凰就落在梧桐树上，渼陂的碧绿的梧桐树这样美好，这么好的梧桐树，凤凰就会落在这里不走了。所以"碧梧"是subject，"栖老凤凰枝"是adjective clause。从杜甫开始，七言律诗不再是那种笨笨的"漠漠水田飞白鹭，阴阴夏木啭黄鹂"，它可以颠倒，它可以错位，而颠倒错位不是随便颠倒错位，是颠倒错位以后，它要达成一种诗歌的美感的效果。

而这种方法，现在你看到，李商隐继承了。怎么继承的？"永忆江湖归白发，欲回天地入扁舟"，写得真是好。永忆江湖，我其实不是一个贪图富贵、名利、禄位的人，我内心之中永远向往、永远在追求的是什么？——江湖，我是想归隐到江湖的。但是我现在什么都没有完成，我要完成了以后，才归隐到江湖去。像范蠡，帮助越王勾践灭吴以后，带西子泛舟游于五湖之中。我是永忆，永忆什么？后边是它的adjective clause，江湖归白发，倒过去说是，白发归江湖。什么时候你才回到江湖？白发归江湖。"欲回天地入扁舟"，我要把天地都挽回来，我要把当时的国家、当时的世界所有不合理的事情，所有那些罪恶的、痛苦的事情，都挽回来。"入扁舟"，我才来到小船上，归隐到江湖。"永忆江湖归白发，欲回天地入扁舟"，这是我李商隐，我的志愿不是为了追求名利，不是跟你们争名夺利的。但是你们这些人，"不知腐鼠成滋味，猜意鹓雏竟未休"，这是《庄子》上的一个典故。说有一只鸱鸮鸟，在地上，恶鸟；又有一只鹓雏——鹓雏是一种高贵的、美丽的鸟——鸱鸮抓到一只死老鼠，它觉得死老鼠是它的宝贝，当鹓雏从它的头上飞过去的时候，它怕鹓雏抢它的死老鼠，就冲着鹓雏"呜呜呜"地吼叫，"吓之"，《庄子》上这样说。李商隐是想表达，你们这些人为了一点点权力、禄位的夺取，就猜忌我，你们是"猜意鹓雏竟未休"。这是李商隐的写实的一部分的诗。

那我们下面还要接下来看，他把写实的诗，写得带有神话的意味。我们不是说李商隐经过好几个皇帝嘛，宪宗、穆宗、敬宗、文宗、武宗、宣宗，好，宪宗被宦官杀死了，敬宗被宦官杀死了，穆宗是宦官所立的，文宗经过甘露之变以后，朝廷从宰相王涯以下被杀死了几百人，朝堂一空。文宗也死了，武宗继位了。李商隐对每一个皇帝都有感慨，都写了诗。现在是武宗继位了。武宗怎么样呢？武宗好道，他要求长生不老，要炼丹。李商隐其实是关心现实的，他也写了不少关心现实的诗，《行次西郊作一百韵》就是一个很好的例证。可是有的时候，关心现实的诗，他写出来都带着神话的色彩。你如果不知道这个历史背景，它就是一个美丽的神话。我们现在就看这样的两首诗，一个是《瑶池》，这是唐武宗会昌六年（846）写的，当时李商隐三十四岁。

瑶池阿母绮窗开，黄竹歌声动地哀。

八骏日行三万里，穆王何事不重来。

都是神话，你看不到他是政治的讽刺。我们的神话中说西方有个瑶池，瑶池上有个王母娘娘。这王母娘娘不是关起门来的，王母娘娘的窗户是打开的。我第一天上课，不是给大家讲了一个故事，说我看了瑞典著名的剧作家斯特林堡的《梦剧》，开头统统是黑暗的，从高处传下来的声音说，上帝创造了世界，他希望知道他所创造的这个世界，他们的生活快乐吗？美好吗？神关心他们。他就留下了一个从上天到地上的世界的通道。如果撇开武宗追求神仙、学道不谈，你要看这首诗的外表。李商隐把那些非常写实的政治讽刺的诗，写得非常迷离、恍惚，非常有诗意。

"瑶池阿母绮窗开"，如果上天真有个瑶池，如果西方的瑶池真有个王母，王母娘娘是个女性，如果王母娘娘真是慈悲，关心我们世界上的人类，她的窗子是打开的——绮窗，美丽的窗子，可是她听到的是什么？"黄竹歌声动地哀"，那人间传上来的歌声是黄竹之歌。中国有个记载，说周穆王向西方寻求王母的时候，路上饥冻而死的老百姓满山遍野，人间都是哀哭。就如我所说的斯特林堡的《梦剧》一样，那世界上都是哀哭。不过西方说的是上帝，我们东方的传说是王母。如果真的有上帝，如果真的有王母，为什么没有给我们人间一点点的拯救呢？周穆王想要学仙，也要想求道，他有八匹骏马，日行三万里，每天可以跑三万里的道路，而且神话上传说，周穆王真的见到王母了。如果真有一个王母，她叫"王母"，她的名字是母亲，我们说上帝是天父，他是父亲，"王母"她是母亲，她难道不关怀我们人间的这种悲哀、罪恶和痛苦吗？如果人跟神、跟王母有交往，那你有八匹骏马日行三万里，"穆王何事不重来"，你为什么没有再到王母这里来？你为什么不向王母寻求救赎呢？这是他讽刺武宗的学道、求仙的虚妄。你不向人间来救赎，你学仙、求道能够得到救赎吗？但是他写得充满神话色彩。"瑶池阿母绮窗开，黄竹歌声动地哀。"阿母的慈爱，绮窗的敞开，而下方的人间是"黄竹歌声动地哀"。"八骏日行三万里，穆王何事不重来。"为什么没有一个领袖，没有一个国王，能够从王母那里得到救赎？这是他写的。

还有一首《海上》的诗，也是唐武宗时代写的。他说：

> 石桥东望海连天，徐福空来不得仙。
> 直遣麻姑与搔背，可能留命待桑田？

李商隐总是写得很悲观，进一步的悲观，没有救赎，没有希望。"石桥东望海连天"，据说秦始皇就常常想要求神仙，希望自己能够长生不老。有的道士就骗他，说海上有三座仙山，山上有不死的药，给我钱，给我人，我就可以到那仙山上，给你采来不死的药。秦始皇就迷信啦，他选了很多个童男童女，去海上求神仙，还建了一个石桥，通到海的中心。这都是秦始皇的妄想。你站在石桥上，向东海上遥望，天连海、海连天，哪里真有神仙呢？"徐福空来不得仙"，你派遣徐福带着童男童女求神仙，求长生不老的药，"不得"，求不到，没有神仙，也没有长生不死的药。

不用说没有神仙、没有不死的药，就算你真的见到了神仙——"直遭"，"直"，简直地、就算是吧，"遭"是"使得"，简直就算是、假使——你真的见到一个神仙，那个神仙就是麻姑，麻姑是可以献寿的，能够让人长生不老。有人过生日画个女子——叫作麻姑的神仙，托着一盘寿桃，这叫麻姑献寿。说就算你真的见到了这个麻姑、献寿的麻姑，你不但见到她了，你跟她有非常亲密的接触，甚至你让麻姑给你搔背——这是一个神话传说，说有一个人真的见到麻姑，他见到麻姑的指甲留得非常长——你看西太后的像，指甲很长，这个麻姑也留了很长的指甲——于是，他心里就动了一个念头，他想，哎呀，这么长的指甲，让她给我搔一搔背，岂不好吗？不是真的搔背，他动了一个念头——这里极言其接近。不用说天下没有神仙，不用说你见不到神仙，就算你真的见到神仙了，你不但见到神仙，你能够像那个人一样狂想，让麻姑拿手给你搔一搔背——"可能留命待桑田"？变海成桑，三千年沧海就变成桑田了，你活得了那么长吗？你就算见到神仙，你能够留住你的生命，能等到沧海变成桑田吗？

这就是李商隐。一方面他讽刺武宗学神仙的虚妄，你不向人间谋求好的治国之道，你访什么神仙，神仙是虚妄的；一方面就是李商隐的性格，他对什么都悲观，而且进一步地说成落空。不用说你见不到麻姑，就算见到麻姑给你搔背，你真的能够长生，可以等到沧海变桑田吗？不可能的。而且我还以为，像李商隐写这样的诗，他还有一种现实性的可能。因为现实上，李商隐曾经碰见了一个节度使。他得到兖海节度使崔戎的欣赏，他写过长诗感谢崔戎。崔戎是真欣赏他的才学，还不是把他叫来，像那个弘农县，指使他做那些无聊的事情。可是天下就是有幸，有不幸。

我上次说，王国维写过三篇文章，《论性》《释理》《原命》。《论性》，人生的意义、人生的价值、人生的持守、人生可以依靠的东西是什么？人有性善、性恶吗？人性果然就是善的吗？王国维说，善恶交争，是人的永远的战争，是你个人内心永远的战争，也是社会永远的战争。性善与性恶，就看你这个人，你禀赋如何，你的能力如何，你哪方面的能力更多一些、更强一些？你怎么样能将善的那方面培养得更多一点？这就是我们人所能做的事情。《释理》，你说你有你的道理，他说他有他的道理，所以古人有个传说"筑室道谋"。你要盖个房子，你在马路边上征求众人的意见，十年不成。甲有甲的意见，乙有乙的意见。庄子就说，理是"彼亦一是非，此亦一是非"。《原命》，命是生来的，你的吉凶、你的祸福，是命，还有你的命有没有一种业力的、不可知的、不是由你所掌握的一种力量，王国维说这些都是不可靠的。

我说的是李商隐。李商隐真的是不幸。令狐楚是第一个欣赏他的人，就在他考上进士的那一年，令狐楚死了。崔戎是欣赏李商隐的一个人。崔戎做兖海节度使，把他带到那里。到那里不久，崔戎死了。所以李商隐的命运真是不幸。

那么令狐楚死了，我们说，当年推荐他、揄扬他，让他能够考上进士的是令狐楚的儿子令狐绹。可是，当李商隐考上进士不久，就娶了王茂元的女儿。这一下子就牵涉到唐朝的党争。因为令狐家里是牛党，而王茂元是李党，一个是牛党的人，一个是李党的人。他是因为令狐的揄扬而考中了进士，考中了进士不久，就娶了王茂元的女儿，所以大家就骂李商隐，说他背恩弃义。你怎么娶了敌对的党人的女儿？可是其实李商隐内心是没有这种成见的。偶然的机遇就造成了一种误会，一种不幸的结果，导致李商隐终身的仕宦都不得意。兖海节度使崔戎欣赏他，到了兖海，崔戎就死了。而就在这个时候，令狐绹可是飞扬直上。他的父亲令狐楚死了，可是令狐绹做官做得非常高。所以李商隐就想，当年他的父亲对我这样好，年轻的时候我们在一起学习文章——令狐楚叫他跟令狐绹交游——而且是因为令狐绹揄扬，他考中的进士，可是现在，当李商隐落魄不得志回来，想要找令狐绹帮忙的时候，令狐绹不肯给他丝毫的帮忙。有一首诗可以说明这件事情，就是李商隐写的《九日》，这是唐宣宗大中三年（849）写的。

> 曾共山翁把酒时，霜天白菊绕阶墀。
> 十年泉下无消息，九日樽前有所思。
> 不学汉臣栽苜蓿，空教楚客咏江蓠。
> 郎君官贵施行马，东阁无因再得窥。

说到他和令狐绹的交谊，这首诗是个很好的证明，很明显说的是他跟令狐楚、令狐绹父子两辈的交谊。九日，重阳节。他说"曾共山翁把酒时"，山翁，是令狐楚。令狐楚已经去世了。他说我记得，曾经在九月九的重阳节，你的父亲令狐楚约我到府上一起庆祝重阳节，一起饮酒，一起赋诗。那个时候在你们家里，"霜天白菊"，上面是清朗的、秋天的霜天，青碧的蓝天，底下是白色的菊花，长满了你们家的庭院。"十年泉下无消息"，令狐楚死了，已经死了十年了，在黄泉之下当然再也没有消息了。"九日樽前有所思"，现在又到了九月重九，我就怀想从前。从前你父亲那样地欣赏我，我们在年轻的时候有过这样的交游，现在我李商隐这样地落魄，你，令狐绹有这样的高位，你没有一伸援手。"不学汉臣栽苜蓿"，苜蓿是一种草，是可以养马的，要养千里马。古人说人才好像千里马，要访求这个千里马，你要养它。这句话是说令狐绹不学汉臣注意人才的培养。"空教楚客咏江蓠"，我就像屈原一样，咏江蓠。江蓠是一种江边的香草。屈原"制芰荷以为衣兮，集芙蓉以为裳"（《离骚》），身上佩的都是兰花、香草。楚客就是屈原。屈原每天咏江蓠，咏江边的兰花、香草，追求这种美好的理想。我就像那个徘徊在江边的、憔悴的、不得志的屈原一样，"空教楚客咏江蓠"。"郎君官贵施行马"，"郎君"，是令狐绹，他是令狐楚的儿子啊，年轻人，郎君现在做了高官，"施行马"，就是拒马。你们看到有时候街上有游行，弄几个铁丝网一样的东西围起来，那叫行马。他说现在你是地位高贵了，你的家门前就安上铁栏杆的行马。"东阁无因再得窥"，你们家那个东阁，我过去常常去的，你父亲常常在那里跟我饮酒、论诗的，我再也没有机会去了。

李商隐卷入到党争，就一直不得意。他受牛党的提拔考中进士，可是却娶了李党王茂元的女儿。现在我们再看一首诗，《丹丘》。丹丘是一个神仙所住的地方。李商隐常常把很多现实上的事情，政治、仕宦、国家、他的失落，都用神话写出来，他为什么常常用很多神仙的典故呢？因为李商隐年轻的时候，曾经学过道。他们家附近有个玉阳山，他曾经在玉阳山学道。唐朝学道是非常流行（popular）的一种风气。我有时候就在想，六十年代的时候，西方有嬉皮士（hippies），披着长头发，李太白如果生在西方的六十年代，说不定李太白就是个hippy，是不是？不同的时代就有不同的追求。李太白生在唐朝，李太白也学仙，李太白也学道，李太白受过道箓。我的学生有学佛的，皈依了没有呢？或者只是随喜？李白是真的受过道箓。唐朝就流行嘛。而且那些宫女出去都到道观里边了，连杨贵妃还进过道观呢。李商隐年轻时候也曾经学道，所以他的诗里有很多神仙的典故。

　　青女丁宁结夜霜，羲和辛苦送朝阳。
　　丹丘万里无消息，几对梧桐忆凤凰？

诗，还不要说吟诵，你读的时候就要把它的声调读出来。诗是有平仄的，很多入声的字我们普通话里面没有了，但是作者李商隐写的时候，他是把它们当作仄声来用的。我们要把它们还原到一个仄声的声调，才能把诗的情意，通过原来的声调表达出来。很多人就说，你怎么念诗念这个声调呢，跟你说话都不一样了？我说这没有办法，因为诗是有声调的，我不这样读，就把诗的整体美感、那些感觉都破坏了。"结"字是个入声字，我要把它念成短促的入声。

话看你怎么样说。每个人都有思想，每个人都有感情，你怎么能够把你那种最精美、最微妙的情思用配合于它的精美、微妙的语言说出来？每个人都应该有这种能力，至少你应该有读人家这样话的能力。神话上说，月亮上住着一位女神，就是嫦娥。秋天寒冷时候，草木都结了一层白霜，这是霜神。李商隐就曾经说"青女素娥俱耐冷，月中霜里斗婵娟"（《霜月》）。青女，是霜神。素娥，就是嫦娥，是月神。青女、素娥，她们两个人都是耐冷的，她们不是在那繁华、热闹的场合。霜，当然是冷的啦。月亮在高空上，九霄之上，也是冷的啦。你要有青女、素娥这样耐冷的修养跟品格，你才到青女和素娥的境界。一个在月亮里边这么美丽，一个在地面上结成严霜，也这么美丽。"月中霜里斗婵娟"，说她们两个人在比赛，到底你更美，还是我更美呢？这也是李商隐的诗。

所以说，这个话跟这个情意，你怎么说才能说得好啊？神话上都这么说，秋天结了霜，霜神就是青女。这是一个故事。但你看李商隐怎么说？李商隐说"青女丁宁结夜霜"，这真是写得好！这就是好诗。"丁宁"两个字写得好，"结"字写得好。叮咛嘱咐，如果一个小孩子要离家上路了，他的妈妈给他叮咛，叮咛就是非常关心地说一些关爱的话。这个青女用这样深厚的、爱重的感情，结出来一朵一朵的霜花。宇宙很奇妙，凡是宇宙的结晶，不管它是雪还是霜，都是一个六角的花纹。雪花是美丽的，各种形状的六角花纹，霜花，你用放大镜看一看，也是很美丽的。要让雪花结成这么美丽的花，让寒霜结出这么美丽的花，要用多少感情、多少心思才能做到呢？他说青女是"丁宁"，那样叮咛，那样深情，那样嘱咐，结出这美丽的霜花。"羲和辛苦送朝阳"——我们说这有霜神，有月神，都是寒冷的，都是女性的。当然我们也有男性的神啊，热情的、温暖的，不都是这么寒冷的、幽怨的——羲和，是太阳的神仙，男性。据说日神驾着一辆车，每天从东方上来，从西方下去，羲和这个太阳的神辛苦地把太阳从东方推上来。

我，李商隐说他自己，我曾像青女一样在每个寒冷的夜晚，"丁宁结夜霜"；我也曾像羲和那个神，"辛苦送朝阳"。我要追求的，是丹丘，那个神仙的境界。我要得到那丹丘的、我所追求我所盼望的一个所在，一个人物的消息。"丹丘万里无消息"，我用了"青女丁宁结夜霜"的感情，我用了"羲和辛苦送朝阳"的努力，我所等待的丹丘却万里无消息。"几对梧桐忆凤凰？""几"是几次，多少次，有若干次，我栽出来美丽的梧桐树，我等待凤凰飞下来，可是没有。塞缪尔·贝克特（Samuel Beckett）写过一个剧，《等待戈多》（*Waiting For Godot*）。两个人在舞台上说的都是无聊的话，都是空话，都是沉闷的话，那就是人生。等待，等待一个人来。等待很久，上来一个人说，你们等待的那个戈多不来了，这一场就结束了。第二场，仍然是这两个人，仍然说的是无聊的话，仍然是寂寞的、沉闷的场面，最后小孩子又来了，说你们等待的戈多不来了。等待一个人生的救赎，为什么没有等到呢？等待一个美好的盼望，为什么没有出现呢？我用了"青女丁宁结夜霜"的感情，我用了"羲和辛苦送朝阳"的努力，可是"丹丘万里无消息"，我白白地种了美丽的梧桐树，我盼望我所想念的凤凰会来到，可是什么时候它才来到呢？这是李商隐。

第六讲

回到《锦瑟》：
诗家总爱西昆好

李商隐这个人，有的时候喜欢直接地批评政治，他刚刚考上进士不久就写了《行次西郊作一百韵》那首长诗。在唐朝，考中进士以后还要参加吏部的考试，评定是否可以做官。李商隐虽然考中了进士，因为他发表了那首批评政府的长诗，吏部的考试就被除名了。第二年，他再次参加授官考试，虽然顺利通过，但不久就被调任弘农县尉，他平生都是在各地节度使的幕府中做秘书性质的工作。那我们现在就要讲到他很有名的一首诗，《锦瑟》。王士禛说"一篇锦瑟解人难"（《戏仿元遗山论诗绝句》），李商隐留下的这篇《锦瑟》诗是让人很难理解的。

这首诗大概写在唐宣宗大中十二年，就是西元的858年。这一年，按照李商隐的年谱，李商隐是四十七岁。中国的岁数四十七岁，按照西方的岁数来算，其实只有四十六岁。也就是说，这一首诗，大家认为，是李商隐临死之前写的一首诗。

我们把它读一遍，看它说些什么。"锦瑟无端五十弦"，这里"五十"的"十"字，我们普通话念shí，第二声，就变成平声了，可是这个字是仄声字，所以我把它念成shì。"托杜鹃"的"托"字也是入声。声调是与它的内容、情意相结合的。中国的诗，有平仄，有节奏，我们一定要把平仄读对了。

> 锦瑟无端五十弦，一弦一柱思华年。
> 庄生晓梦迷蝴蝶，望帝春心托杜鹃。

沧海月明珠有泪，蓝田日暖玉生烟。

此情可待成追忆，只是当时已惘然。

说的是什么？后来的人有很多很多的猜测。有人就说了，锦瑟可能就是一个人的名字，可能是他在幕府之中、在节度使的幕府之中，有一个女孩子叫作锦瑟："或以为锦瑟乃人名，为贵人爱姬，甚至竟指为令狐楚青衣。"说这个锦瑟是贵人爱姬，因为李商隐平生都是在幕府之中，以为是幕府之中那个主人所爱的一个女子，甚至有人就认为是令狐楚家里边的一个青衣、一个侍女、一个女孩子。又"或以为悼亡之诗"，以为这首诗是为他死去的妻子所写的，这是一首悼亡的诗。又有人"以为此诗中四句乃写锦瑟之为乐，有适、怨、清、和四调"。还有人"以为乃自伤之辞"。（参见拙文《从比较现代的观点看几首中国旧诗》）有这么好几种说法，这还是简单地说，后来的人给他很多的猜测。他们都认为，一定是一首爱情诗，这个女孩子叫锦瑟，这是一种说法。还有另外一种说法是说李商隐和这个女孩子去幽会的时候，锦瑟是一个暗号，一弹这个锦瑟，女孩子就出来，或者女孩子弹锦瑟，李商隐就准备去跟她相见。我觉得这真是世人之好事，喜欢妄加猜测，有如是者。

这些人不能够真正懂得诗歌的语言文字之中的情意。诗，用语言文字组成，一切诗歌，它表达出来的那个效果，都是从语言文字之中来的，不是找中间两个字当一个谜语来作猜测。诗，不是谜语，诗是要表达内心真实的感受和感情。所以我们现在，要把这些猜测的语言放下，我们要面对它真正的文字来看。

"锦瑟无端五十弦"。西方的新批评（new criticism），就是T. S. 艾略特他们所提倡的，说诗需要close reading，就是说你要面对诗歌所用的每一句语言的显微结构（microstructure）——microwave，微波，最细微的那个micro、最精致的诗歌的structure，诗歌的最细致的结构。我们要面对这个来讲。第一个我们要面对的是"锦瑟"两个字。为什么我们先说"锦瑟"两个字，为什么有人猜测说是李商隐的悼亡的诗呢？因为李商隐写过一首诗，这首诗很可能是悼亡诗。这首诗的题目叫作《房中曲》，而里面有"锦瑟"两个字。

《房中曲》是李商隐的一首比较长的诗。编年以为这是唐宣宗大中五年写的，也就是西元的851年，这一年，李商隐的妻子去世。刚才我们说，《锦瑟》这首诗的写作时间是858年。如果说《锦瑟》是悼亡他妻子的诗，我们现在先要把李商隐的婚姻作一个回忆：他跟他妻子是怎样结识的？有什么样的感情？

李商隐有一首诗叫《寄恼韩同年》，写给姓韩的。什么叫同年呢？跟李商隐一起、同一个年份考上的进士，这个人叫韩畏之，是新科的进士，李商隐也是新科的进士。唐朝有一个风气，达官贵人要在新科的进士之中选女婿。韩畏之就被王茂元选去做女婿了。王茂元家里边有好几个女儿，其中更小的一个女儿，是被李商隐看上的。

> 帘外辛夷定已开，开时莫放艳阳回。
> 年华若到经风雨，便是胡僧话劫灰。

"帘外辛夷定已开"，辛夷是一种植物的名字。唐朝的另一个诗人叫王维，他在诗里写到他的辋川别墅，在陕西长安的附近——有很多山水胜地，他有一个别墅，里边有一个景点叫"辛夷坞"。"坞"就是"花坞"的那个"坞"。就是这一个山窝里边，种的都是辛夷树。那么辛夷树是什么树啊？辛夷树就是现在我们西方说的magnolia。原来梁佩他们家，门口有一棵大的辛夷树。辛夷树有几种，我们中国管它叫木兰。它的花是紫色的，就是紫色的木兰花。还有一种花是白色的，我们管它叫玉兰花。颐和园前门的附近，有两棵高大的玉兰花。梁佩他们家门前那个紫色的木兰花，好大朵的花，树枝是剪成平铺的，所以是一片。可是这个木兰树，其实是很高大的树木。你看诗歌里边，有木兰船，这个木材可以做成小船，有木兰桨，可以做成船桨。春天的时候，它先开大朵的紫色的红花，然后才长叶子。像什么呢？就像水里边的荷花，那么大朵、那么鲜艳的颜色。王维说："木末芙蓉花，山中发红萼。"（《辛夷坞》）就是说树梢上像芙蓉一样美丽的木兰花，在山里边开出了紫红色的花朵。

现在李商隐跟他的同年、同科考中了进士的人说，"帘外辛夷定已开"，你住家的帘子外边那棵辛夷树应该是已经开花了，开得非常美丽、非常茂盛了，"开时莫放艳阳回"——其实这首诗是非常写实的一首诗，而且里边有让这个韩同年韩畏之把他的姨妹跟李商隐促成婚姻的好事这样的含义。可是你看他写的——同样的一个事情，你用什么话来说，用什么样的语言来表达——"开时莫放艳阳回"，这说得真是好。因为花开无几日，转眼之间就零落了，所以当花开的时候，你不要把春天的艳阳白白地放过去，要真的掌握住那个春天。"年华若到经风雨"，这个花只要经过一次的风雨，憔悴了、凋零了，他说那就像什么呢？"便是胡僧话劫灰。"李商隐的诗里喜欢用很多的典故。中国的诗，旧体诗很妙，就是用很浓缩的、很简短的几个字，要表达出来很丰富很深刻的意思。"胡僧话劫灰"是一个典故。从前汉武帝曾在长安修了一个很大的水池，就是昆明池。修昆明池的时候，一直往下挖，挖到非常黑的颜色的土。我现在想可能是煤吧。当时汉朝的书上记载说是黑土。汉武帝问大臣，说这黑色的土是什么？大臣都说不知道。就找到一个胡僧。汉朝不是跟西域、跟很多外族有来往吗，胡僧说："此劫灰也。"说这是千百亿年前烧残的、经过火的劫难残留下来的灰。

李商隐说的是什么？这个辛夷还是很妙的一件事情。辛夷，我们说是magnolia的花。为什么要说辛夷呢？有人就说，因为李商隐看中的是韩畏之的姨妹，就是王茂元的小女儿。你要给我们两人促成这个好事，你要赶快，抓紧时间啦。这也不是我这样说，这李商隐呢，还写过一首诗。我们现在要讲《锦瑟》是不是写他妻

籍籍征西万户侯，新缘贵婿起朱楼。
一名我漫居先甲，千骑君翻在上头。
云路招邀回彩凤，天河迢递笑牵牛。
南朝禁脔无人近，瘦尽琼枝咏四愁。
——李商隐《韩同年新居饯
韩西迎家室戏赠》

子，所以要讲他跟他妻子的故事。有一首诗是《韩同年新居饯家室戏赠》。韩同年，他们是同年考中的进士嘛。这个韩同年快要结婚了，盖了一个新房子，"新缘贵婿起朱楼"，王茂元家里很有钱，不但选中了女婿，给女婿还盖了一座高楼。李商隐既然与他是同年，就在韩同年的新居饯韩，给韩同年送行。送他到哪儿去呢？西迎家室。这个韩畏之要到西边，因为当时王茂元做泾源节度使，在甘肃那边，要从长安向西走。他说韩畏之要到泾源去迎娶他的妻子。李商隐说："籍籍征西万户侯，新缘贵婿起朱楼。""籍籍"，很有势力、很有名的。"征西万户侯"就说的是王茂元。王茂元当时镇守泾源，所以管他叫"征西万户侯"，有籍籍的声名，有如此高贵地位的，现在"新缘"，"缘"就是因为找到一个贵婿，找到一个新科进士做女婿，就给他盖了一个朱楼，是王茂元给韩畏之跟他女儿盖了一个住所。

"一名我漫居先甲，千骑君翻在上头。""千骑"，这个字不念qí，qí是动词，是骑马，念jì，是名词，骑马的人，一队骑马的队伍。王茂元是泾源节度使，派人、一众队伍，陪着韩畏之去接她女儿。我虽然比你考的名次高，可是你结婚比我结得早。"云路招邀回彩凤，天河迢递笑牵牛。"他说，你好像是平步登天，青云直上，你要迎回来一个彩色的

凤凰，娶到王茂元的女儿；我呢，是"天河迢递笑牵牛"，我也很仰慕你的妻妹，就是王茂元的小女儿，可是我们如同牵牛跟织女，我们还不能在一起。

"南朝禁脔无人近"："南朝禁脔"又是一个典故。晋朝的时候，王谢子弟都是名门贵族。谢家有一个年轻人，叫谢混。谢混很有才华，当时晋朝的皇帝就看上了谢混，要把一个公主嫁给他。这个公主还没有嫁呢，皇帝就去世了，于是就有另外一个贵人看上了谢混，要把他的女儿嫁给谢混。当时就有人警告，说"此禁脔也"，这是被皇帝看上的人，你不能随便把女儿嫁给他。果然，第二个新皇帝继位了，把公主嫁给谢混了。"禁脔"，是说这块肉已经被人指定了，你不能随便吃掉的。这也是一个典故。都是故事，李商隐喜欢用典故。说猪的脖子底下这一块肉是最好吃的，晋朝的皇帝就最喜欢吃这里的肉。宴会群臣的时候，没有人敢动那个炖猪肉里脖子下边的那块肉，说这是禁脔，只有皇帝才可以吃的。他的意思就是说，谢混是被皇帝选中的人。但是为什么被皇帝选中了呢？因为谢混有才华，是青年才俊，大家都看上了，皇帝看上了，别的贵人也看上了。这是李商隐自觉不错。他说我就像东晋那个谢混，也是个人才，但是还没有人接近。

所以他说，"瘦尽琼枝咏四愁"，我这样憔悴、这样消瘦，我每天都是吟诵《四愁诗》。《四愁诗》是东汉时候的张衡，就是发明浑天地动仪的那个张衡所写。张衡写了《四愁诗》，四首诗都是写对于女孩子的怀念，"我所思兮在太山，欲往从之梁父艰""我所思兮在桂林，欲往从之湘水深"，我所思的那个女子在东方、在西方、在南方、在北方，都是有阻碍的，我永远没有机会跟她见到面。

从这几首诗，我只是证明，李商隐对于王茂元的女儿是倾心已久的。我只是要证明这一件事情。

可是李商隐的身世，特别是仕宦不幸，他的一生都是辗转在幕府之中。不是说没有人欣赏他。很早就有一个叫崔戎的兖海节度使，就欣赏他。到了兖海，不到一年，崔戎死了。郑亚也欣赏他，郑亚也让他到幕府去，郑亚第二年就被贬了。还有一个叫卢弘止，有人说他叫卢弘正，因为《旧唐书》跟《新唐书》记载的不一样——正直的"正"，没有上边那个横就变成"止"，《旧唐书》叫作卢弘正，《新唐书》说是卢弘止——也欣赏他，也是没有两年，这个人就死了。所以李商隐一生不是没有人欣赏，有人欣赏，这些人都不幸早逝。令狐楚是第一个欣赏他的人，可是就在李商隐刚刚考中进士的当年，令狐楚就死了。他平生就辗转在各地的幕府之中，跟他的妻子一直是聚少离多。

那么他妻子怎么样呢？刚才我们所讲的是，透过李商隐给他的一个同年写的诗，看到他对于王茂元女儿的向往。其实还有一首《无题》诗，也应该是写他自己的妻子。

照梁初有情，出水旧知名。

裙衩芙蓉小，钗茸翡翠轻。

锦长书郑重，眉细恨分明。

莫近弹棋局，中心最不平。

宋玉写过一篇《神女赋》，说巫山上面有个神女，朝为行云、暮为行雨，这个神女跟楚襄王见面，来的时候，像什么样子呢？"其始来也，耀乎若白日初出照屋梁"，她的光彩照耀屋梁，好像是白日初出，好像太阳刚刚出来，照在屋梁上。我们说一个人是有光彩的，就是她一出现，你觉得她身上好像有光的样子。"照梁"，形容一个女子是有光彩的，像太阳初出，照在屋梁上。这是宋玉的《神女赋》，李商隐就爱用典故。"照梁初有情"，说这个女孩子很是美丽，你一见她就觉得光彩照人。

"出水旧知名"，又用了一个典故。刚才是宋玉《神女赋》的典故，"出水旧知名"呢，用的是曹子建曹植的《洛神赋》的典故。曹子建写过一篇赋，叫作《洛神赋》，是写洛水上的一个女神仙。有人说——这都是传说——说曹子建写的这个洛神赋里的神仙，是谁？原来有一个女子叫甄宓，就是这个人。她姓甄，名字叫宓（fú），有人管它念mì。她本来是袁绍的儿媳妇，曹操把袁绍灭了之后，把家眷的女子掠过来。这个甄宓就同时被曹操、曹丕、曹植父子三个人看上了。曹操觉得自己年长了，就把这个甄宓给了他的次子曹丕做妻子。可是呢，历史上就传说，其实甄宓所钟情的是曹植，因为曹植的文采很好，诗文都写得很好。等一下我们要讲另外一首诗，还会讲到这个故事。

说有一年，这个曹植就到他哥哥曹丕那里。曹丕已经篡位了，做了魏文帝。他见曹丕的时候，那个时候甄宓已经死了。这都是一个故事，但这不是我编出来的传说。我们不是讲过《昭明文选》嘛，《昭明文选》李善的注解——李善是唐朝人——就说了这些故事。说那个时候，甄宓已经死了，曹丕居然拿出来一个非常漂亮的金缕玉带的枕头，给了曹植，说这是当年甄宓的枕头。因为他知道他们两个人中间有这样一份感情。而曹植，就在这件事情以后不久，经过洛水的时候，写了一篇赋，就叫《洛神赋》。说洛水上有一个女神仙出现了，"翩若惊鸿，婉若游龙"，这个洛水上的女神仙，就是洛神啦，"灼若芙蕖出渌波"。刚才说"照梁"，这个女子有光彩，如太阳照在屋梁上，这里曹子建说这个女孩子也很有光彩，好像是一朵红色的芙蓉花，刚刚露出水面来。

这两句，一个是用宋玉的《神女赋》，一个是用曹子建的《洛神赋》，都是写美女。"照梁初有情"，不只是说照梁的美丽，是说这个照梁的美女对我也还是有情意的。因为李商隐的同年娶了姐姐，所以他们可能有机会见过。"出水旧知名"，这个女孩子像出水芙蓉一样美丽，外面早已有美的声名，大家都说王茂元小女儿好像出水芙蓉一样美丽。这是说她很美，是用宋玉的《神女赋》、曹子建的《洛神赋》，"照梁初有情，出水旧知名"。那么事实上怎么样？他说这个女孩子的装饰，她的形貌、她的衣服，是"裙衩芙蓉小"，她裙子的开衩处都绣有很细致的、小小的芙蓉花。大家还记得，李商隐十几岁时写过一首诗："八岁偷照镜，长眉已能画。十岁去踏青，芙蓉作裙衩。"就是说这裙衩上都绣着芙蓉花。"钗茸翡翠轻"，她头上戴着的翠钗，上面有小小的装饰，"茸"是细碎的样子，所以不是你弄一个鸡蛋大的钻石就怎么样了，是很精细的、小巧的，那个翡翠钗上有那么精细的、美丽的装饰。

那么李商隐常常不在家，就要通信，是"锦长书郑重"。当时纸张还不流行，是用帛书，一块丝绸，丝绸我们中国是早就有的，养蚕、缫丝，就织成锦，把字写在锦上，就是锦书。说她给我写"锦长"，给我写了长长的一封信，"书郑重"，而且她写的那个字是如此郑重其事，写得如此诚恳，如此之郑重。"眉细恨分明"，这是李商隐描写一个美丽的女孩子，女孩子描眉是非常重要的一件事。唐朝人写杨贵妃的几个姐妹，说"虢国夫人承主恩，平明骑马入金门。却嫌脂粉污颜色，淡扫蛾眉朝至尊"（张祜《集灵台》，一说杜甫《虢国夫人》），虢国夫人很美，她来见唐玄宗，见天子，"却嫌脂粉污颜色"，不涂那胭脂花粉，但是要描眉毛，"淡扫蛾眉朝至尊"。韦庄有"花下见无期。一双愁黛远山眉"（《荷叶杯》）之句，相思想的是这个女孩子的眉毛。朱彝尊爱上了他的妻妹，他写这个妻妹是"青蛾低映越山看"（《桂殿秋》），这个女孩子的青黛的眉毛映着背后的绵延的山势，我跟她同坐一个船，我不敢跟她交谈，但是我看见她的眉毛跟远山一样美丽。《红楼梦》说林黛玉有一双似蹙非蹙的含颦眉，眉毛稍微有一点皱的样子，有点含愁带恨。这是中国传统描写的美丽的女子。他说他的妻子是"锦长书郑重，眉细恨分明"，她描的那个眉毛如此之细长，都是含颦带恨的样子。

"莫近弹棋局，中心最不平。"弹棋，是唐朝的一种游戏。据说弹棋是古代一种赌博的游戏。我对于赌博的事情一概都不通，不像李清照，李清照是凡博者皆好之，只要是赌博的她什么都喜欢，我是所有赌博的我都不会。我们普通的棋盘，围棋、象棋都是平的，可是只有这个弹棋的棋盘，中间是高起来的。怎么个弹法，我不知道。"莫近弹棋局"，他或这个女孩子就不愿意靠近弹棋的局。局，就是棋盘。为什么呢？因为"中心最不平"，因为弹棋的中间、那个心，高起来一块，是不平的。那也就是说，以李商隐的才华，他是"一名我漫居先甲"，他考试的名次要比韩畏之高得多，可是他的仕宦一直不如意，一直是奔走在道路之中——到这个府主这里没有两年，这个府主死了；那个人欣赏他，那个人也死了或是被贬了。所以他们夫妇两个人一直是在离别之中。妻子怎么样？妻子有时就寄托在他丈人的家里边。可是儿女亲家，这儿女在，亲家的感情就在，女儿已经死了，你的女婿跑到人家去住，是什么样的感觉呀？而且，中国的很多传说故事，就是一个人家有三个女婿，女婿跟女婿互相竞争，就跟媳妇跟媳妇要互相竞争一样。李商隐比不过人家，他终身潦倒，他的妻子寄托在岳父的家里，妻子都死了，他有什么脸面住回岳父的家里去？所以李商隐写过几首诗，他妻子死了，到他岳父家里，岳父也不在了，你想，那种心理是非常痛苦，也非常难堪。那么现在我们讲的是他妻子还在的时候。所以我的意思只是说，他们两人感情是很好的，确实是有一段感情，而且他的妻子是非常美丽，也非常聪慧的。

他妻子死了，他写了悼亡的《房中曲》。因为《房中曲》有"锦瑟"两个字，就有人说《锦瑟》也是悼亡。现在我们来看《房中曲》。大中五年，那时他妻子已经死了。他写他们的卧房："枕是龙宫石，割得秋波色。"古代的枕头不是像我们现在像海绵一样软的，古代的枕头都是硬的，我们说山枕，什么是山枕呢？就是枕头是高起来的，两头高、中间低。我小的时候，我伯母枕一个瓷的枕头，中间是空的。他说他们的卧房，极言其好，"枕是龙宫石"，我们所用的那个枕头是龙宫石，不是说真的有龙宫的石头，只是说

蔷薇泣幽素，翠带花钱小。
娇郎痴若云，抱日西帘晓。
枕是龙宫石，割得秋波色。
玉簟失柔肤，但见蒙罗碧。
忆得前年春，未语含悲辛。
归来已不见，锦瑟长于人。
今日涧底松，明日山头檗。
愁到天池翻，相看不相识。
——李商隐《房中曲》

当年他们在卧室之中有这么美好的背景。而他的妻子，这么美丽的女子，是"割得秋波色"。秋波就是女子的眼睛，它的光色，《西厢记》上说"怎禁得他临去秋波那一转"，秋波一转，枕头上就让我想起来这个女子的眼睛的美丽，她枕在枕头上。"玉簟失柔肤"，"簟"字是竹字头，是竹席，玉簟是极其珍贵、美丽的席子。他们床上铺着有席啊。现在席还在这里，妻子已经死了，"失柔肤"。"但见蒙罗碧"，只看见那个竹席一片绿的颜色。李商隐还有两句诗，也是悼亡诗，他说"更无人处帘垂地"，我一个人，妻子没有了，垂下那个帘子整天没有人动，没有人掀这个帘子，只是这个帘子一直垂到地；"欲拂尘时簟竟床"，也没有妻子替他打理这个卧房了，那个席子上都有尘土，我自己要把竹席的尘土都

谢傅门庭旧末行，今朝歌管属檀郎。更无人处帘垂地，欲拂尘时簟竟床。嵇氏幼男犹可悯，左家娇女岂能忘？愁霖腹疾俱难遣，万里西风夜正长。
——李商隐《王十二兄与畏之员外相访见招小饮时予以悼亡日近不去因寄》

擦干净，我觉得这个席怎么这么宽，怎么这么大，怎么这么长呢，满床都是空席啊。有人时，你不觉得席是空的，没有人，你觉得怎么整个席都是空的呢？我们是在讲李商隐跟他妻子的感情是非常好的。

他说"忆得前年春"，记得前年的春天，你知道李商隐终年都是在外面，都是在各地方的幕府之中去做秘书类的工作，很少回到长安来，前年曾经回来一次，那回曾经见了一次面。"未语含悲辛"，那时候他妻子身体可能就不大好了，就是没有说话，而情感都是酸辛的、悲哀的。这是我上次见到你，前年；现在，我这次再回来，是"归来已不见，锦瑟长于人"，我的

妻子已经不在了。原来我的妻子是悲哀，是酸辛，她还在这里，可是现在，没有了。所以有人就说，《锦瑟》可能就是怀念他妻子的，是悼亡的诗。我们现在是要讲《锦瑟》诗，我刚才是讲相关的情事。

那天，还有朋友问我，"锦瑟无端五十弦"，说为什么五十根弦呢，说李商隐也没有活到五十岁呀，为什么有人以为五十弦就是五十岁呢？因为我八十岁的时候，数学家陈省身先生就曾用李商隐的《锦瑟》改写了一首诗，送给我，祝贺我的八十，他说"锦瑟无端八十弦"。八十弦就是八十岁，想必五十弦就是五十岁了。可是，李商隐实岁只有四十六岁，虚岁四十七岁就死了，他没有活到五十岁。于是就有人猜了，说这很可能啊，是他们两人结婚的时候，李商隐二十五岁，他妻子二十五岁，凑在一起，就是五十弦。这都是猜测。诗歌，不能当作谜语来猜测。诗歌，你要看它的语言，看它的内容，看它的典故，看它的情意。我现在，对刚才所说的，这个锦瑟是不是令狐楚家里一个侍女的名字，锦瑟是不是幽会弹的暗号，锦瑟是不是说他的妻子，我把它们统统放下，只是就诗论诗。

第一个出现的问题当然就是锦瑟。什么是锦瑟？锦瑟，按照字面上讲，literal是锦瑟，瑟，是一种乐器。这个乐器上有装饰的花纹，像是织锦的花纹，这个瑟就叫作锦瑟。如果说这个瑟上面有镶嵌的宝石，我们就管这个瑟叫作宝瑟。那么瑟究竟有多少根弦呢？中国最早的不是有《周礼》《仪礼》《礼记》嘛，统称为"三礼"，其中《周礼》记载着周朝一些器用的制度。据《周礼》说，瑟有二十三根弦的，也有二十五根弦的，最普通的瑟是二十五根弦。筝，弹的筝，是十三根弦。中国抚琴，琴是五弦的。琵琶，是四弦的。每种乐器，它有不同数目的弦。瑟最流行的，就是二十五根弦的。可是为什么说它有五十根弦呢？《汉书》上也有一个典故。《汉书》上有讲礼乐，讲郊祀，祭祀天地的。你学文学的时候，你也要知道一些历史的知识。《汉书·郊祀志》上记载，从前，中国天上有一个主宰，有人叫天帝，有人叫玉帝，那么这里管它叫泰帝。说天上的泰帝——人间喜欢音乐，天上也喜欢音乐呀，我们上次还讲，"上帝钧天会众灵，昔人因梦到青冥。伶伦吹裂孤生竹，却为知音不得听"（《钧天》），天上也有帝王，天上的帝王也喜欢听音乐——这个泰帝就叫一个名为素女的女子，弹五十根弦的瑟，这是历史上的记载。所以古代是有五十根弦的瑟的。这五十根弦的瑟弹起来，调子非常悲哀。素女就忍不住一直哭泣，一直流泪。泰帝说，这个音乐弹出来声音这样悲哀，好了，"破之"，就把五十根弦破减，就变成二十五根弦了。现在你知道，锦瑟是最珍贵的一种乐器，可能上边有织锦的花纹的装饰。在天上的泰帝那里，本来是有五十根弦的瑟，而五十根弦的瑟弹出来的音乐是非

> 泰帝使素女鼓五十弦瑟，悲，帝禁不止，故破其瑟为二十五弦。
> ——《汉书·郊祀志上》

常悲哀的，一弹就叫人哭泣、泪流不止。刚才我们说了，弦乐器有这么多种，有四弦的、五弦的、十三根弦的、二十五根弦的，人家不都活得好好的嘛，五弦的琴、四弦的琵琶、十三弦的筝，都弹出来美丽的音乐，你，你为什么要五十根弦呢？谁让你有五十根弦呢？谁让你比别人更敏锐、更多情，就得到了更多的悲哀？"莫之为而为者，天也。"（《孟子·万章上》）为什么李商隐这样悲哀、这样多情，还这样不幸？不是我愿意如此。"无端"两个字说得非常好！为什么？为什么无缘无故你要有五十根弦呢？

"锦瑟无端五十弦"，那弹起来，"一弦一柱思华年"。弦是琴弦，这个弦如果都趴在那里，是弹不出声音来的，一定要支起来，一弹才有声音，所以每个弦底下都有柱。筝，是十三根弦，每一根弦底下都有一个小的支柱，说"十三弦柱雁行斜"，这个支柱都立在那里，像一排飞雁的样子。"一弦一柱"，每一根弦、每一个弦柱，每一个musical note，弹出来的每一个声音，都让我回忆起美好的往事，"一弦一柱思华年"。这两句应该是总起。这首诗，一般的编者都给它编在李商隐的集子的最后，认为这是李商隐晚年回想他的一生的一篇作品，后面四句两两相对，都是李商隐所回忆的他平生的感情的经历。

"庄生晓梦迷蝴蝶"，这是庄子的典故。庄子说，他曾经做了一个梦，梦中他变成了一只蝴蝶，"栩栩然胡蝶也"（《庄子·齐物论》），飞来飞去就是蝴蝶，醒来，一睁眼，"则蘧蘧然周也"，还是我庄周。庄子有一个梦蝴蝶的故事。李商隐还写过一首诗，写他的寂寞，写他的不得意，说"怜我秋斋梦蝴蝶"（《偶成转韵七十二句赠四同舍》），谁可怜我，谁同情我，我躲在一个空洞的书斋里面，我梦中想得那么美，梦中"栩栩然胡蝶也"，醒来还是我孤独寂寞、一事无成的李商隐。所以他说，庄生是短暂的晓梦，我当年曾经做过这样的梦啊，你看，李商隐一考中科举，马上写了《行次西郊作一百韵》。他有那么远大的理想，他来到他的岳父王茂元这里，他写的是"永忆江湖归白发，欲回天地入扁舟"。我，"永忆"，我不是想要做官的人，我是想要到江湖上去，过自由的、隐居的生活。可是我不甘心现在就去啊，等我白发的时候，我把功业完成了，我就可以泛舟游于五湖，我要白发归江湖，我要把天地之间所有的罪恶、不幸的事情都挽回了，"入扁舟"，我才上船去隐居。李商隐写的《行次西郊作一百韵》，"敢问下执事，今谁掌其权"，他说我要问问当朝的，你们谁是掌权的人？他说，"疮痏几十载，不敢抉其根"，朝廷里面政治的腐败、堕落、败坏，宰相之豪奢，武将之跋扈，"疮痏几十载"，就像身上长了恶疮一样，贪赃、枉法、跋扈，长了几十年的恶疮，不敢"抉其根"，没有一个人敢从根本上把它治疗好，没有人敢指出它的毛病的根源所在。这是李商隐考中进士后的第一首诗。所以他的确曾经有过一个美好的志愿和理想，不过那只是一场晓梦啊！我虽然是梦中的美丽的蝴蝶，我也痴迷在梦中，破晓的梦，它是不久长的，很快就破灭了，"打起黄莺儿，莫教枝上啼。啼时惊妾梦，不得到辽西"。

"望帝春心托杜鹃"，这又是一个故事。李商隐的诗，用了很多故事。中国的旧诗有些就是，特别是你有话不能够直说的时候，你只好用一些典故，让人家去想象。望帝，是从前蜀国的皇帝，他的名字据说就叫作"杜宇"。蜀国闹水灾，他找一个大臣去治水，这个大臣叫鳖灵。在这个大臣去治水的时候，蜀帝就侮辱了这个大臣的妻子。他做了这件错误的事情以后，觉得惭愧、羞耻，后来就说我干脆让国——把蜀国就让给了替他治水的鳖灵，然后他就死去了。死后，就变成杜鹃鸟，就是杜宇，杜宇的啼声总是"不如归去，不如归去"。你做了一件错事，永久也回不去了，"一失足成千古恨"。可是，他那种盼望，他那种感情，就是死了变成杜鹃鸟都没有放弃，变成鸟，他的叫声都是"不如归去"。望帝，他的春心，他的多情的、他的留恋的、他的没有了断的理想、志意和感情，变成鸟，还寄托在杜鹃鸟"不如归去"的哭诉中。我曾经有过"庄生晓梦迷蝴蝶"的理想，我现在只剩下"望帝春心托杜鹃"，我就是不能够忘记我的春心，但是我再也回不去了。

"沧海月明珠有泪，蓝田日暖玉生烟。"这又是两个典故。古代传说，沧海里边有大的蚌壳，蚌壳里边有明珠，传说月满时候，天上的月亮圆了，蚌壳的珠就是圆的。还有个传说，说海底有鲛人——我们当然没看过，都是神话的传说嘛——鲛人可以泣泪成珠。她流下的泪，滴下来的每一个泪点都变成一颗珍珠。传说还说，这个鲛人不但哭起来每一滴眼泪都是珍珠，而且她会吐出一种丝来，这个丝可以织成鲛绡，最薄的绡。这是"沧海月明珠有泪"。沧海是大海，蓝田是山。陕西有蓝田山，出产美玉。每当晴和日暖的时候，日光照在蓝田山上，蓝田山里的那玉石就会发出来一种烟霭迷蒙的光彩。这是"蓝田日暖玉生烟"。陆机的《文赋》说："石蕴玉而山辉，水怀珠而川媚。"如果这个山石里面藏着玉，这个山就会有光彩。如果这水里边真有珍珠，水看起来就特别美丽。"沧海月明珠有泪"，这样悲哀，可是这样美丽。"蓝田日暖玉生烟"，我们相信那蓝田之中是有美玉的，当晴日光照在上面，你看那山上都有烟霭迷蒙的色彩。这都是当年李商隐回忆之中的，"一弦一柱思华年"，想他当年美好的年华——我曾经有过"沧海月明珠有泪"那样美丽的悲哀，我曾经有过"蓝田日暖玉生烟"那样美丽的想象，可是现在都过去了。妻子也死了，他衰病，虽然不到五十岁，可是身体已经很坏了。"此情可待成追忆"，这些往事、这些感情、这些理想、这些悲哀，是今天等到我回忆起来才感到悲哀吗？"可待"，要等到我追忆我才悲哀吗？他说不是，"只是当时已惘然"，即使在当时，我就已经充满了惆怅和迷惘了。这是李商隐的一首大家都认为很难懂得的《锦瑟》，所以就说"一篇锦瑟解人难"。

这个《锦瑟》是有题目，有题目也如同没有题目，因为你不知道他说什么，他只是把开头的两个字拿来做题目。那么李商隐真的是有一些无题诗，我们就看一首李商隐的《无题》诗"飒飒东风细雨来"。这首诗真的是无题，你不知道他说什么，我们也不知道他是哪一年写的。《锦瑟》我们还说可能是他临死之前不久写的，《房中曲》是写他妻子的，我们还可以猜出一个年代来。这个《无题》我们根本不知道他说什么，也没有办法把它编年编进去，它是无法编年的诗。

> 飒飒东风细雨来，芙蓉塘外有轻雷。
> 金蟾啮锁烧香入，玉虎牵丝汲井回。
> 贾氏窥帘韩掾少，宓妃留枕魏王才。
> 春心莫共花争发，一寸相思一寸灰。

这是无题了。我们不知道它说什么嘛，我们只能从它的诗的本身来猜测。"飒飒东风细雨来"，"飒飒"是风雨的声音，什么季节的风雨——东风，是春天的风雨。我们说中国分成四季，分成五方。春天是东风，夏天是南风，秋天是西风，冬天是北风。你听到飒飒的风雨的声音，而且雨不是狂风暴雨，我们说春雨细如丝，春天的那种纤细的、那种滋润的雨丝，你听飒飒东风，春天的雨飘下来了。杜甫也写过一首《喜雨》的诗，说"好雨知时节"，真正好的雨它懂得什么时候该下，什么时候不该下。像现在下大雨，到处都是水灾，这雨就是不该下的雨。春天，要种麦子、种稻子的时候，就是需要的，这是好雨。"好雨知时节，当春乃发生。"所以"春雨润如酥"，这是好的雨。"飒飒东风细雨来"，这个风跟雨，就传递给我们一个春天的消息。春天来了，万物都萌生了，草木都发芽了，昆虫都觉醒了。"芙蓉塘外有轻雷"，芙蓉就是荷花的别称，在荷塘上面，轻雷，不是夏天的霹雳那么可怕的雷，是隐隐的雷声。万物的萌生，万物的苏醒，春雨的滋润，一切的生命的成长，这是大自然，大自然是"飒飒东风细雨来，芙蓉塘外有轻雷"。于是这个大自然就把人的春天的梦也惊醒了。

"金蟾啮锁烧香入，玉虎牵丝汲井回。"这是人，刚才是自然，人呢？人在这春天万物昭苏、草木昆虫都觉醒的时候，人在做什么？女子，这个女子的春心也萌生了。所以她就点了香，把香放在什么地方？放在一个金的、金蟾的香炉里边。我们古代管铜都称作金。这个女孩子就把香点燃了，这个香不是立燃的，像现在都是插一根、插一根这样的，不是。古人有把香盘成一个扁的，有心字香、篆字香。我们现在没有心字香、篆字香。中国夏天点的蚊香，盘成一个饼。古人的香可以盘成各种的篆字花样，所以那个香不是插在那里的。还有的是香末、粉末，一个檀香粉的粉末，底下是碳金——一个烧成小红块儿的、有点碳的元素在里边，把它烧红了，放在炉子里边，把这香粉撒在上面。不是插在那里的香，是炉里边点的香，可以是心字香，可以是篆字香，可以是粉末的香。诗的好坏，不在它说的是什么，是在它怎样说，说得怎样好。"金"，如此之高贵的；"锁"，如此之封闭的；"烧"，如此之热烈的；"香"，如此之芬芳的。女子的内心，她的热烈的、多情的感情，她封锁起来。很多女孩子有很热烈的感情，不敢直接表达，把它藏起来，就像你把那个燃烧的、热烈的、芬芳的、美丽的心，锁在那个香炉里边。"啮"，这个锁咬住了、关得很紧。"入"，是在里面深深地藏起来。这是女孩子的春心。

既然是妇女的生活，她屋子里面也焚香，这妇女还做什么呢？她要打井水，"玉虎牵丝汲井回"。女孩子在古代都要亲持井臼嘛，做个家庭主妇，你要学会做饭、打水。古代一般人的院子里边，那会儿没有自来水，大家都要有个井。说"玉虎牵丝"，玉虎，是辘轳的柄上的装饰。我小时候还打过水呢。我们说女子的内心，你的心里有没有起波澜，你有没有动心，你对这个男子有没有动情——唐朝有首描写节妇的诗，说"波澜誓不起，妾心古井水"（孟郊《列女操》），我的心就跟没有人打水的那个古井的水一样，一点波澜都没有——可是多情的少女，她的井水一天到晚在动，是"玉虎牵丝汲井回"，把那深处的井水打上来，就是说把她内心深处的感情就牵引上来了，从最深的、内心深处，从心底牵引上来了她的情意。"回"，千回百转，你看那个井绳在上面绕。这两句写女孩子的感情。

"飒飒东风细雨来，芙蓉塘外有轻雷"，是春天的觉醒，是整个大的背景。既然所有的有生之物，不管是芙蓉，不管是细雨，所有的自然都觉醒了，女子的春心也觉醒了，是"金蟾啮锁烧香入，玉虎牵丝汲井回"，那女孩子春心觉醒了，干什么呢？就想要找到一个男孩子——"贾氏窥帘韩掾少，宓妃留枕魏王才。"当年晋朝有个官员地位很高，叫贾充。贾充有一个女儿。因为她父亲是个高官，她父亲每天接见很多很多的人物，这贾充的女儿呢就躲在帘子后，看哪个年轻人才貌双全、风姿潇洒。有一个年轻人叫韩寿，是政府的官员。韩寿来见贾充，贾充的女儿就躲在帘子后面看，就看上了韩寿。这历史上没有记载他们怎么通的消息，是叫丫鬟、侍女怎么通的消息，总之贾充的女儿就跟韩寿这个青年人要好了，瞒着她父亲，贾充不知道。可是韩寿是他部下的一个官，韩寿常常来见贾充。有一天韩寿又来了，贾充就闻到韩寿的衣服上有一种香气。他说，发出这种香气的香是市面上买不到的啊，这是外国贡献给我们皇帝的香；因为皇帝对我很好，皇帝赏了我这个香，这个香只有我们家里有。这韩寿哪儿来的这个香气啊？于是他就发现了，是他女儿跟韩寿两人好了。不过这个父亲还很开明，说你们两个既然好了，我就把女儿嫁给你吧，就把女儿嫁给他了。这是一个美好的结局。贾氏为什么欣赏韩寿？因为她在帘子背后看，看到韩寿英俊潇洒、一表人才。"贾氏窥帘韩掾少"，贾氏窥帘是因为韩寿的年少，因为他年轻、美丽。女子美丽，男子也美丽嘛。"掾"是属官，他是贾充的属官。那么女孩子动心，除了为这男子的少年英俊动心，还为什么动心呢？"宓妃留枕魏王才"，就是刚才我讲的那个故事啦，就是甄宓。李善的《昭明文选》注，说甄宓后来死了，留下一个枕头，魏文帝曹丕这个哥哥就把枕头给了他弟弟曹子建，说这是甄宓留给你的枕头。为什么？"魏王才"，魏王就是陈思王曹植。所以女孩子所欣赏的男子，一种就是少年英俊，"贾氏窥帘韩掾少"；一种就是风流多才，"宓妃留枕魏王才"。

李商隐写的都是春天，都是多情，都是相思，可是你看最后他的结尾，是"春心莫共花争发"。你，这个女孩子，春心，你的多情的恋爱的心，你不要跟春天花开一起发生你的爱情，不要随便发生爱情，"春心莫共花争发"。陆放翁的《钗头凤》说是"山盟虽在，锦书难托，莫莫莫"，不要、不要。"春心莫共花争发"，这是李商隐——当然不是说世界上所有的爱情都是如此——"一寸相思一寸灰"，你每一寸相思落到的都是悲哀，都是失望，每一寸相思都是一寸让你心死的灰心。有人就说，世界上最长久的爱情，是没有成功的爱情。成功的爱情之后，有各种原因使它毁灭，否则夫妻怎么会在法庭上互相指责呢？

现在我们还是回来看李商隐。李商隐这个人，刚才有人问我，说他受杜甫的影响，他是受杜甫的影响，像他的《行次西郊作一百韵》，五百字，他是受了杜甫当年反映开元、天宝的安史之乱时候作的《自京赴奉先县咏怀五百字》的影响；还有就是我也说了，李商隐写的七言律诗，那种句法的紧凑、那种颠倒，"永忆江湖归白发，欲回天地入扁舟"，受杜甫的"香稻啄余鹦鹉粒，碧梧栖老凤凰枝"的影响。不过你要注意一点，杜甫反映民间的疾苦比较多，"朱门酒肉臭，路有冻死骨"（《自京赴奉先县咏怀五百字》），"天明登前途，独与老翁别"（《石壕吏》），"三吏""三别"，很少直接地指斥朝廷；可是李商隐不然，他说"巍巍政事堂，宰相厌八珍。敢问下执事，今谁掌其权。疮痍几十载，不敢抉其根"，他是直指到中书省，直指到那些执政的人。所以李商隐不容于当时。

李商隐看到当时那些贪赃枉法的、横征暴敛的种种的政治的不合法，他忍不住要说话，李商隐是写这一类的诗。有一首诗叫《赋得鸡》。这首诗什么时候写的呢？李商隐总是在各地方的幕府，周游在外边，很少回来。有一年，他的母亲去世了。他的母亲去世，中国的习惯要守孝，什么事情都不做，就回到长安来了。他守母丧的时候，在长安写的这首诗。是写鸡，写斗鸡。有一种鸡叫斗鸡，是专门养它来斗的。我还真是看见过斗鸡。我当年遭遇到白色恐怖、无家可归的时候，后来找到一个私立的中学去教书，在台南的过去的县城的城外的地方，有人家就养着斗鸡。李商隐写的《赋得鸡》，他说："稻粱犹足活诸雏"，"足"念入声；"妒敌专场好自娱"，这个"场"字念平声；"可要五更惊稳梦，不辞风雪为阳乌"。

李商隐还有很多好诗，讽刺当朝，我们来不及讲。举一个例子：当时有个人叫刘蕡，考试没有考上，为什么呢？考试的时候他公开批评了政治、宦官，那时就流传着考试的举子们说的话："刘蕡下第，我辈皆羞。"说这个姓刘的这么好的才学，因为他讽刺了当朝的政治没有考上，我们这些考中的人，都觉得羞耻。这个刘蕡后来被贬官，后来就死去了。李商隐写《哭刘蕡》《哭刘司户蕡》，写了好几首诗都是哀悼这个刘蕡。李商隐是有政治理想的，因为他有一个正义感在他心中，但他还真是不像杜甫。

上帝深宫闭九阍，巫咸不下问衔冤。
广陵别后春涛隔，湓浦书来秋雨翻。
只有安仁能作诔，何曾宋玉解招魂。
平生风义兼师友，不敢同君哭寝门。
——李商隐《哭刘蕡》

路有论冤谪，言皆在中兴。
空闻迁贾谊，不待相孙弘。
江阔惟回首，天高但抚膺。
去年相送地，春雪满黄陵。
——李商隐《哭刘司户蕡》

杜甫这个人——我这已经跑野马跑到杜甫去了，因为刚才有一个人问我：杜甫和李商隐是不是一样？他们有一样的地方，有不一样的地方。杜甫这个人是忠爱缠绵。杜甫回来做拾遗的官，拾遗等于监察，是专门要指斥朝廷的错误。杜甫，不像李商隐，当然，杜甫跟李商隐的地位也不一样，杜甫做拾遗，

他是给皇帝上奏折的，他可以给皇帝上奏折，李商隐没有这个机会，他只有在诗里写他的这种愤慨。杜甫回来做拾遗，他怎么样？杜甫说："闭门焚谏草，骑马欲鸡栖。"（《晚出左掖》）我是看到朝廷有缺点，可是我不在外面公开地批评朝廷的缺点，我把我所看到的朝廷缺点，我写一封奏疏，明天早晨就交给皇帝看，我不能让我的草稿流出去。有些人做了很多坏事，一些人就直接批评他们这个不对、那个不对，专门找坏话来说，杜甫就不是。杜甫说我给朝廷的忠告，我只给朝廷看，我只给皇帝看，我不把我批评的话流传出去，"闭门焚谏草"，我把我的谏疏的草稿都烧掉。这个李商隐不同，因为李商隐不像杜甫那样有直接给皇帝上奏疏的机会，所以他就在诗里直接评说。

他母亲死去，他在长安守孝，他看到长安那些达官贵人都不像话，他就写了一首《赋得鸡》。"稻粱犹足活诸雏"，他说这些鸡呀，就是搜刮，要存很多稻粱，要给他的子女尽量搜刮到钱财，他说你们搜刮的那些稻粱，足够养活你们那些孩子了。一

稻粱犹足活诸雏，
妒敌专场好自娱。
可要五更惊稳梦，
不辞风雪为阳乌。
——李商隐《赋得鸡》

个是搜刮，为了养活自己的孩子。另一个是斗争，"妒敌专场好自娱"，跟别人斗争，要自己专场，要自己掌握权力，就是斗。斗鸡，跟你的势力相敌的，你要把它斗垮，你要专有你的权力，觉得这个是快乐。他说你不要忘记了，你的名字是鸡呀，是"可要五更惊稳梦，不辞风雪为阳乌"。你没想到你做鸡的责任吗？你要不要在五更的时候报晓？你要不要啼明？你要把沉睡、昏睡之中的迷梦之人叫醒。你不怕外面的风雪的打击，只为了阳乌，只为了你的啼叫可以把太阳呼唤上来。"阳乌"，是太阳里边那只乌鸦。你应该想你作为鸡的责任，是要把太阳呼唤上来。你现在不尽你的责任，你只是要跟人家斗，"妒敌专场好自娱"，为你的子女搜刮稻粱。这是他对这些人的批评。

那现在呢，我们时间也不多，我们要讲后人对他怎么评论。后代很多人就批评李商隐，因为李商隐写了很多爱情的诗。李商隐确实写了很多爱情的诗，而且李商隐在青年的时期，在他还没有考中科举以前，他曾经到玉阳山去学过道。前面已经说过，在唐朝的时候，学道成为一种风气。李白也学道，而且受过道箓——受过道教的戒。因为道教盛行，所以大家都信奉道教。道教是什么？道教是讲究养生，讲究长生不老的。它不像基督教说不在现世在天堂，也不像佛教说不在今生在来世，道教是说，你要现世，如何使你的肉体得到长生。道教男女的界限没有那么严格，不像佛家的清规戒律是很严的。很多宫廷之中的女子都愿意出家到道观里边，她离开了宫廷，离开了礼教的束缚，这男道士、女道士，少男少女，哪个不善钟情？当然有些恋爱的故事发生。李商隐是学过道的，他的诗有些确实是写给女道士的，也反映了道观之中男女的一些恋爱的事情，这是绝对有的。所以有很多人就认为李商隐这个人没有品格，写这些爱情的诗歌。可是我们刚才也说了，李商隐有些爱情诗歌，表面上看是爱情，可是他其实可能是有寄托的。

那么后来他的妻子不是死了嘛，妻子死了后，他就到河东节度使柳仲郢的幕府去了。去了以后呢，这个柳仲郢就想要给他续弦，介绍一个女子，李商隐就说："至于南国妖姬，丛台妙妓，虽有涉于篇什，实不接于风流。"（《上河东公启》）因为中国的古诗里边说"南国有佳人"（曹植《杂诗》），"南国妖姬"就代表美丽的、漂亮的南国女子。"丛台妙妓"，丛台是古时候的一个建筑，从前赵国有一个国君武灵王，盖了一个高台，他管这个台子叫作丛台。他在高台上大部分的时间是看女孩子的歌舞，偶然他也检阅军队。李商隐说，"至于南国妖姬，丛台妙妓"，就是这些歌妓、酒女，"虽有涉于篇什，实不接于风流"，我虽然偶尔在我的诗里写一下恋爱的诗篇，但其实我本身并没有不检点的行为。这就是黄庭坚写小词时说的，这是"空中语耳"（释惠洪《冷斋夜话》）。他就是偶然间写一首漂亮的诗，写一首爱情的诗，并不是我心里就去谈恋爱了。

　　还有，就是李商隐对于他的妻子是很忠贞的。他的妻子死了以后，这个柳仲郢河东公指名道姓地要给他介绍一个女子为妻，他坚决没有再娶。李商隐没有再娶，可是他其实很悲哀，李商隐还写过他不想再结婚了。李商隐的《樊南乙集》前面有篇序言，他说"三年以来"，他妻子死了三年，"丧失家道"，家里面没有主妇了，"平居忽忽不乐"，平常的生活觉得忧伤、不快乐，"始克意事佛"，他现在不是学道，而是学佛了，"方愿打钟扫地，为清凉山行者"。

　　总而言之，李商隐平生是如此。他看到那些邪恶的事

三年已来，丧失家道。平居忽忽不乐，始克意事佛。方愿打钟扫地，为清凉山行者。
——《樊南乙集序》

情，尤其是政治上的败坏，他就忍不住要写诗批评。但是他虽然写了很多爱情诗，可是在行为上他并不放纵自己。那么后来，人们给他的评语，最有名的是元好问的《论诗绝句》：

> 望帝春心托杜鹃，佳人锦瑟怨华年。
> 诗家总爱西昆好，独恨无人作郑笺。

"望帝春心托杜鹃"，你有多少哀伤，你有多少留恋，你有多少春心，死后你还不能放弃。你还把你这种悲哀、这种怀念，变成杜鹃鸟，每天在呼叫，说"不如归去、不如归去"。而且说杜鹃会流出血来的，它啼叫的时候，也就会啼血。"佳人锦瑟怨华年"，"锦瑟无端五十弦，一弦一柱思华年"，写得这么美。"诗家总爱西昆好"，这读诗的人都喜欢，说李商隐的诗写得好。"西昆"，是后来宋朝的人模仿李义山，把他的诗叫作西昆体。"独恨无人作郑笺"，可惜没有人给李商隐的诗作出真正的、切当的解释。

我刚才也是说从字面上说，像西方所说的那种close reading，这个文字有什么样的感受，有什么样的典故，你要坐实他真是说什么，我也不敢这样讲。我只是说他所表现的情绪是如此的。

那么后来人都是猜测。当然，最无聊的人，就说锦瑟是人家里边一个内眷的女子，这真是无聊的猜测。说锦瑟是要跟女子幽会，弹的一个暗号，真是无聊的猜测。完全不是诗，也不是感情，什么都不是，那真是非常无聊的事情。我后来也写了一首诗，就是《读义山诗》：

> 信有姮娥偏耐冷，休从宋玉觅微词。
> 千年沧海遗珠泪，未许人笺锦瑟诗。

"信有姮娥偏耐冷"，人生的孤独、寂寞，真能够忍受吗？我说我相信天上的嫦娥她是真的耐冷的。其实我还写了一首词，是我自己写的一首咏月亮的词，那是我在温哥华写的。有一年的秋天，还不一定是中秋节，那天万里无云，月亮非常大，光色非常饱满。那个时候也有一个女学生在我家里住，叫蔡宝珠。蔡宝珠就说，叶老师啊，今天月亮这么好，你给月亮写一首诗吧。我就写了篇咏月亮的作品，我写了一首词，《浣溪沙》。《浣溪沙》是一首词的牌调。诗是题目，词是牌调，一个乐曲的牌调，因为词都是歌唱的歌词（song words）。我把它称作"无限清辉景最妍。流光如水复如烟。一轮明月自高悬"，这是上半首；下半首呢，"已惯阴晴圆缺事。更堪万古碧霄寒。人天谁与共婵娟"。这么美丽的光，月亮不是永远圆的，月亮有时候阴，有时候晴，有时候圆，有时候缺。月亮经过这些磨难、这些挫折，经过阴晴圆缺的种种变化，她已经习惯了这些灾难和变化，而且她能够体认万古的碧霄寒，孤独、寒冷地挂在天上，她已经习惯了忍受万古的孤寒。她如此之美丽，人天之间，有什么人、什么东西像月亮这样光辉、这样明亮？

　　姮娥，天上的嫦娥，你要忍得住你的孤独和寒冷，你才能呈现你的光明。你有这样美好的理想、美好的感情、美好的愿望，可你这么不幸，你这么孤独，你这么寂寞，你经过这么多苦难，经过这么多挫折。"信有"，我真的知道，我确确实实知道，姮娥忍受得住这样的寒冷。所以你们这般俗世的人，"休从宋玉觅微词"，不要抓住宋玉写什么高台云雨、巫山神女的，就说这个是恋爱、那个也是恋爱，这个是道姑、那个也是道姑，说这个《锦瑟》就说人家里的一个侍女——不要做这种卑微的、无聊的猜测。"信有姮娥偏耐冷"，那是李商隐，他孤独，他寂寞，他忍耐了他的孤独、寂寞，你们这些世俗的人"休从宋玉觅微词"。

"千年沧海遗珠泪",几千年来我们中华的文化、我们所仰赖的我们古代有这么多美好的人。前人曾经写过一首诗:"天不生仲尼,万古如长夜。"(《唐子西文录》)如果不是上天生下孔仲尼,启发、教导了我们这么多美好的道理,那人生万古就跟在黑夜中一样。前几天有个我不认识的人,他写了一封信寄到南开大学,南开大学的秘书把他的信转给我了。那个学生,也不是正式的学生,就是看了一些我的书和录像,他说:"我相信你讲的这些美好的精神、这些美好的灵魂,他们不会就这样消失,他们应该存在,应该存在在宇宙之中。"这就是我也常常说的。有人问我,现在大家都不喜欢旧诗了,你还一直在讲旧诗,你觉得有希望吗?我说,诗歌的本身,是有它的生命的。只要是一个有灵魂、有感觉、有理想的人,读了这些诗,这些诗就会唤起他一个感发的生命。所以我常常说,诗歌有一种感发的生命。而且这个生命,是一可以生二,二可以生三,三可以生无穷的。我从李商隐得到的感发,或者我从杜甫得到的感发,不一定跟他们完全一样,但他们的诗使我感动了,使我有一种兴发,我的内心被感动了,对于人生有一种感发,有一种追求,这就是它的作用。那个学生就说了,他说我相信叶老师,你所讲的这么多的美好灵魂,他们的精神,不会在这个世界上永远消失,他说他们一定存在。一定存在在哪里?存在在他们的诗里。只要是一个有心人,一定会受到他们的感动,他们的精神是不死的。而我们,在这么悲哀的、困难的、罪恶的、劫乱的现实社会中,看到那一点光明,就因为我们有古人,有这样美好的诗篇,他们给我们留下来的这种美好的追求和向往。几千年过去了,在沧海之中我们读到他的诗篇,他给我们留下的,是一颗明珠。也许这颗明珠是由他的眼泪变成的,我们要体会这个珠泪的美丽和悲哀。"未许人笺锦瑟诗",你不要随便用世俗的、无聊的、下流的那些猜测，去随便猜测他。

我还要补充一点。因为我开头的时候说我写了一些诗是用李商隐的诗补足的。李商隐的诗常常都是悲哀的、伤感的，所以我那时候也写一些悲哀和伤感的诗。我说"波远难通望海潮，朱红空护守宫娇"，可是我现在变了。我说"一任流年似水东"，我已经九十岁了，似水的流年都消逝了；"莲华凋处孕莲蓬"，莲花掉落的时候，其实这个种子在莲蓬里边长成了。为什么我改变了呢？我说"柔蚕老去应无憾，要见天孙织锦成"，我教导年轻的人，像有些年轻的人说，我读了你的书我很受感动，我也写了一首诗，这就很好，这就是我的希望和愿望。

我最后再引一首诗，我们就结束了。这首诗不是我的诗，是我改写、摘录了别人的诗。别人是谁呢？就是编写《唐宋名家词选》的龙榆生先生。我现在不是写他的原诗，我是把他的词句改编了，用榆生先生句改写："师弟恩情逾骨肉"，我认为老师跟学生的恩情比父母跟子女的感情更有过之，我这么以为，因为父母跟子女的关系是生理的，可是老师跟学生的关系是精神的，是用你的精神感动了学生。"书生志意托讴吟"，作为一个书生，我什么能力都没有，我对于人世不能尽到一点点的能力，我只能把我的志意、我的生命都"托讴吟"，托在读诗词、写诗词、讲授诗词中。"只应不负岁寒心"，九十岁我要继续做下去，希望我能把古人的美好的心灵和志意、美好的诗篇传授下去。

谢谢大家。

（王立、李永田整理）

附录一

从西方文论与中国诗学谈
李商隐诗的诠释与接受

（一）从《锦瑟》诗谈起

我要讲的题目是"从西方文论与中国诗学谈李商隐诗的诠释与接受"，今天我们就从《锦瑟》说起：

> 锦瑟无端五十弦，一弦一柱思华年。
>
> 庄生晓梦迷蝴蝶，望帝春心托杜鹃。
>
> 沧海月明珠有泪，蓝田日暖玉生烟。
>
> 此情可待成追忆，只是当时已惘然。[1]

李商隐的一生是很不幸的一生。李商隐去世以后，与他同时的一个名叫崔珏的朋友曾经写过一首挽诗，其中有两句说："虚负凌云万丈才，一生襟抱未曾开。"李商隐自己写的诗往往都是非常悲观的，都是非常痛苦的，非常失落的。我曾经受过他的影响，我也写过一些那样的诗歌。可是我晚年，前几年，我用了李商隐的诗韵，把他诗中的悲哀的基调改变了。

李商隐有一首诗，题目是《东下三旬苦于风土马上戏作》[2]。他从

---

[1] 刘学锴、余恕诚：《李商隐诗歌集解》，北京：中华书局，2004年，第1579页。

[2] 同上书，第1074页。

西向东，当时没有我们现在这么方便的交通工具，所以他是骑着马走的。他说"路绕函关东复东"，我骑着一个马，就沿着函谷关向东走。"身骑征马逐惊蓬"，我骑的是一匹征马，一匹长途奔波的衰老的疲倦的马。"身骑征马——逐惊蓬"，大家可以想见我们北方风沙的天气，那风沙漫天而来，所以他说，我是沿着函谷关向东走，每天我所追逐的就是那惊飞、被西风吹起来的断蓬——那个蓬草的梗断了，就随风飘转——"身骑征马逐惊蓬"。那我这样奔波，走在这样风沙的道路上，我去的地方，有一个什么美好的结果吗？有什么期待，有什么盼望吗？"天池辽阔谁相待"，这里用了《庄子》上的一个典故。北海有一条鱼，名字叫作鲲，它变化成一只大鸟，名字就叫作鹏，这个鹏张起翅膀来，"其翼若垂天之云"，连接着上天，就像一条长云一样，它是从北海徙于南冥，"南冥者"，就是"天池也"[1]，就是这个鹏要飞去的那个地方。李商隐说，我要从北海飞到南海去，飞到天池去。那天池那么遥远，"天池辽阔谁相待"，有一个人真的在那里等待我吗？我真的飞到那里就能够达成我一切的愿望吗？不一定有人相待，他说，我"日日虚乘九万风"，所以我就每天在这风沙的路上，随着那被九万里高风吹得到处飘转的征蓬，"虚乘"，白白地，我白白地追随这个征蓬流离、飘转。所以他说："路绕函关东复东，身骑征马逐惊蓬。天池辽阔谁相待，日日虚乘九万风。"

我说我把它改了。我说"一任流年似水东"[2]，这不是我一任它流年，而是流年不管我任不任，我逝去的年华都不可能再返回来了。我

[1] 郭庆藩：《庄子集释》，王孝鱼点校，北京：中华书局，1961年，第2页。

[2] 详见叶嘉莹《鹧鸪天》"连日愁烦以诗自解，口占绝句二首，首章用李义山《东下三旬苦于风土马上戏作》诗韵而反其意；次章用旧作《鹧鸪天》词韵而广其情"其一："一任流年似水东，莲华涧处孕莲蓬。天池若有人相待，何惧扶摇九万风。"《迦陵诗词稿·二集·诗稿》，北京：中华书局，2008年，第207页。

现在已经是耄耋之年的老人，我的流年，是不可能再返回来的。所以我说，"一任流年似水东"，这是事实。可是下面一句，我给它一个转折，我说"莲华凋处孕莲蓬"。我常常说我与莲花有一段因缘，因为我的生日就是荷花的生日，这其中是一个很长的故事，今天来不及讲。荷花虽然凋零了，但是荷花结得有莲蓬，莲蓬里边有莲子，莲子里边有一个莲心。很多年前我看到考古的杂志说，他们曾经从汉墓里面发掘出来汉朝的几颗莲子，他们再重新培育，居然活了，所以我说，"莲华凋处孕莲蓬"。我虽然是老去了，但是我教书，教到现在差不多有七十年之久了。我从二十岁大学一毕业就教书到现在，凡是我教过的学生，我对他们都有很深重的感情，他们对我也有很深重的感情，有些几十年前的学生，直到现在我们都有往来，这是我们教书的、做老师的最大的快乐，最大的安慰，所以我说"莲华凋处孕莲蓬"。"天池若有人相待"，什么是我的等待？我七十岁以后有什么想法？我就是要尽我的力量，把我所爱好的，我所体会到的，我们中国诗词里边所蕴含的那些古代的伟大的诗人、词人他们的感情，他们的志意，他们的修养，他们的品格能够传留下来，而且我认为诗歌的生命是不死的。常常有同学笑我说，叶嘉莹又在讲她的兴发感动的生命了。诗歌的生命是不死的，所以我用李商隐诗韵改作的一首诗，最后两句写的是"天池若有人相待，何惧扶摇九万风"，我们今天就从李商隐讲起。

我的题目是"从西方文论与中国诗学谈李商隐诗的诠释与接受"。我为什么要从西方文论讲起呢？中国人讲中国诗，你就简单地讲中国诗就好了，可是我曾经也在海外教了很多年的书，我从1966年就到北美的哈佛大学。我一进哈佛大学的远东学系，他们进了大门往右一拐，有一个很长很大的一个房间，他们叫作"common room"，是一个通用的、大家都可以用的一个房间。这个房间里一个角落里边有微波炉，有电冰箱，里边有什么茶叶、咖啡、杯子、盘子，你可以到这里来休息，你可以喝一杯咖啡，烤两片面包，你可以沏一杯茶水。那么这边呢，很空阔的地方，是一个非常长而宽的桌子，你可以在桌子旁边坐下来，喝你的咖啡，吃你的三明治。有的时候，像远东系要开会了，很多教授就可以围在桌子旁边开会；有了讲演，就是远东系里面自己本身的小型的讲演，也在这个common room里面讲演。这个墙上挂了一副对联："文明新旧能相益，心理东西本自同。"我们世界的文化、文明、新旧能够继承，能够相生相长、相切磋、相观摩，虽然我们的历史不同，我们的生活习惯不同，但是生而为人，我们基本的感情——生老病死，喜怒哀乐——我们有很多是相同的，所以"文明新旧能相益，心理东西本自同"。

虽然我在国外多年，我在中国读的是中文，是国文系，毕业以后一直从中学教到大学，一直教的是中国的古典文学，本来与西方的文论有何相干？可是我在国外要讲课，尤其是我后来到了温哥华的UBC大学以后，校方对我说，你不能够只教研究生——研究生虽然也是外国的研究生，可是研究生既然研究我们中国的古典文学，他会看中国的字，会说中国的话，教起来比较容易——校方说你要做一个专任的老师，你不能够只教研究生，你要教大班的课。大班的课是外国人，没有任何关于中文的背景，你全部都要用英文讲授。讲授什么课呢？讲授整个的中国文学史，要从中国古代的文学介绍到现当代的文学，从《诗经》的毛诗开始，一直介绍到毛主席的诗词，from Mao to Mao，从"毛"到"毛"。那我要备课，我每天晚上要查着生字备课，然后第二天去给他们讲课。当然我自己知道，不管是从我的发音（pronunciation）来说，还是从文法（grammar）来说，可能都不是完美的。可是我教了一年这个英文的课程后，我班上选课的学生，就从开始的十六七个人变成了后来的六七十个人。"文明新旧能相益，心理东西本自同"，因为我虽然是用英文教，但是我是把我的体会、我的感情投注进去的，所以虽然那些个诗词是古人的诗词，虽然它们已经被翻译成英文了，但是我用我的心灵感情去讲，就给了它生命。那些学生，他们知道，我又不是来教英文的，我文法不正确没有关系，发音不正确也没有关系。但是我所讲述出来的是我们中国诗词里面真正的生命、感情，那些古代的诗人，我要在我的口中、讲解之中让他们活起来，那西方人就同样受到感动。因为我要常常用英文讲课，我就发现，有些我们中国的诗歌理论所不能够说明的东西，用西方的文学理论反而能够说明。我们中国是一个智慧很高的国家，可是一般的文人不是很长于逻辑性的思辨，所以他们常常说的都是一种印象式的批评。像司空图的《二十四诗品》，一个一个的都是形象。像《沧浪诗话》所讲的那些唐人的诗歌，是"唯在兴趣"，那"兴趣"是什么？王士禛说诗歌要有神韵，"神韵"又是什么？王国维说"词以境界为最上"[1]，那"境界"又是什么？[2] 我们看不到，摸不着，这么虚无缥缈，你没有办法给西方的学生讲，而且你也没有办法给他们翻译。你说"气骨"，the air and bone，那是什么东西呢？有气有骨，所以你没有办法给它翻译。那我就不得不用英文来给他们说明。而我这个人除了"人之患在好为人师"之外，我其实更大的"好"，还不是"好为人师"，而是"好为人弟子"，我是一个喜欢学习的人，直到现在我也仍然喜欢学习。所以，我除了教书以外，我就去旁听那些外国人的课程，

---

[1] 王国维：《人间词话》，上海：上海古籍出版社，1998年，第1页。

[2] 《人间词话》："严沧浪《诗话》谓：'盛唐诸公，唯在兴趣，羚羊挂角，无迹可求。故其妙处，透澈玲珑，不可凑拍，如空中之音、相中之色、水中之影、镜中之象，言有尽而意无穷。'余谓北宋以前之词亦复如是。然沧浪所谓'兴趣'，阮亭所谓'神韵'，犹不过道其面目，不若鄙人拈出'境界'二字为探其本也。"第3页。

于是我就跟他们学了一些西方的文学理论。而西方的文学理论是逻辑性的，是思辨性的，很能够说明问题。我后来就觉得，我要借用西方的文论来诠释我们中国的诗说，这样可以帮助我的学生有所了解。

而中国诗呢，有几种诗的不同。中国的诗中比较容易翻译的，外国人也愿意做研究的，是比较写实的一派。我在哈佛大学教书的时候，有一位叫洪煨莲的华人老先生，中国的血统，在国外多年，他曾经翻译介绍了杜甫的诗。杜甫是一个写实的诗人，我们先看一首杜甫的诗，他的诗题是《至德二载，甫自京金光门出，间道归凤翔。乾元初从左拾遗移华州掾，与亲故别，因出此门，有悲往事》，诗题差不多有将近四十个字。而我们今天要讲的这首李商隐的《锦瑟》诗，只有两个字的题目。"锦瑟"是什么？锦瑟是一个 musical instruments，是一个乐器，只是一个名词，没有任何的叙述的语言。他说的是什么呢？所以，这是两类完全不同的诗。

我们先看杜甫的这首诗。"至德二载"，那是唐玄宗天宝之乱以后，玄宗幸蜀，到四川去了，然后他的儿子肃宗在灵武即位，就改年号叫作"至德"，后来肃宗又把行在迁到凤翔。至德二载的时候，长安已经沦陷在叛军的手中。杜甫本来当时不在长安，可是他要回到自己的朝廷去，在奔向凤翔的途中，他就被掳入长安了，杜甫不甘心生活在叛军的手中，要逃到自己祖国的后方去。所以唐肃宗至德二载，杜甫从金光门逃出来，这是长安城的一个西门。"间道"，走小路。"归凤翔"，凤翔就是当时肃宗的行在。杜甫从沦陷区要逃到后方去的时候，路上九死一生。回到凤翔，皇帝给了他一个职位叫"左拾遗"。后来，肃宗还朝了，把叛军赶出去了，回到长安了。杜甫也回到长安了，做他的左拾遗，拾遗补阙，看到皇帝有缺陷，要给国家提忠告，希望国家改正。但是以他这样的忠爱，他被移放出去了，不让他在朝廷做官了，让他到华州去做一个属官，所以"从左拾遗移华州掾，与亲故别，因出此门，有悲往事"。这个门，是我当年为了归向祖国出的这个门，回到祖国的后方去，我现在回到朝廷来，祖国把我移放出去了，降官出去了，我又从这个门出来了。这里面有很多悲哀，很多感慨。他说："此道昔归顺，西郊胡正繁。至今残破胆，应有未招魂。"我们说杜甫的诗都是有历史背景的，这样的诗歌在我们中国的诗论中算作"赋体"，"赋"是直言其事。我们说赋比兴，这是属于"赋"的一种作法，所以他就直接叙陈他的事实。可是中国的诗还有其他的两种作法，一种叫"比"，一种叫"兴"。"比"是"以此例彼"，像《诗经》的《硕鼠》。还有的时候像《关雎》，这个是"兴"。

可是现在有了李商隐这样的诗。像今天我们要讲的《锦瑟》："锦瑟无端五十弦，一弦一柱思华年。庄生晓梦迷蝴蝶，望帝春心托杜鹃。沧海月明珠有泪，蓝田日暖玉生烟。此情可待成追忆，只是当时已惘然。"他说了一些什么？都是一个一个的形象，一个一个的典故，每一句诗是一个形象，有一个典故，摆了很多在那里，但是是什么意思呢？所以元遗山的《论诗绝句》说："望帝春心托杜鹃，佳人锦瑟怨华年。诗家总爱西昆好，独恨无人作郑笺。"[1]他就是把李商隐诗里边几个形象摘出来了，"望帝春心托杜鹃，佳人锦瑟怨华年"，一个一个的形象，一个一个的典故，都是一个一个的，好像都是互相无关系的，所以这样的诗就很难懂。元遗山说，学诗的人都喜欢西昆好——"西昆"，是宋朝有一些诗人，模仿李商隐的诗，用很多华丽的语言，用很多典故来写作的一些诗，这是西昆体——"独恨无人作郑笺"，这样的诗表面上看起来也很好，形象也很美丽，声音也很铿锵，但是究竟说什么呢？这

---

[1] 刘学锴、余恕诚：《李商隐诗歌集解·笺评》，第1583页。

是元遗山的疑问和评论。后来清朝还有一个王士禛，也写了《论诗绝句》，他论到李商隐的诗，说："獭祭曾惊博奥殚，一篇锦瑟解人难。"[1]（《戏仿元遗山论诗绝句》）什么叫"獭祭"？"獭"是一种动物，大概就是獭鱼。我不是研究动物学的，我只是从一些书里面查到，说这个"獭"，它要捉小鱼来吃，它捉小鱼吃的时候，不是抓一个就吃一个，而是抓很多，把小鱼一个一个都摆在前面，先摆在那里，好像是上供祭祀一样，所以叫"獭祭"。他说李商隐的诗就像"獭祭"，就像"水獭"，摆很多很多的小鱼，互不相干——一个典故一个典故，一个故事一个故事。"曾惊博奥殚"，这个李商隐的学问太博大了，使人惊异，他知道那么多典故，"博"；"奥"，但是太不容易懂了。所以李商隐的诗，是以难懂出名的。

（二）阅读的三个层次

义山的这首诗虽然难懂，但大家都喜欢背诵这首诗。那是因为，它虽然难懂，但念起来挺顺口的，而且这些形象都很美丽。而这在西方的文论看来，属于阅读的第一个层次。

在西方的文论中，汉斯·罗伯特·姚斯（Hans Robert Jauss）写过一本书Toward an Aesthetic of Reception[2]，翻译作《关于接受美学》。你读一首诗，怎么接受它？怎么理解它？姚斯提出来三个层次。

第一层，是"美感的感知性的阅读"（aesthetically perceptual reading）。就如元遗山所说的，对《锦瑟》诗大家都不懂，可是大家都喜欢

---

[1] 赵伯陶：《王士禛诗选》，北京：人民文学出版社，2009年，第116页。

[2] Hans Robert Jauss, *Toward an Aesthetic of Reception*, translated by Timothy Bahti, Minneapolis: University of Minnesota Press, 1982.

它，为什么呢？这就是"美感的感知性的阅读"。我懂不懂不管，"望帝春心托杜鹃，佳人锦瑟怨华年"，什么"锦瑟"啦、"华年"啦、"杜鹃"啦，这些形象，直觉觉得很美，念起来音调也很美。"锦瑟无端五十弦，一弦一柱思华年。庄生晓梦迷蝴蝶，望帝春心托杜鹃。"你一定要把声调读出来，不用模仿我，要用自己的感受和体会读出来，但是你一定要注意到，诗是有平仄的。"托"字，在我们中国旧传统的读音中，是个入声字，所以不能念"tuō"，念"tuò"。"庄生晓梦迷蝴蝶"，这个"蝶"也是入声字，"diè"，不能读成平声，若读成平声，那么"迷蝴蝶（dié）"，三个都是平声，一般的中国律诗或绝句，不可以有三个平声连用，是忌三平，所以一定要念"蝴蝶（diè）"。"庄生晓梦迷蝴蝶，望帝春心托杜鹃。沧海月明珠有泪，蓝田日暖玉生烟。此情可待成追忆，只是当时已惘然。"声音、形象这是直觉的。以前我看过俞平伯先生的一本书，叫《读词偶得》。俞平伯先生在《读词偶得》中，他讲温飞卿的《菩萨蛮》词"水精帘里颇黎枕，暖香惹梦鸳鸯锦"，什么意思？"水精帘"是个名词，"颇黎枕"也是个名词，"水精帘里颇黎枕"，没有一个叙述的情意呀，"暖香""鸳鸯锦"，都是形容词和名词。是什么意思？俞平伯说了，这两句，"千载以下，无论识与不识，解与不解，都知是好言语矣"[1]。这是直觉的，声音好听，形象美丽，这是姚斯所说的第一层次的阅读，"美感的感知性的阅读"。管它懂不懂呢，听起来好听，看起来好看，那就好了嘛，不懂没关系，但是我们喜欢。这是第一层次的阅读。

还有第二层次的阅读，就是"反思的说明性的阅读"（retrospectively interpretive reading）。你光是说"望帝春心托杜鹃，佳人锦瑟怨华年"，

---

[1] 俞平伯：《俞平伯论古诗词·读词偶得》，上海：复旦大学出版社，2006年，第110页。

什么意思嘛？"水精帘里颇黎枕，暖香惹梦鸳鸯锦"，到底什么意思嘛？所以需要一个反思的、说明性的阅读。李商隐的"锦瑟无端五十弦，一弦一柱思华年"，你说看起来很好看，读起来很好听，这些形象都很美丽，这不够，你要想一想，他到底说些什么？"庄生晓梦迷蝴蝶"有一个典故，"望帝春心托杜鹃"有一个典故，这些典故说的是什么？这些都是知性的阅读。《锦瑟》里的"望帝春心托杜鹃"，"春心"，应该是一种多情的感情的心。关于蜀望帝的传说，有两个版本。一个是说，当时蜀国发大水，一个叫鳖灵的人，帮他治了水，然后他就让国给了鳖灵，后来望帝死了，不能忘记他的故国，所以"望帝春心托杜鹃"。当然也有人在里边加了点感情，说望帝叫鳖灵去治水，他就跟鳖灵的妻子好了，后来他又觉得很惭愧，他就把国让给了鳖灵，他自己就走了，也有这样的一个说法。总而言之，他有一颗多情的心，又有一颗怀念故国的心，所以"望帝春心托杜鹃"，一个人怀念过去的一切，说希望再回去，所以杜鹃鸟的叫声是"不如归去"。可是过去的事情，永远都回不去了，失落的也永远得不到了。"沧海月明珠有泪"，是什么意思呢？《文选》的注解说："月满则珠全，月亏则珠阙。"还引了郭宪的《别国洞冥记》记载："味勒国在日南，其人乘象入海底取宝，宿于鲛人之宫，得泪珠，则鲛人所泣之珠也，亦曰泣珠。"《博物志》也记载："南海外有鲛人，水居如鱼，不废绩织，其眼泣则能出珠。"[1]当沧海上月明之时，珠是圆的，珠虽然是圆的，可是珠都是像泪点一样。至于"蓝田日暖玉生烟"，注解上怎么说的呢？《长安志》中说："蓝田山在长安县东南三十里，其山产玉，亦名玉山。"还有一个说法是吴王的女儿《吴女紫玉传》中说："王梳妆，忽见玉，惊愕悲喜，问曰：'尔缘何生？'"

---

[1] 刘学锴、余恕诚：《李商隐诗歌集解》，第1580—1581页。

因为他的女儿本来死了，现在又看见她，以为她复活了。"玉跪而言曰：
'昔诸生韩重来求玉，大王不许。玉名毁义绝，自致身亡。重以远还，
闻玉已死，故赍牲币诣家吊唁。感其笃终，辄与相见，因以珠遗之。不
为发冢，愿勿推治。'"[1] 他拿的珠子，不是他掘坟挖墓得来的。这两段
都是爱情的故事。李商隐说的是，当沧海上朗月光照的时候，珠虽然是
圆的，但是每个珠都是泪点；蓝田山上，当暖日生辉的时候，玉是在烟
霭迷蒙之中的。那到底说的是什么呢？一句一个形象。我们已经有知性
的对于典故的理解了，但是他到底要说什么嘛？一个一个形象我们知道
了，一个一个典故我们知道了，李商隐说，"此情可待成追忆"，这些感
情，可要等到我以后追忆起来才觉得迷茫吗？"只是当时已惘然"，就是
在当时，我已经非常迷惘了。

　　现在，第一层"美感的感知性的阅读"，我们已经有了；第二层
"反思的说明性的阅读"，我们也有了，他到底说的是什么？我们现在
还是不大清楚，所以还有第三层"历史性的阅读"。历史要从两方面来
看，一个是看作者本身的历史，我们说："颂其诗，读其书，不知其
人，可乎？是以论其世也。"[2] 你要看看李商隐的生平，他有什么样的
经历，有什么样的生活，有什么样的感情，这首诗，他在哪年作的？当
时的背景是什么？所以这个历史性的阅读，你可以从作者的历史来读。
历史性的阅读，其实还可以有第二种的意思，就是西方人常常讲的"接受
史"。李商隐这首诗，被历代的读者怎么样接受的，他们都有什么样的说
法。这是另一种读法。

　　我们从接受的历史来说，就会发现，这牵涉到诗人的历史背景。

---

[1] 刘学锴、余恕诚：《李商隐诗歌集解》，第1581页。
[2] 杨伯峻：《孟子译注》，北京：中华书局，1960年，第251页。

我们说，历史有两种情况，一个是接受的历史，一个是诗人当年生平的历史。接受的历史我们可以举几个常见的说法来看：第一个，是最简单的，北宋黄朝英所著笔记《湘素杂记》，以为此诗中四句，乃写"锦瑟之为器也……其声也适、怨、清、和"[1]。他为什么这么说呢？他是把"锦瑟"当作题目了。诗都有个题目，这"锦瑟"就是诗题。既然诗题是"锦瑟"，那诗的内容当然就是锦瑟了。但李商隐的诗不然，李商隐的诗有时候就写《无题》，有时候就把题目的头两个字当作题目，这是《诗经》的办法。《关雎》《硕鼠》《桃夭》，都是把第一句诗里面两个字当作题目。所以这个《锦瑟》不一定就是诗的内容。黄朝英说，古人认为，锦瑟表现了声音的四种境界，一个是"适"，一个是"怨"，一个是"清"，一个是"和"。他说"庄生晓梦迷蝴蝶"就是逍遥自在，就是"适"；"望帝春心托杜鹃"就是"怨"；"沧海月明珠有泪"就是"清"；"蓝田日暖玉生烟"就是"和"。这完全是望文生义，把诗当作谜语来猜。这是第一种说法。

第二种说法，以为"锦瑟"是人名，这完全没有历史根据。说者以为"锦瑟"不但是人名，而且说"锦瑟"是贵人的爱姬，甚至于是令狐楚家的青衣，这见于刘贡父的《中山诗话》，还有《唐诗纪事》。宋人常常写很多短的笔记，说一些传说中的故事，并不见得都是正确的和真实的。这真是望文生义，"锦瑟"是人名，全无历史根据。令狐楚是李商隐的第一个恩主，什么叫李义山的恩主？李义山的出身非常贫苦，李商隐曾经自己写过一篇文章——《祭裴氏姊文》[2]，是祭祀他的姐姐的，就写到他们家的遭遇。他说"年方就傅，家难旋臻"，我的年龄正

---

[1] 刘学锴、余恕诚：《李商隐诗歌集解·笺评》，第1581页。

[2] 刘学锴、余恕诚：《李商隐文编年校注》，北京：中华书局，2002年，第814页。

在"就傅"——应该跟老师去读书的时候，"家难旋臻"——我们家的不幸就降临了。因为他的父亲去世了，他是最大的男孩子，男孩子要负起家庭的责任。他是河南人，可是他父亲在江南做官，他父亲在江南去世了，没有官做了，他们家里就无以为生了，就要回到河南的老家去。他是男孩子，是长子，"躬奉板舆，以引丹旐"，他要自己送灵柩，打着引魂的幡回到故乡去。回到故乡去以后，因为他们离开故乡很久了，故乡连他们的户口都没有了，无家可归。那无以为生，他做什么呢？他说他就"佣书贩舂"，"佣书"就是给人家做抄写的工作，因为唐朝那个时候，印刷还没有流行，所以都是用手抄写的，所以他就给人家做抄写的工作。抄写的工作不能养家，还要"贩舂"，"舂"是舂米、捣米。他说"贩"，是卖劳力。所以他给人家抄书，给人家捣米，要养他的母亲和家中兄弟姐妹。但是他刻苦读书，十几岁写的古文就非常好了。当时令狐楚到河南来做地方的官长，李商隐拿文章给令狐楚看，令狐楚就欣赏他的文章，是他的第一个府主。李商隐一生仕宦不得志，都不能真正留在朝廷做官，他都是到外地去，到别人的幕府之中。幕府就是外地的地方长官。李商隐这人很不幸，他不但不能留在朝廷做官，而且凡是欣赏他的幕府府主，都是很不幸的。李商隐的第一个府主是令狐楚，就在李商隐考上进士的那一年，令狐楚死去了。也有别的人曾经欣赏过他，我们现在还来不及讲，比如后来他曾经被充海观察使崔戎所欣赏，崔氏很快就死去了；其后到桂管观察使郑亚的府中，郑亚不久就被贬官了；他曾经在柳仲郢的幕府之中，柳仲郢很快就被调职回朝了。李商隐平生到很多幕府做官，但都是非常短暂的，而且他的府主，不是死了，就是贬官了，他从来就没有机会长久做官，所以他生平是很不幸的。在这种不幸的生活之中，你说李商隐跟他府主家里的人谈恋爱，那是根本不可能的事情，历史上也丝毫没有记载。他们喜欢这样猜测的缘故，只是因为李商隐喜欢写一些爱情的诗，像"贾氏窥帘韩掾少，宓妃留枕魏王才"，说的就是男女的感情。而且李商隐年轻的时候，没有考入进士以前，曾入山学道，与女道士有来往，但他跟女道士没有什么真的爱情故事。李商隐这个人，他会写出很好的诗来，他有时候也会写一些游戏的文字，所以容易让别人对他有误会。李商隐的文集中有一篇《上河东公启》[1]，河东是柳氏的郡望，柳仲郢是他幕府的府主。李商隐的妻子死后，柳仲郢想给他介绍一个女子让他再婚，李商隐在《上河东公启》里说，"至于南国妖姬，丛台妙妓"，"丛台"是战国时赵武灵王筑的高台，用来阅兵和观赏歌舞，李商隐说，虽然在我的诗文里，有时候会写一些"南国妖姬，丛台妙妓"，但是"实不接于风流"，但是我实在是没有跟这些风流女子有任何来往的情事，而且他在妻子死后坚持没有再结婚。所以大家的说法，说他跟府主家里的女子有什么来往，是不可信的事情。

我们讲历史性的接受，结合着李商隐的历史和后人对《锦瑟》接受的历史来看，还有第三个说法，以为《锦瑟》是李商隐妻子死后他的悼亡诗。我们现在就来考察一下，他妻子死后，跟这首《锦瑟》诗有什么关系。李商隐有一首《房中曲》，诗中说："蔷薇泣幽素，翠带花钱小。娇郎痴若云，抱日西帘晓。枕是龙宫石，割得秋波色。玉簟失柔肤，但见蒙罗碧。忆得前年春，未语含悲辛。归来已不见，锦瑟长于人。今日涧底松，明日山头檗。愁到天池翻，相看不相识。"[2] 这首《房中曲》，是写闺中夫妻之间感情的一首乐府诗。我们来不及讲全这首诗，这首应该是他妻子死后的悼亡诗，怀念他跟妻子的生活，前面

---

[1] 刘学锴、余恕诚：《李商隐文编年校注》，第1902页。

[2] 刘学锴、余恕诚：《李商隐诗歌集解》，第1145页。

是回忆，"蔷薇泣幽素，翠带花钱小。娇郎痴若云，抱日西帘晓"，写他们夫妻过去美好的生活。"枕是龙宫石，割得秋波色"，古代都是硬的枕头，玉的枕头、石的枕头、水晶的枕头，他说他的枕头是龙宫石。龙宫石是一种很美丽、有光彩的石头，女子的头枕在这个枕头上，她的秋波——她眼睛的光彩，跟这个枕头的光彩相映衬。"玉簟失柔肤，但见蒙罗碧"，本来他们的席子上，有他妻子的柔肤映衬在上面，现在"但见蒙罗碧"，只能看见席子的颜色了。"忆得前年春，未语含悲辛"，李商隐总是在外边辗转流离，在幕府之中给人家做文书的工作，他的妻子和儿女，往往都是寄寓在他的岳父家里。他说我记得我前年回来的时候，他的妻子"未语含悲辛"，他们夫妻总是会少离多，我想他妻子那时候身体已经不大好了，可是她没有办法留住李商隐，因为李商隐在长安找不到工作，为了养家糊口，他不得不一生一世都漂泊在各地的幕府之中，而且哪个幕府都不能长久，过不了多久，不是这个府主离职了，就是那个府主去世了，或者是府主被贬。虽然有人很欣赏他，可惜都不能长久。过去你在一个幕府里做事做得好，幕府的主人回朝了，你就跟着他回朝，幕主的官做得高了，你也就跟着做官高了，可是李商隐从来没有这样幸运的事情。所以虽然他妻子身体已经不好了，"未语含悲辛"，可是他还是要走。等到他再回来，他的妻子已经去世了，"归来已不见，锦瑟长于人"，只有他妻子过去弹的锦瑟还挂在墙上。"今日涧底松，明日山头蘗。愁到天池翻，相看不相识"，两个人就永远地离别了。我们知道，这首诗与他妻子是有关系的，他妻子可能会弹锦瑟。所以有人就认为，《锦瑟》诗是"悼亡诗"。但为什么前面说"锦瑟无端五十弦"，他妻子没有活到五十岁。有人说"一弦一柱思华年"是自叙，写他自己，像陈省身先生在我八十岁的时候送我一首诗，说"锦瑟无端八十弦，一弦一柱思华年"，可是李商隐死的时候只有四十多岁，并没活到五十岁。而且我们现在弹的锦瑟不是五十根弦，一般是二十五根弦。关于"锦瑟"，还有个说明，《周礼乐器图》："雅瑟二十三弦，颂瑟二十五弦，饰以宝玉者曰宝瑟，绘文如锦者曰锦瑟。"[1] 所以"锦瑟"是很美丽的瑟，上面有像织锦似的花纹。另外还有一个故事，《汉书·郊祀志上》说："泰帝使素女鼓五十弦瑟，悲，帝禁不止，故破其瑟为二十五弦。"[2] "泰帝"，古代传说中的一个皇帝，他让一个叫素女的女子，"鼓"就是弹，叫素女弹五十根弦的瑟。"悲"，这五十根弦的瑟弹起来，调子非常悲哀，"帝禁不止"，泰帝就说不要弹了，五十根弦的瑟弹起来太悲哀了，"故破其瑟为二十五弦"，所以就把五十根弦的瑟破开，变成了二十五根弦。后来很多瑟都是二十五根弦的瑟了。有人以为"锦瑟无端五十弦"是锦瑟被破开了，破开就是断弦，当然就是他妻子死了。可是李商隐在诗里没有提"断"字，他说"锦瑟无端五十弦"，他没有说二十五弦。有人就根据"锦瑟"和"五十弦"来推测这首诗是悼亡诗。

还有人以为，此乃自伤之辞。张采田就认为："'沧海''蓝田'二句，则谓卫公毅魄久已与珠海同枯，令狐相业方且如玉田不老。"[3]这就是比附了李义山的生平。说"沧海月明珠有泪"，是说李魏公李德裕。当时的党争是李德裕跟牛僧孺，李魏公后来不但被贬到了珠海，而且死在那里了，所以说"与珠海同枯"。"蓝田日暖玉生烟"，是说这么美丽的山上的暖日生烟，是说的令狐绹的相业，令狐绹是令狐楚的儿子。令狐楚很欣赏李商隐，李商隐考了两次都没有考上，后来有一个主考官是令狐绹的朋友，问令狐绹，说你们家里，你父亲的手下，哪个年轻人

---

[1] 刘学锴、余恕诚：《李商隐诗歌集解》，第1579页。

[2] 同上。

[3] 刘学锴、余恕诚：《李商隐诗歌集解·笺评》，第1595页。

出色呢？令狐绹说李商隐。后来李商隐就考上了。在唐朝一般要有人在朝廷为你美言几句，你就考上了，要不然这么多考生，尤其是用文章来考，各有各的好处，取谁不取谁呢？所以王维一到长安，就让人介绍到公主府中，又作诗又弹琴，公主马上就欣赏他，而他也很快就考上了。白居易到长安，也拿诗给人家看，顾况开他玩笑，说"长安百物贵，居大不易"，但当看到他的《赋得古原草送别》"离离原上草，一岁一枯荣。野火烧不尽，春风吹又生"，就说："有句如此，居天下有甚难。"[1]可见在唐朝的时候，诗人都是要先把自己的作品在贵人中间传播，以获取一种名声。杜甫也曾经将自己的作品呈给韦左丞，还写有一首赠韦左丞丈济的诗，说："甚愧丈人厚，甚知丈人真。每于百僚上，猥诵佳句新。"[2]李商隐是因为有了令狐家帮忙后，才考上了。令狐是牛党。可是李商隐一考上进士，马上被王茂元看中了，王茂元就把女儿嫁给他了。而王茂元，是李德裕的一党，和李党有关，所以令狐绹终生对李商隐不满，认为他背弃了令狐楚。他们令狐家是牛党，可是李商隐娶的是李党的女儿，所以李商隐就陷在党争之中。这不是传说，你要用李商隐的诗来证明。李商隐写过一首诗《九日》："曾共山翁把酒时，霜天白菊绕阶墀。十年泉下无消息，九日樽前有所思。不学汉臣栽苜蓿，空教楚客咏江蓠。郎君官贵施行马，东阁无因得再窥。"[3]"九日"就是九月初九重阳节，这天饮菊花酒，这是古人的习惯。而且你要知道菊花，我们北方不叫它菊花，叫九花。所以九月九日饮九花酒，都是九，不管你是一二三五六七八的"九"，还是长久的"久"，都是"久"的音，所以

---

[1] 谢思炜：《白居易诗集校注》，北京：中华书局，2006年，第1042页。

[2] 杜甫：《奉赠韦左丞丈二十二韵》，仇兆鳌《杜诗详注》，北京：中华书局，1979年，第73页。

[3] 刘学锴、余恕诚：《李商隐诗歌集解》，第1027页。

是有祝人长寿的意思。他说，到了重阳节，我就记得从前跟一位老先生一同饮酒。怀念的是令狐楚，第一个欣赏他的人。当年是"霜天白菊绕阶墀"，秋天下过霜以后，天高气爽，万里晴空，那叫"霜天"。天上是碧蓝的天空，在他们令狐家阶下的庭园之中，地上栽的是白色的菊花。现在令狐楚死了十年了，"十年泉下无消息"，死去的人再也没有消息了。人真是有命运，就在李商隐考中进士的那一年，令狐楚死了。王国维写过一篇文章叫《释理》[1]，就是讲道理。说天下有什么是可以依据的，真正有一个是非的道理？这个就一定是是，那个就一定是非，有吗？王国维说，"此亦一是非，彼亦一是非"，这个时代有一个是非，那个时代有一个是非，这个国家有一个是非，那个国家有一个是非，你有你的是非，他有他的是非，"理"是没有办法争清楚的。王国维还写了《论性》，他说人类天性之中善与恶存在永恒不断的战争。每个人天性里面都有善有恶，就看你自己能够掌握多少。你自己能够使你的善——这个智慧的、明亮的、美好的、有德性的根基增长，还是使你的恶——那个邪恶的、奸诈的、诡诈的、毒恶的心增长？他说，人类是善与恶永恒的斗争，在你每天的斗争之中，是你的善胜了，还是你的恶胜了？这个真是关系你自己，也关系到国家，关系到整个的生命的一个问题。所以王国维说善与恶是人类天性中永恒的斗争。他还写过一篇《原命》，他说，人各有命，你一时之间遭遇的幸与不幸这是一种命，你天生来的智愚贤不肖，你的禀赋不是你能够掌握的，你生下来是聪明的还是愚笨的，你生下来是美丽的还是丑恶的，是你的身体美？是你的灵魂美？他说人生来就不一样。所以如果按王国维的想法，不管就"理"而言，还

---

[1] 王国维：《论性》《释理》《原命》，《王国维集》，周锡山编校，北京：中国社会科学出版社，2008年，第259—283页。

是就"性""命"而言，人类是无可掌握的，这当然是王国维的一种想法。可是人之所以为人，就是孔子说的，要有一种持守和修养，要做到"贫贱不能移，富贵不能淫，威武不能屈"，是在于你自己培养的，你把哪一方面培养得更好呢，把哪一方面能够消灭掉呢？这个掌握是在你的。所谓"命"是掌握在你的，你种什么样的因，就得什么样的果。以命运来说，李商隐他刚考中进士的那一年，他的恩主去世，"十年泉下无消息，九日樽前有所思"，又到了九月九日重阳节，怎么能不怀念从前令狐楚对我的赏爱和恩惠？可是现在他的儿子令狐绹，他"不学汉臣栽苜蓿，空教楚客咏江蓠"。"苜蓿"是一种喂马的草，说汉朝的人要得千里马，需要先培养给马吃的这种植物。我们向来用名马比喻人才，说要培养千里马，要先为它创造好环境，招来这个千里马。现在你不学汉朝的臣子看重千里马，这是说令狐楚的儿子令狐绹，做了宰相不给国家求人才。我们见到天之生才不易，上天能够生下一个人才来，是多么不容易的事情。你如果能遇到一个人才，你真的应该欣赏他，应该珍重他，应该爱惜他；你如果是个人才，遇到一个能够欣赏爱惜你的人，你是何等幸运。可是，现在令狐绹不懂得珍重、爱惜李商隐的文才，所以"空教楚客咏江蓠"，我就像屈原——那个楚客一样，写《离骚》——叹息他的不被任用，叹息他没有好的遭遇。后边两句说得非常明显，对令狐绹的不满，"郎君官贵施行马"，"郎君"，就是年轻人；"施"，就是放下；"行马"，是栏杆、铁网，用来阻止车马往来的。李商隐说，你做官做得越来越高，门前有很多防护，都不让我进去了。"东阁无因得再窥"，"东阁"是当年我跟你父亲重阳节饮酒赏菊的地方，现在我求见你一面都见不到了，更不用说你现在给我加一个援手，没有这样的机会了。所以李商隐有他种种的不幸，他的诗里边，有些是慨叹党争，慨叹令狐绹对他的冷漠，这是可能的。可是你说"沧海月明"就是说李德裕，"蓝田日暖"就说的是令狐绹，这就太勉强了。

还有现代的解说，我在台大教书的时候，有一位女学者，她在台湾的师大教书，名字是苏雪林，也是当年的一个女作家，苏雪林在台湾出了一本书，叫作《李义山恋爱事迹考》。有些人对于李商隐感兴趣，就觉得李商隐的诗都是爱情的诗，"相见时难别亦难"，都是爱情的诗啊，有人就专写一本书，专写李商隐爱情的故事。李商隐有爱情诗这是绝对不假的，爱情是每个人——我们说"心理东西本自同"，古今的心理本自同——年轻人有爱情当然是正常的现象，李商隐一定是有爱情诗的，但是把所有的诗都说成是爱情诗这就太勉强了。不但说是爱情诗，这位苏雪林女士还是一位作家，很富于想象，她说"锦瑟"是李商隐跟宫女约会的暗号。说李商隐与宫女飞鸾、青凤谈恋爱，李商隐要见这两个宫女，就叮叮当当弹乐器、弹锦瑟，宫女就偷偷溜出来。李商隐不仅跟府主的女子约会，还跟皇宫里面的宫女约会，约会就弹锦瑟，这些都是想象之词。以上这些都是中国传统的说诗的办法，或望文生义，或比附政治、爱情。

（三）西方文论中的诗歌解读

以上我们把三种阅读的层次，第一个"美感的感知性的阅读"，第二个"反思的说明性的阅读"，第三个"历史性的阅读"都讲了。他们这些说得对吗？学习读诗、讲诗，怎么个读法，怎么个讲法？西方的文论还有很多不同的流派，很多不同的批评的角度，我们不妨拿来多做些参照。

在上个世纪二十年代的时候，曾经流行过一个叫作"新批评"（new criticism）的流派。既然有"新"，当然就有"旧"，如果这个是"新批评"，那什么是"旧批评"呢？在西方的批评界，他们过去古老的批评的方法，跟我们中国的古老的批评的方法是非常接近的，就是要推原这个作者。我们要用作者的生平来证明，即如杜甫写的一首诗《至德二载，甫自京金光门出，间道归凤翔。乾元初从左拾遗移华州掾，与亲故别，因出此门，有悲往事》。你查一查唐朝的历史，至德年间发生什么事情了，乾元年间发生什么事情了，至德二载杜甫在做什么，乾元元年杜甫在做什么，好，你要读杜甫的诗，你要把这些历史背景弄清楚了，这对于研究杜甫来说，这是必要的，这是很好的，应该这样，因为杜甫是写实的，他的诗都反映了当时历史的现实。西方的这个文学批评最古老的办法，本来跟中国一样，就是说作者的生平——作者是在什么样的背景下写的这首诗，作者这首诗如果写的是爱情诗，他当时在哪里生活，有没有跟一个人在谈恋爱，你用历史来说明。这个"历史性的阅读"有这样的一种可能性，就是刚才我们说的，有三个层次嘛，有历史性的阅读，所以历史性，第一是作者写作的历史。

可是呢，到了上个世纪二十年代的时候，西方出现"新批评"流派，就是从传统的研究作者、作品的历史跟背景的这种研究方法走出来了，他们认为，一篇作品的好坏不在于它外表的历史事实。上个世纪六十年代，我写了《杜甫秋兴八首集说》，很厚很大的一部书。1966年我被邀到哈佛大学去时，那个时候台湾刚刚把我这本书出版了，所以我就带去了几本新书，送给哈佛的一些同事和朋友。当时有一个人梅祖麟，与另一个人高友工，都是美国很有名的学者，我把书送给他们以后，他们两个人就合写了一篇论文《杜甫的〈秋兴〉——语言学批评的实践》[1]，是从语言学来看杜甫的《秋兴八首》。就是你除了从中国传统的历史来看《秋兴八首》以外，现在他们是从语言学来看《秋兴八

---

[1] Tsu-Lin Mei & Yu-kung Kao, "Tu Fu's Autumn Meditations: an Exercise in Linguistic Criticism," *Harvard Journal of Asiatic Studies*, 1968(28): 44-80.

首》。因为他们说了，一首诗的好坏不在于你所写的是什么，而在于你怎样去写。因为杜甫是忠爱的就好吗？忠爱对于人，当然是好的，但是不是说所有的忠爱的人，就会写出好的诗来？所以诗的好坏，与这个作者的历史，与这个作者是一个怎么样的人，并没有必然的关系。诗的好坏，作品的好坏，你要脱离作者来看。所以西方的文学批评有几个转变，现在他们的研究重点从作者转移到作品了。所以你要批评一首诗的好坏，你不能说他是个好人就写好诗，很多好人不写诗呢，是不是？你不能从这个人来说诗。诗的好坏要从诗来说，所以你应该把重点放在诗的本身，这就是所谓"新批评"。

"新批评"主张，你要批评一首诗的好坏，不是看它的历史，不是看诗的作者，你要看这个作品，所以你要close reading, you have to read closely，就是你要很仔细地去阅读，一个字都不要放过，一个声音都不要放过。当然西方的文学批评理论，那真是太丰富了，千差万别。所以后面有人又提出了microstructure，就是所谓"显微结构"的说法。王国维欣赏南唐中主的《摊破浣溪沙》词，说"菡萏香销翠叶残，西风愁起绿波间"，大有众芳芜秽、美人迟暮的悲慨。那是"菡萏香销翠叶残"可以引起人这样的悲慨，如果同样的意思，你换一个说法，你说"荷花凋零荷叶残"，就不能给人这样强烈的联想了。所以诗的好坏，能不能引起读者的联想，在于你的语言，你要仔细地来研读这个诗的语言，分析它。因为你说"菡萏"，"菡萏"是古老的语言，是《尔雅》里边的语言，与现实有一个距离，因此有一种古雅的美感。"香销"，都是x的声音，声音上有一种慢慢消逝的感觉。如果说"荷叶残"，这只是一个说明；而"翠叶残"，"翠"字，就表现出那种珍贵，那种美好，那种颜色。你把整句结合起来。"菡萏"的古雅，"香"的芬芳，"翠"的珍贵，而所有的这些美丽的形容词和名词中间，只有两个动词，一个就是

"销"，一个就是"残"。所以，不在你说的是什么，而在你怎样去说，"菡萏香销翠叶残"，所有的美好的都消失了，它不只是说明，它整个的形象、语言，给你一种直觉——所有的珍贵和美好全都消逝了。所以一首作品的好坏，你要close reading，要仔细去读。

而且"新批评"又说了，你如果只从作者的本意来说，那就是一种意图谬误（intentional fallacy）。fallacy就是错误，intentional是人的意向。说我的意念是好的，我是好意的，好意就能写出好诗来吗？不一定的，所以这是个意图谬误，就是一种错误。再如说这首诗我看了很感动，一边看一边流泪，一定就是好诗吗？余光中说的有一种"半票读者"，看电影哭得一把眼泪、一把鼻涕的，说我手绢都哭湿了，这就代表所看的电影是一部好电影吗？并不必然。你要从艺术的眼光来看，从这个作品所表现的人生哲理来看，它不一定是一个有深度的好的作品，它以廉价的悲剧赚取那无知的、喜欢动感情的少男少女们的眼泪，不见得就是一篇好的作品，所以这是感应谬误（affective fallacy）。而且西方的文学批评，那些流派，我读它们的时候，我真是佩服他们那些人，那个脑筋之细腻，分析得非常仔细。而且我还发现，我看的这些西方文学理论家，是跟我差不多年代的人啊。你要知道，像提倡新批评的这个艾略特（T.S.Eliot），可能是比较早的，他的生卒年是1896—1982。可是我刚才所说的姚斯，他是1921年生人，比我只大3岁，我是1924年生人。所以我觉得跟我同时代的这些西方批评家，他们真是了不起。

我现在还要再举一个，就是刚才我所说的"显微结构"，这是安伯托·艾柯（Umberto Eco）在《符号学原理》（*A Theory of Semiotics*）[1]这本书中所提出来的。这个艾柯哪年生？1932才出生，比我还小好几岁

---

[1] Umberto Eco，*A Theory of Semiotics*，Bloomington：Indiana University Press，1976.

呢，所以我觉得这些人真的是了不起。

现在你知道西方批评的重点，从作者转移到作品，而且对于作品有这么多的说法。可是他们没有停止在这里，只到这个作品这里，那批评的理论就还没有完成。因为假如这里没有一个读者，你就是写得再好，你放在那里，像《锦瑟》，不认字的人，这首诗与他毫不相干；没有诗歌修养的人，一眼看过去也毫不相干。所以，现在就说到"接受美学"了，我现在引了一个人的作品，是莫卡洛夫斯基（Jan Mukarovsky），这是个捷克人，所以你看他的名字有点儿奇怪，他有一本书叫作《结构、符号与功能》（*Structure，Sign and Function*）[1]。他说，一个作品，比如说《锦瑟》，你就放在那里，一个不懂诗的人，对于诗没有兴趣、没有了解的人，看过去就看过去了，对他不发生作用。在这种情况下，这个《锦瑟》，这篇诗，只是一个艺术的成品(artifact)。它什么时候才有美感的价值？是当一个读者，欣赏了它，它就变成了一个美感的客体（esthetic object），一个美感的对象了。所以你现在知道，文学批评的重点，从"作者"到"作品"，现在要转移到"读者"了。因为没有读者的话，这个作品没有生命，它就是一个艺术的成品，得到读者的阅读欣赏之后，它才是一个美感的客体。所以现在就到读者的作用了。

那么我们再回过头来看，关于对读者的重视，这是上个世纪二十年代，德国康茨坦斯大学流行起来的一个学派的看法。当时德国康茨坦斯大学曾经出过一本杂志——《诗学与诠释学》（*Poetik und Hermeneutik*）。这个德国与法国的文学批评真的是兴盛。你看他们那个时候那些作者真是厉害。而且我很欣赏的一个女性的文学批评家朱丽

---

[1] Jan Mukarovsky, *Structure，Sign and Function*，New Haven：Yale University Press，1978，C1977.

亚·克里斯特娃（Julia Kristeva），就是在那个时候到的法国，而且她还能创作，还能写小说，还到过中国，写过中国的妇女。一般都认为我们妇女只有感性，缺少理性，没有思辨性，顶多很感动，一下大叫，一下大哭，都是很直觉的感受，没有思辨，没有反省，缺少理论素养。可是朱丽亚·克里斯特娃真的是了不起，真的是写得好，她就是在上个世纪二十年代，加入到德国、法国这批作者之间来的。在这个时候，他们提出"读者反应论"（reader response）。所以你看西方的文学批评，从"作者"转移到"作品"，现在已经从"作品"转移到"读者"了，而且从"读者"转移到了"读者的接受"。当时，很有名的一个接受美学家沃尔夫冈·伊塞尔（Wolfgang Iser），写了一篇文章叫《阅读过程：一个现象学的探讨》（"The Reading Process: A Phenomenological Approach"）[1]，即从现象学的角度去讲读者的阅读过程。阅读过程与现象学有何关系？现象学认为，宇宙人生，一切的理论的由来，都是由人的意识（conscious）接受到宇宙之间的这些现象（phenomenon）而来的。于是他用这个理论来反省，说文学作品的评赏，有两个极点（two poles）：一方面是作者，创造了这一篇作品；一方面是读者，接受了这一篇作品。而作品是作者跟读者之间的媒介。作者创作的时候，他的意识是怎样活动的？你作为读者，接受的时候，你的意识又是怎样活动的？

　　然后，西方的文论一步一步发展过来，就发现，那我们有一个作品，我们有这个读者，我们这个读者要接受这个作品，我们要给这个作品一个诠释（interpretation）。就像我们说《锦瑟》，对于这首诗，你要怎样给它一个诠释呢？这就是"诠释学"（hermeneutics）。然后，他们

---

[1] Wolfgang Iser, "The Reading Process: A Phenomenological Approach, " *New Literary History*, Vol.3, No.2, 1972: 279-299.

研究"诠释学"的发展，就发现，"诠释学"不是客观的，没有一个人可以找到这个作品的真正的原始的意义。没有！因为你不是那个作者，你永远不会回到那个作者的原意里边去。你所有的诠释，你所有的这些解释，都是从你这个诠释的人的意识里边发出来的。所以他们就给了它一个名字，就是伽达默尔（Gadamer）的《哲学的诠释学》（*Philosophic Hermeneutics*）[1]这本书里面所说的"诠释的循环"（"hermeneutic circle"）。诠释学本来发源于《圣经》，Hermes据说是传达上帝旨意的一个传信的使者。所以，他们从宗教发展到文学、哲学之中来，就有了这个诠释学的学科。而他们说诠释是个"循环"，什么叫一个"诠释的循环"？就是我们诠释李商隐的诗，我们自己绝对不可能回到李商隐本来的意思，我给它的诠释是我，透过我的意识给它的诠释，从我到作品，最后还是回到我自己来了，所以诠释是一个循环。那么他就说了，你要把你解释的意思分成两种，一个就是本义（meaning），一个是衍义（significance）。作品原来的意思究竟是什么，这是你永远不会再找回来的。我们所有的诠释都是我给它的衍义，是我推演出来的李商隐的意思。

为了解说李商隐的诗，我对西方文论的演进历程做了以上简单的介绍。下面我还要更进一步引入一个名词，就是意大利的学者弗兰哥·墨尔加利（Franco Meregalli）在其《论文学接受》[2]一篇论文中所提出来的"创造性背离"（"creative betrayal"）的说法，这是一篇谈文学之接受的文章。我很喜欢这个名词，翻译成英文——因为我不会意大利文——叫作 creative betrayal。就是说，当我们解释一个作品的时候，我们是以这个作品为基础，有了我们自己的创造，而且我们创造的时候，可能违

---

[1] Hans-Georg Gadamer, *Philosophic Hermeneutics*, translated by David E. Linge, Berkeley: University of California Press, 2008.

[2] Franco Meregalli, *Sur La Reception Literaire*, Revne de Literaire Comparee, 1980.

背了它的原义。这说得非常好，但是你不要以为，西方的理论这么新，在中国传统中，这个"创造性背离"从哪里开始的？从孔子就有了。我们讲西方的文论，现在我们讲中国的诗论。《论语》上说："子贡曰：'贫而无谄，富而无骄，何如？'子曰：'可也；未若贫而乐，富而好礼者也。'子贡曰：'诗云："如切如磋，如琢如磨。"其斯之谓欤？'子曰：'赐也，始可与言诗已矣，告诸往而知来者。'"[1] 这与诗歌的本义完全背离了嘛！然后《论语》中还有一段记载："子夏问曰：'"巧笑倩兮，美目盼兮，素以为绚兮。"何谓也？'子曰：'绘事后素。'曰：'礼后乎？'子曰：'起予者商也！始可与言诗已矣。'"[2] 子贡、子夏说的都不是诗的原义，都是从诗产生出来的感悟和联想，但是却是因此而被孔子赞美的。董仲舒的《春秋繁露》说："诗无达诂，易无达占，春秋无达辞。"[3] 这个跟西方文论说的诠释学是近似的，都是说没有一个客观的诠释，每个读者有不同的体会、不同的解释。我们后边还举了类似的说法，像周济的《宋四家词选·目录序论》说读词的人："读其篇者，临渊窥鱼，意为鲂鲤，中宵惊电，罔识东西。"[4] 读一首词，就好像你在深水边上看鱼，有鱼的影子，但你说不出来是什么鱼，是鲂鱼还是鲤鱼呢？半夜一个闪电过去了，你也看见这个闪电了，这闪电是东西方向的还是南北方向的呢？这我们也难以说清楚。所以我写李商隐《燕台四首》，我说我是下水去摸鱼，不知道它是什么鱼，看不清楚。

有一位真正背离作者的原意，而真正欣赏得很高明的，是王国维。王国维《人间词话》里边有一段话说："古今之成大事业、大学问者，

---

[1] 杨伯峻：《论语译注》，北京：中华书局，1980年，第9页。

[2] 杨伯峻：《论语译注》，第26页。

[3] 苏兴：《春秋繁露义证》，钟哲点校，北京：中华书局，1992年，第95页。

[4] 周济：《宋四家词选·目录序论》，唐圭璋编《词话丛编》第39种，北京：中华书局，1986年，第1643页。

必经过三种之境界：'昨夜西风凋碧树。独上高楼，望尽天涯路'，此第一境也。'衣带渐宽终不悔，为伊消得人憔悴'，此第二境也。'众里寻他千百度，回头蓦见，那人正在，灯火阑珊处'，此第三境也。"[1] 王国维自己说了，他说这三种境界，举的都是前人的词的例证，"此等语"，能够说出这样话来的，"皆非大词人不能道"，不是真正好的词人不会写出来有这么丰富的含义的语言、作品，"然遽以此意解释诸词"，可是我用这些说法来解释前面这些人的词，"恐为晏、欧诸公所不许也"，恐怕原来的作者不会同意的。因为他背离了作者的原意。

"创造性背离"，听起来这么生疏的一个西方的名词，可是我拿来看王国维的词话，我觉得恰好可以说明这个问题。王国维所说的这三首词，作者原来是什么意思？"昨夜西风凋碧树。独上高楼，望尽天涯路。"这是晏殊的词，而中国古代的词从《花间》词到宋词，都是写的相思怨别，都是闺中的思妇，都是爱情的小词。为什么词都是爱情的小词？因为词在开始的时候根本就是歌词（song words），是在歌筵酒席之间，交给那些个歌女唱的。像小晏说的，"轻红遍写鸳鸯锦，浓碧争斟翡翠卮"，这些歌女穿着美丽的衣服，找一个诗人在她的衣带上题几首词，是这样的场合写的词，都是给美女写的词。给美女写词能够写"路有冻死骨"吗？不能。所以都是写的美丽的男女的爱情的歌词。所以晏殊这首词也写的是爱情的歌词。宋代学者也曾经产生过疑问，说，我们这些个道貌岸然的学者，能够写那些个恋爱的小词吗？所以有一个学道的僧人法云秀，"尝谓鲁直曰：'诗多作无害，艳歌小词可罢之。'鲁直笑曰：'空中语耳。'"[2] 黄山谷说，我写爱情的小词就是为给歌曲创造个

[1] 王国维：《人间词话》，第6页。
[2] 惠洪：《冷斋夜话》，北京：中华书局，1988年，第76—77页。

歌词，我不是真跟哪个女人谈了恋爱了，是空中的语言。这就很妙了，中国小词的妙处，就在它写的都是爱情，可是不一定真有爱情这件事情。晏殊，是北宋仁宗朝的宰相，他写的什么呢？"槛菊愁烟兰泣露。帘幕轻寒，燕子双飞去。"[1] 前面都是写的秋天的景色；下面说了，"明月不谙离恨苦，斜光到晓穿朱户"，我昨天晚上在明月夜的月光之下，我一夜的相思怀念。第二天早晨起来，"昨夜西风凋碧树"，昨天晚上西风刮了一夜，把我窗前的树叶都吹落了，我怀念的远人没有回来，我就"独上高楼"，我一个人上到高楼上，"望尽天涯路"。我看天边有没有人骑着马回来了。台湾有一个很有名的诗人郑愁予，写过两句有名的诗："我达达的马蹄是美丽的错误／我不是归人，我是过客……"[2] 登上高楼远望，嗒嗒的马蹄声，一个骑马的人过去了，不是归人，是过客，也正如温庭筠一首词说的"过尽千帆皆不是"[3]。所以这个思妇独上高楼，望尽了天涯路，她所怀念的人没有回来，这是一首相思的爱情的词。

第二句"衣带渐宽终不悔，为伊消得人憔悴"[4]，这是柳永的一首词，也是说相思的。因为衣服的衣带宽了就表示瘦了，所以"衣带渐宽"，我为相思怀念，我憔悴消瘦了，衣带渐宽我不后悔。"为伊"，为那个我所爱的人，"消得"，我是值得奉献的，"人憔悴"，我为他憔悴是值得的，这个人是值得我为他憔悴消瘦怀念相思的。这也是爱情的词。

第三个词举的是辛稼轩的一首词，"众里寻他千百度。蓦然回首，那

[1] 晏殊：《鹊踏枝》，唐圭璋编《全宋词》，北京：中华书局，1965年，第91页。

[2] 郑愁予：《错误》，《郑愁予诗的自选》（Ⅰ），北京：生活·读书·新知三联书店，2000年，第11页。

[3] 温庭筠：《梦江南》，《温庭筠全集校注》，刘学锴校注，北京：中华书局，2007年，第1018页。

[4] 柳永：《凤栖梧》，唐圭璋编《全宋词》，第25页。

人却在，灯火阑珊处"[1]。有一次我问我的学生，我说"那人"写的是谁？他们说一定是辛弃疾约会了一个人要见面，一定是一个女子。其实这首词，我们课本上也有选的，但是我有一个看法，我认为稼轩所说的"那人"，其实是稼轩自己，稼轩自己还要寻吗？你要看我们刚才讲的第一个西方的理论，汉斯·罗伯特·姚斯说阅读有三个不同的层次，"美感的感知性的阅读""反思的说明性的阅读""历史性的阅读"，大家读这首词的时候，都只看词，没有真正找到它的意思。我觉得在中国词里边有两首词，一个是苏东坡的《杨花词》，一个是辛稼轩的这首词，里边都有很深的意思。一般的人只看表面都没有看出来。你需要知道历史的背景，如中国古人所说的："颂其诗，读其书，不知其人，可乎？是以论其世也。"你要知道稼轩什么时候写的这首词。在元宵节的灯夜，有这样热烈的庆祝，是在南宋的什么时期？包括李清照所写的一首元夜的词你都要放在这个历史的背景下面去看。什么背景？是当岳飞被杀了以后，南宋完全放弃了反攻的理想、安于逸乐的时候，是宋朝人所说的"直把杭州作汴州"的时候，就是在这种众人都耽溺于享乐，把国家的危难、土地的沦亡完全都忘记的时候。所以你看辛稼轩这首词，前半首："东风夜放花千树，更吹落，星如雨……凤箫声动，玉壶光转，一夜鱼龙舞。"写的都是繁华，都是元宵的盛世，"宝马雕车香满路"。就是在这种繁华的、安于偏安的、"直把杭州作汴州"的、再也不想反攻的情形之下，一个"壮岁旌旗拥万夫"——来到南宋的辛稼轩，满心的悲慨——"蓦然回首，那人却在，灯火阑珊处。"这是说的稼轩他自己。讲词的人平白地猜，"那人"是谁，他约会了哪个女子，这是浅之乎读词，浅之乎视稼轩，没有看到他真正的本意。那么现在王国维说的，当

---

[1] 辛弃疾：《青玉案·元夕》，唐圭璋编《全宋词》，第1884页。

然不是他的本意，王国维也不是要说他的本意。王国维用古人这些写爱情的小词，晏殊的"昨夜西风凋碧树"，柳永的"为伊消得人憔悴"，表面上稼轩写的也是爱情，我等待一个我所爱的人，那个人在灯火阑珊处。但是王国维说的是什么？王国维说的不是爱情，也不是我说的辛稼轩他当时真正的感慨，都不是，他说这是成大学问、大事业的三种境界，风马牛不相干，完全不是作者的原意。他可以这样说吗？没有一个理论，你平白地这样说，你为什么要这样说？这时候，我就觉得西方的文学理论，意大利人所提出来的"创造性背离"，是非常有意思的一个说法。而这个是很妙的。我觉得，作为一个读者，当你读一首诗、一首词的时候，你从里边不只读出了作者的原意，而且它在你的内心之中产生了一种新的感动，产生了一种新的意思，这才是非常微妙的一件事情。而且我认为，这是读诗或者欣赏词的一个很高的境界。就是你从里边读出来，一个真正属于你的东西，是从你的自己内心之中兴发生长出来的东西，这才是真正会读词的人。

我现在要再引一个，就是马一浮先生在他的《复性书院讲录》里边说到的几句话："所谓感而遂通"，有了感动，忽然间有一个豁然贯通的一种觉悟，"才闻彼，即晓此，何等骏快，此便是兴"。说得真是好！你一听，你心里就生了一个感动，这个感动不必然是原来的意思，它忽然给了你一个感动。我常常说诗歌里面要有一种兴发感动的生命，我觉得马一浮先生说得很好。他说你这种觉悟，你读诗时候的感动和觉悟，"须是如迷忽觉，如梦忽醒，如仆者之起，如病者之苏，方是兴也"，而且"兴便有仁的意思"[1]。说得真是好！"仁"是仁心不死的那点本性的善

---

[1] 马一浮：《复性书院讲录·〈论语〉大义一（诗教）》，济南：山东人民出版社，1998年，第57页。

良。你读了好的作品，让你心里面一动，触引了你一种仁心的发起，这是诗歌最微妙，也最重要的作用。

很多人说要访问我，问我读诗有什么好处，我说读诗就是使仁心不死。好的诗，好的说诗的人，是真的从诗里面的生命感动了自己的生命，不是只是考试，不是只是那些文字的枝节末尾的事情，是"是天理发动处，其机不容已。诗教从此流出，即仁心从此显现"[1]。这真是我们诗歌的妙用。不是每一首诗都有这种作用，但是我们中国几千年的历史之中，有那么多伟大的诗人，留给我们这么多伟大的诗篇，他们的感情、志意、心思、理念，千古以下，我们读之仍能豁然兴起，豁然振兴，这是何等美妙的一件事情。有人说你九十岁了还到处去讲诗，因为我以为，古人的书、古人的诗给了我这么多感动，给了我很多人生上支持我活下去的这种理想、志意和感动，我如果不能够把我所感动的说给年轻人，我在上对不起古人那些美好的心灵、那些美好的志意，我在下也对不起未来的年轻人，有这么美好的东西，为什么我们这一代没有把它传下去，这才是我们读诗的一个真正的价值和意义的所在。可是我这样说不是离开李商隐的诗很远了吗？我现在就要回来了。

（四）我对于李商隐诗歌的诠释与接受

现在我们把西方的文论也看了，中国的文论也看了，你可以追求作者的本意，也可以背离原意，大家可以想一想，你对于《锦瑟》怎么看，怎么说呢？下面我就谈一下我对于李商隐诗的诠释和接受。

我写过一首《读义山诗》的绝句："信有姮娥偏耐冷，休从宋玉觅

---

[1] 马一浮：《复性书院讲录·〈论语〉大义一（诗教）》，第57页。

微辞。千年沧海遗珠泪，未许人笺锦瑟诗。"[1] 我是说，《锦瑟》诗很难讲，像大家有种种的说法，而且也许这首诗的好处正在于此，可以引起大家这么多联想，这么多议论。所以，我是说，不讲它——我说"千年沧海遗珠泪"，总而言之，李义山有他的悲哀，有他的遗憾，可是"未许人笺锦瑟诗"，你没有办法真的把它说得很清楚，说得很明白。我的这首诗，前面两句"信有姮娥偏耐冷，休从宋玉觅微辞"，是归结李商隐的一个整体的本质，是说李商隐有他的一种很高远的理想，也有很美好的才华——"信有姮娥偏耐冷"，但是他一生是不得知遇的。而且李商隐，他有很多诗都表现了这种孤独、寂寞、高寒的境界，如他的《嫦娥》诗："云母屏风烛影深，长河渐落晓星沉。嫦娥应悔偷灵药，碧海青天夜夜心。"所以我认为，这是李商隐的一方面，"信"是果然，"信有姮娥偏耐冷"，他有"姮娥"的这种孤寒的，没有能够在尘世间找到一个真正可以依托落足之所的这样的一种悲哀，所以"信有姮娥偏耐冷"，这是李商隐本质的感情的一个方面。"休从宋玉"的作品中"觅"爱情的"微辞"，是说，我们不要像有的人对宋玉的《神女赋》那样，非要从其中找到隐微的意思，我们不要指实它，不管是现实里面的爱情还是党争，"休从宋玉觅微辞"。所以，"千年沧海遗珠泪"，在千年，在我们的文学、诗歌的历史之中的沧海里面，有一滴美丽的泪珠，那就是李商隐留下来的诗。可是我们真要把它具体地说明，我们很难把它指实，所以是"未许人笺锦瑟诗"。这是我读义山诗的感受，我其实没有讲它，这只是就诗来说。

还有，人们常说诗有"诗眼"。什么叫作"诗眼"呢？就是有一个字，或者有一个句子，使得整个的诗灵活起来了，赋给它一个生命。

---

[1] 叶嘉莹：《迦陵诗词稿·初集·诗稿》，第53页。

我在讲杜甫诗的时候，讲他的"穿花蛱蝶深深见，点水蜻蜓款款飞"[1]，
"桃花细逐杨花落，黄鸟时兼白鸟飞"，从字面上看起来都是写景物，
但是它们和仇兆鳌注解上所引的"鱼跃练川抛玉尺，莺穿丝柳织金
梭"[2]的差别在哪里？因为仇兆鳌所引的这个诗不好，它只是刻画了一
个形象，虽然很美丽，但它没有生命，没有感觉，当然更没有感情，"鱼
跃练川抛玉尺"，只是眼睛所见的一个形象。可是杜甫所说的"穿花蛱
蝶深深见，点水蜻蜓款款飞"，则含有很深的感情。而且，杜甫诗的好
处，还不只是说这两句而已，你要从杜甫的整首诗来看——就是当时
的杜甫在朝廷的不得意，对春天之无可奈何。还有杜甫的另外一首诗：
"苑外江头坐不归，水精宫殿转霏微。桃花细逐杨花落，黄鸟时兼白鸟
飞。"[3]杜甫真是写得好，他把内心之中的那种痛苦、那种百无聊赖都写
了出来。当杜甫写他这首《曲江对酒》诗的时候，其实当时他是在朝廷
里做左拾遗的官——这是他一生梦寐以求的，到朝廷里去，而且给朝廷
以谏言。所以，你要整体来看，杜甫在朝廷里面，他说："不寝听金钥，
因风想玉珂。明朝有封事，数问夜如何。"[4]他常常给皇帝写谏书，他
真是全心地在关心朝廷；而且他身为拾遗，他以为这是他应尽的责任，
可是结果，朝廷不但不能接纳他，而且还冷落了他，以致后来还把他外
放出去了。他写的《曲江》几首诗，正是被外放的前夕，他写的那种悲
哀——"苑外江头坐不归""朝回日日典春衣""桃花细逐杨花落，黄鸟
时兼白鸟飞"，他真是把那个怅惘失落的感情写出来了。所以，诗的好

---

[1] 杜甫：《曲江二首》，仇兆鳌《杜诗详注》，第447页。

[2] 叶梦得曰："'深深'字若无'穿'字，'款款'字若无'点'字，亦无以见其精微。然读之浑然，全似未尝用力，所以不碍气格超胜。使晚唐人为之，便涉'鱼跃练川抛玉尺，莺穿丝柳织金梭'矣。"仇兆鳌《杜诗详注》，第449页。

[3] 杜甫：《曲江对酒》，仇兆鳌《杜诗详注》，第449页。

[4] 杜甫：《春宿左省》，仇兆鳌《杜诗详注》，第438页。

坏，不是说理性——作者编个故事说什么就好了，他有寄托就好了，或者没有寄托就怎么样，不是，是在这首诗用什么样的字面，把作者的感情生动、灵活地表现出来。

而李商隐的诗，"锦瑟无端五十弦"，"无端"，就是诗眼。为什么"无端"就是诗眼？它的妙处就妙在这里，这首诗之所以活起来的两个字。如果只是一些名字的堆砌，什么"望帝""杜鹃""庄生""蝴蝶"，就没有生命。可是，李商隐的诗之所以能够吸引人，就在他那些典故或者美丽的形象里面，他掌握了一个感觉。我认为"无端"两个字说得真是好，真的是诗眼，因为你说弦乐的乐器，人家四弦的琵琶也能弹出很美丽的声音，甚至于后来的三弦也能弹出很美丽的声音，你为什么要有五十根弦？你为什么要做锦瑟？你为什么要做那最繁复的最珍贵的最美好的锦瑟？"无端"，"莫之为而为者，天也"。这是第一句的"无端"两个字，用得好。

第二句，"一弦一柱思华年"，"一弦一柱"，重复得好，每一根柱弹出来的，都是我对华年的回忆，"一弦一柱"啊，两个"一"字重复得好，那种缠绵、那种深切都由这两个字表现出来了。至于"庄生晓梦迷蝴蝶"一句，大家都知道，但是李商隐是说"晓梦"跟"迷"，李商隐的诗之所以吸引人，不只是词藻的美丽，而是能够用一些字眼把那个感觉传递出来，传达得非常深切。"庄生晓梦迷蝴蝶"，写蝴蝶梦中的痴迷。"晓梦"，是写梦的短暂；至于"迷蝴蝶"，是写人生的虚幻、短暂，或者是如他在《偶成转韵七十二句赠四同舍》那首长诗中所言的："战功高后数文章，怜我秋斋梦蝴蝶。"[1] 是感激武宁军节度使卢弘止对他的知赏。所以，这个蝴蝶的美梦，是他对人生的种种的向往和

---

[1] 刘学锴、余恕诚：《李商隐诗歌集解》，第1078页。

追求。我曾经有过蝴蝶的美梦，不管是爱情还是仕宦，我也曾痴迷于其中，可是，这么快，我的梦就醒了。李商隐年轻的时候，当然是有过——不管对于仕宦还是爱情——都曾经有过美梦，所以，他刻苦地读书求学，希望有朝一日，他真是能够实践他自己，所以，像他《安定城楼》说的："永忆江湖归白发，欲回天地入扁舟。"[1] 他曾经有过这样的美梦。可是，那么短暂就破灭了——他刚刚考上进士，欣赏他的令狐楚就去世了；刚结了婚，正是美好的时候，马上就陷到党争里面去了，所以，庄生的这个梦，真是太短了，"庄生晓梦迷蝴蝶"，无论是理想或仕宦的美梦都那么快就破灭了。"望帝春心托杜鹃"，"春心"，什么是春心？那种多情的、依恋的、追求的、向往的心，所以是"望帝春心"，虽然死了，那个感情依然还存在着，就是变成了非人类的杜鹃，它还在啼出鲜血，说"不如归去"。"沧海月明珠有泪，蓝田日暖玉生烟"，你先不要说哪个是李卫公，哪个是令狐绹，这是两个对比啊，"沧海月明"是一个什么样的境界？夜晚的、高远的、苍凉的。"蓝田日暖"是一个什么样的境界？白天的、光明的、温暖的。这是两个对比的境界。人的一生里，你有过"沧海月明"的某一种遭遇和境界，也不管是人生现实的境界还是你感情的境界，你曾经有过"蓝田日暖"的某一种情景和境界，不管是现实的境界还是感情的境界。只是在"沧海月明"的境界里，你是"珠"有"泪"——如果很切实地讲，说是沧海遗珠，所以那珠有泪，当然你也可以这样理解。可是，你也可以说，在那么光明的美丽的月光之下——人家都说，月圆珠就是圆的——就算天上的月亮这么明亮，珠也这么圆，但是那珠上都是泪啊！"蓝田日暖玉生烟"，蓝田山是美的，在暖日和风之下，这光景也是美的，可是"玉生烟"，这玉你

---

[1] 刘学锴、余恕诚：《李商隐诗歌集解》，第289页。

是掌握不到的，它都在烟霭之中！所以，你不用管它说的是什么，仅是它的形象，它的字眼，它点出来的那种境界——那种迷茫、那种失落，都足以打动你。至于这首诗的章法，则是很清楚的。虽然不知道他说的是什么，但是很有章法，很有条理。首两句是总起，末两句是总结。中间这四句，是四种不同的境界。所以，"此情可待在追忆"是总结，"只是当时已惘然"。不管是哪一种境界，不是我现在回忆——此情其实不等到追忆，当时就已惘然了——是我现在依然在惘然之中，不是现在才惘然，是当年就惘然了。所以，我觉得，不用执着把它指实，你从它整个的字面，它的遣词、造句，给你的感受来说，它是一首好诗。因为它的形象跟它的句法，都写得非常好。它可以把你带进来，不是像那个"鱼跃练川抛玉尺"，那是很生硬的，很死板的，没有生命的，没有感觉的。可是李商隐的诗它是有的，虽然你不知道它确实是讲什么，但是它使你感动，所以我说"信有姮娥偏耐冷，休从宋玉觅微辞。千年沧海遗珠泪，未许人笺锦瑟诗"。你虽然说不明白，但是它是一首好的诗。

我还要说，不只是用解说来"诠释"，其实"诠释"是你真的要掌握它的这些诗眼——是让这首诗有生命有感觉活起来的那个东西——你要掌握这些东西，这是从这一首诗来说。至于说到接受，那就更自由。我们刚才说诠释，都是针对这首诗，所以，大家刚才所讲的，都是各种不同的诠释，层次不同的，境界不同的，都是诠释，不是你们自己的接受。接受是说，你对这首诗有什么感受，它使你得到什么，这个是你的接受。

我读李商隐，我从李商隐得到了什么感发呢？"植本出蓬瀛，淤泥不染清。如来原是幻，何以度苍生。"[1] 这首《咏莲》诗，是我小时候作的，时间是1940年，我1924年出生，当时我十六岁。我那个时候就读

---

[1] 叶嘉莹：《咏莲》，《迦陵诗词稿·初集·诗稿》，第6页。

李商隐的诗，这就是我刚才所说的阅读的三个层次中的第一个层次——"美感的感知性的阅读"，像"暖香惹梦鸳鸯锦"，挺美的，管它懂与不懂，反正就是挺好的；"锦瑟无端五十弦"，也挺好的嘛；"云母屏风烛影深"，也挺美的嘛。我小时候反正拿来诗就乱读一番，那时我读李商隐的诗，我也觉得我懂。当时我读了一首李商隐的诗，《送臻师二首》其二："苦海迷途去未因，东方过此几微尘。何当百亿莲华上，一一莲华见佛身。"[1] 他说，我们都是在苦海之中迷失了自己，你看那新闻，那些弄虚作假的，那些贪赃枉法的，那些父母儿女亲子之间的感情，都堕落到什么样的地步了。"苦海迷途"，你不知道过去未来，你所关注的只是你自己个人如此之自私、如此之狂妄、如此之狭窄的一种自私的利益。"苦海迷途去未因，东方过此几微尘"，李商隐说，佛，西方的佛，向东方传法，经过了多少微尘，大千世界。"何当百亿莲华上"，佛教《大般涅槃经》上说，佛法的高处，佛的普度的救赎的愿望，可以见到佛的身上每一个毛孔都开出一朵莲花来——莲花代表苦海之中的救赎[2]。所以李商隐说，什么时候，能够在大千世界的百亿莲花之上，每一朵莲花都现出一尊佛像，都给我们显示一种救赎的理想和希望！有吗？我读了李商隐这首诗，就写了这首《咏莲》，这是我当年对李商隐诗的接受。因为我不是说我生在夏天荷月莲花的季节吗？所以这首诗是"咏莲"。我们家里边，没有宗教信仰，长辈们说只信孔子就好了，就教我背《论语》《孟子》，背"四书"，所以说"如来原是幻，何以度苍生"，这是我当年读李商隐诗的接受。

---

[1] 刘学锴、余恕诚：《李商隐诗歌集解》，第2159页。

[2] 《大般涅槃经》："世尊放大光明，身上一一毛孔出一莲华，其华微妙，各具千叶。是诸莲华各出种种杂色光明，是一一华各有一佛，圆光一寻，金色晃耀，微妙端严，尔时所有众生多所利益。"《李商隐诗歌集解·集注》，第2161页。

后来我离开了我的故乡——因为我1948年3月结婚，我的先生在海军做文科的教官，所以我就离开了当年的北平，到了南京。同一年的冬天11月，又因为我先生工作单位的迁退，到了台湾。我生在1924年，是国民革命以后不久的军阀混战的时期；我读书的时代是北平沦陷、被日本占领的时期。我是1948年春天结的婚，来到了南京，当年11月国民政府迁退到台湾，我就随我先生去了台湾，1949年夏天生下我的第一个女儿，当时我在台湾彰化的一个女中教书。差不多我女儿只有四个月大的时候，我先生从海军的左营，到彰化我任教的学校来探望我们，圣诞节的那一天，12月25号的凌晨就被海军的官兵抓走了，说他思想有问题。因为台湾那个时候有"白色恐怖"。第二年的夏天，不仅我先生被拘后没有回来，我跟我教书的彰化女中的校长还有六位老师，也通通被彰化警察局抓进去了，说我们有思想问题。那个时候是所谓的"白色恐怖"时期，你如果说话不小心，你如果讲到"鲁迅"两个字，就会被认为思想有问题，所以很多人被抓进去了，像美国学者孙康宜，他父亲也是被抓进去的。后来我经过很多挫折，也经过很多苦难。我不但被关起来，而且从警察局放出来以后，我就无家可归了。因为我们从北方到台湾，我先生被关了，没有宿舍了——我们只有宿舍，哪里有房，没有房；那我在学校里边有个宿舍，我被关了，我失业了，我的宿舍也没有了——就是天地之间无家可归。我过过这样的生活，我经过很多苦难，所以对于李商隐的诗——还不是我有心用它，是李商隐的诗自己跑到我的脑子里来的。我那会儿在现实中既然是什么都失落了，就常常做梦，梦中得了一些诗句[1]。我梦见的诗只有两

---

　　[1]　参见叶嘉莹《梦中得句杂用义山诗足成绝句三首》，其一："换朱成碧余芳尽，变海为田夙愿休。总把春山扫眉黛，雨中寥落月中愁。"其二："波远难通望海潮，朱砂空护守宫娇。伶伦吹裂孤生竹，埋骨成灰恨未销。"其三："一春梦雨常飘瓦，万古贞魂倚暮霞。昨夜西池凉露满，独陪明月看荷花。"《迦陵诗词稿·二集·诗稿》，第116页。

句：“换朱成碧余芳尽，变海为田凤愿休。”这是我梦里面的句子。红花都落了，都是绿叶了，你要知道我二十五岁结婚，我二十六岁先生就被抓了，我二十七岁我也被抓了。你们说二十几岁青春美好，电视上说你要享受你的青春，你要为所欲为，你爱怎么样就怎么样，只要我想要有什么不可以，你们现在的年轻人，很多人有这样的想法。台湾几年前，有个初中的小男孩，春节的时候放了几把火，被抓进去后警察问他，说你为什么平白无故要放火，他说我放假待着太无聊了，我想要怎么样为什么不可以。这是不可以的。你要知道交通规则，你一定要按照交通规则，就是三更半夜，红灯的路口，没有一个警察，该停的时候你也要停下来的；你要知道，如果每个人都违反规则，那路上还有平安吗？没有了。所以人在发展你的自由之前，先要学习怎么样遵守法则，做一个不自由的人，这是自由的基本。可是现在的很多人总是以为，我要这样有什么不可以。而我是二十六岁就经历了苦难。什么叫青春的年华？我只有苦难的年华，所以“换朱成碧余芳尽”，红花都落了，“变海为田凤愿休”，我所有的一切愿望、理想都落空了。这当然是当年的那个年代，在白色恐怖之中的，当我自己把一切都抛弃了——我说我当时，最使我感动的是王国维的用东坡《水龙吟》韵“咏杨花”的一首词，他在词开端说：“开时不与人看，如何一霎蒙蒙坠。”[1] 一切都失落了，一切都落空了，所以“换朱成碧余芳尽”。“换朱成碧”，所有的花都落了，已经都是树叶了，“余芳尽”，没有一点芳华留下来；“变海为田凤愿休”，把沧海变成桑田，愿望完全地落空了。这是我梦中的句子，因为是我梦里的诗，当然作得不完整，我醒了，就怎么续作也续不好，所以，我就用

---

[1] 王国维：《水龙吟·杨花》（用章质夫苏子瞻唱和韵），叶嘉莹、安易编《王国维词新释辑评》，北京：中国书店，2006年，第253页。

了李商隐的两句诗："总把春山扫眉黛，雨中寥落月中愁。"其实，我是把李商隐的诗句完全用来变成我这一首诗中的意境了，与李商隐完全不相干了，李商隐的原诗是《代赠二首》（其二）[1]。这是我所说的，我不是完全喜欢李商隐，李商隐有的诗虽然写得非常好，像《锦瑟》，这么有名的、用了这么多典故、这么美的诗。李商隐的一些短小的诗，如《天涯》："春日在天涯，天涯日又斜。莺啼如有泪，为湿最高花。"[2]真是写得好。李商隐一生漂泊在幕府之中，跟他的家庭、妻子，一直在离别之中，而他所有的仕宦都不得意，他的那些个幕府的府主，不是很快就死了，就是他到那里府主就被贬了，他总是在天涯漂泊，所以，他写了这首《天涯》。"春日在天涯"，春天，这么美好的季节，如冯延巳所说的："花前失却游春侣，独自寻芳，满目悲凉，纵有笙歌亦断肠。"（《采桑子》）这是冯延巳的词，这是花前，但是你没有花前的伴侣了，你看着所有的群芳，是满目的悲凉。所以，李商隐说，"春日在天涯"，何况天涯的春，你也留不住，如欧阳修《定风波》所说："对酒追欢莫负春。春光归去可饶人。昨日红芳今绿树。已暮。残花飞絮两纷纷。"所以，"春日在天涯，天涯日又斜"，这写得很平淡很短的两句，有很深的感慨。后面两句"莺啼如有泪，为湿最高花"，他自己说，假如黄莺也会哭泣的话，我要请黄莺飞到那最高的树枝上，为我把你的眼泪滴在最高的树枝上。这完全是没有道理的话，但是写得真是悲哀，真是好。这是李商隐很好的诗。李商隐这个人，也有不大高明的一些诗，像《代赠二首》这种开玩笑的诗："东南日出照高楼，楼上离人唱石州。总把春山扫眉黛，不知供得几多愁？"从李商隐的这首诗本身来说，不

---

[1] 刘学锴、余恕诚：《李商隐诗歌集解》，第2013页。
[2] 同上书，第1396页。

是什么好诗。他只是代一个朋友写的，有一男一女，这两个人恋爱了，他要替这个女子写一个相思离别的诗。"东南日出照高楼"，这是化用乐府诗"日出东南隅，照我秦氏楼。秦氏有好女，自名为罗敷"（《陌上桑》）的句子。可是，这么一个年轻、美丽的女子，是在离别之中的，"楼上离人唱石州"，"石州"是一首离别的曲子。"总把春山扫眉黛"，这个女子虽然是在离别之中，可是她还是化妆的，把她的眉毛描得像春山一样美。"不知供得几多愁"，我们都说愁眉愁眉嘛，当然她眉毛上都是离愁别恨，李商隐这首诗本身一点深意都没有。但是我把他的"总把春山扫眉黛"借过来了。后面呢，"雨中寥落月中愁"，是李商隐《端居》[1] 诗中的一句，这是李商隐不错的一首诗，"远书归梦两悠悠"，李商隐一生都在幕府之中，总是跟家人、妻子离别的，所以我盼望远方的书信，但是书信没有到——古人一封信，那不知道要传多久，所以像杜甫《述怀》所说的"寄书问三川，不知家在否""自寄一封书，今已十月后"——几个月都接不到自己所怀念的人的一封信，所以是"远书"。"远书"没有来，我希望我的梦，能梦回到家里去，可是梦也没有做成。"远书"既不来，"归梦"也不成——"远书归梦两悠悠"。我一个人在外面，"只有空床敌素秋"。这个"敌"字，用得非常好，那种孤独、那种寒冷，有什么人陪伴我抵挡？陪伴我的只有"空床"。"阶下青苔与红树"，我眼前、阶下、窗外，我面对的青苔、红树，是"雨中寥落"，是"月中愁"。这首诗写得很好，《端居》，就他一个人，在外边。那我把其中一句诗拿过来了，我说"换朱成碧余芳尽，变海为田夙愿休"，我的芳华失落了，我的愿望也都落空了，但我的持守没有放弃，我自己对我的要求，没有放弃，我仍然"总把春山扫眉黛"，但是，我虽然有这

---

[1] 刘学锴、余恕诚：《李商隐诗歌集解》，第707页。

种持守，而毕竟是失落的，毕竟是孤独和寂寞的，所以"雨中寥落月中愁"。这是我对于李商隐的接受，虽然变了他的意思，但这是我的接受。

我还有第二个梦。第二个梦里面又有两句诗："波远难通望海潮，朱红空护守宫娇。"梦中的句子是没有道理可讲的。大家知道中国的词有一个调子，牌调就叫《望海潮》，所以我这梦里边，反正稀里糊涂的，通与不通我就变出一句来，"波远难通望海潮"，是说你等待一个消息，你说鲤鱼可以在水中，可以传书嘛，我希望有潮水，把消息带过来，可是距离这么遥远，"波远难通望海潮"。"朱红空护守宫娇"，我的期待虽然落空了，但是我的持守没有放弃，所以我臂腕上的那个朱砂的红色的娇美的颜色，我一直是保护着它的，不过我白白地保护了它，没有对象，没有结果。"朱红空护守宫娇"，这是古代男性的社会对女子的一个约束，说在女子的手臂上割破，养一个"守宫"——像壁虎一样的一种动物，你每天喂它吃朱砂，当这个守宫通体都变成红色了，你把这个守宫刺破，把朱砂的血揉进女子的手腕之中，就留下一个鲜艳的红点。男子就把这个红点留在女子的手臂上，说女子如果失去了贞节，红点就消灭了，他回来的时候可以检查你有没有红点，这是男性的社会。这些不管它。总而言之，我是说就是没有男子的约束，我自己愿意持守我的贞节。我的期待虽然是落空了，但是我的持守没有放弃，所以我臂腕上的那个朱砂的红色的娇美的颜色，我一直是保护着它的，不过我白白地保护了它，没有对象，没有结果。醒来后诗句凑不上去了，我就又用了李商隐的两句诗："伶伦吹裂孤生竹，埋骨成灰恨未销。"第一句出自李商隐的《钧天》："上帝钧天会众灵，昔人因梦到青冥。伶伦吹裂孤生竹，却为知音不得听。"[1] 李商隐的诗，你

---

[1] 刘学锴、余恕诚：《李商隐诗歌集解》，第903页。

不得不承认，他虽然有一些无聊的诗，但是他的好诗，真的是很好。那么，天上有天帝——"钧天"，是最中央的最高的天，上天的天帝所在之处——它聚会了天上所有的神灵，这是天上的聚会。但是也有人，他自己不能到天上去，他梦到天上去了，"昔人因梦到青冥"。而人间有一个叫伶伦的，是一个很好的音乐家，能够吹笛子，吹出很美丽的声音，他吹的一根笛子——说得真是好——他吹的是"孤生竹"啊！什么样的笛子？哪样的竹材做成的笛子？不是那一丛的竹子，是孤生的一根竹子做成的笛子。我们说到一个名琴，是一个焦尾的琴。你是什么琴，你是什么笛，吹你的人要吹的是什么？伶伦这个最好的音乐家，他吹的是那个孤单的、世界上唯一的那个竹笛，他用尽了生平的力量，把竹笛都吹裂了——"却为知音不得听"，没有人听，没有人听见他吹，他用生命、血泪吹出来的笛声，没有知音听。这当然是李商隐在感伤他自己的不得知遇，这首诗很好。那后边这句就是很无聊的诗了，《和韩录事送宫人入道》[1]，录事是个卑微的官职，一个姓韩的，是李商隐的朋友，他跟一个宫人可能有一点感情，可是皇帝把这个宫人送到庙里面去了。唐朝，常常会有宫中妇女到庙里去做尼姑，连杨贵妃还做过尼姑呢。这李商隐跟人家开玩笑，有时候就写这种无聊的诗，说"星使追还不自由，双童捧上绿琼辀"。韩录事跟这个宫人很好，因为她是宫人嘛，所以她被朝廷追回去了，然后被放到一个车上，"九枝灯下朝金殿，三素云中侍玉楼"。然后她朝拜了皇帝，跑到庙里去修行了，"凤女颠狂成久别"，所以跟这个男子韩录事是不能见面了，怎么癫狂她也见不了面了。"月娥孀独好同游"，从此，她是孤独地在庙里面了。"当时若爱韩公子"，说这个被送到庙里去出家的女子，如果当年她真

---

[1] 刘学锴、余恕诚：《李商隐诗歌集解》，第309页。

是跟韩录事有感情，他们两人一定有很多的遗憾——"埋骨成灰恨未休。"这首诗是李商隐很无聊的一首诗，我把它拿过来用了，"波远难通望海潮，朱红空护守宫娇。伶伦吹裂孤生竹，埋骨成灰恨未销"。他说的是"恨未休"，因为押韵，我改了一个字，说"恨未销"。我遥远的期待——"波远难通望海潮"；我"朱红"的持守——也"空护""守宫娇"；我用我的生命吹出来的美丽的笛声——"伶伦吹裂孤生竹"；却没有人听，所以是"埋骨成灰恨未销"。这是我的接受，所以不只是诠释，你们读了李商隐，还不是争论他说了些什么，而是说你从李商隐那里得到了什么，李商隐的境界，在你的内心里，有着什么样的一种感发。

我曾写了《梦中得句杂用义山诗足成绝句三首》，第三首说的是："一春梦雨常飘瓦，万古贞魂倚暮霞。昨夜西池凉露满，独陪明月看荷花。"这首诗中，只有"独陪明月看荷花"是我的句子，其他的都是李商隐的。其实我这首诗是完全把李商隐的意思改变了。因为李商隐的"一春梦雨常飘瓦"是《重过圣女祠》[1]中的句子，圣女祠是果然有这么一个地方。李商隐写了好几首过圣女祠的诗，《重过圣女祠》《再过圣女祠》，至少三次写到圣女祠。表面上看，圣女祠就是一个供奉女仙的祠庙，所以他说："白石岩扉碧藓滋，上清沦谪得归迟。一春梦雨常飘瓦，尽日灵风不满旗。"李商隐这首诗完全是写这个圣女祠所在的地方的情景，"白石岩扉碧藓滋"。那么第二句呢，"上清沦谪得归迟"，就归结到这些女神仙，说从天上贬下来了，没有回去了。那么他在这里——在这个圣女祠的庙宇之中，他的情绪是如何呢？是"一春梦雨常飘瓦，尽日灵风不满旗"。写外在的环境，代表了一种内在的情思。"萼

---

[1] 刘学锴、余恕诚：《李商隐诗歌集解》，第1480页。

绿华来无定所，杜兰香去未移时"，这其实没有很大的意思，就是用两个女仙的名字，这个人来了又走了，那个人刚刚也走掉了，李商隐的诗就是我说的有的很好，有的不是很好，这两句就没有太多的意思。"玉郎会此通仙籍，忆向天阶问紫芝"，有人就说李商隐曾经学过道，他用这种女仙表示一种感遇，"玉郎"是个男子，就说与这些女仙，他们之间有一种感情，"玉郎会此通仙籍"，曾经有过一种遇合，"忆向天阶问紫芝"，这是李商隐的原诗。我完全是断章取义，我只取了"一春梦雨常飘瓦"，但是被我取下来以后，跟我取的第二句一对比，这意思就不同了。因为在李商隐的诗里边只是写外界的一个景象，"一春梦雨常飘瓦，尽日灵风不满旗"，写风写雨，是女仙的祠，所以写得那么轻柔那么缥缈。那我跟第二句对比了，相对的两句是偶句了，"万古贞魂倚暮霞"，这句出自李商隐的《青陵台》："青陵台畔日光斜，万古贞魂倚暮霞。莫讶韩凭为蛱蝶，等闲飞上别枝花。"[1] 这里面有一个故事，说从前有一个宋王，看见韩凭的妻子很美丽，就把韩凭的妻子给霸占了。然后呢，这个韩凭就死了，这个韩凭的妻子呢，她虽然是被宋王给霸占了，可是她还是怀念她原来的丈夫旧日的感情，所以她就想要自杀，她就把她的衣服——用什么东西我不知道，典故上记载说"腐其衣"，把她衣服变成容易腐烂的，所以她就在青陵台上跳下去自杀了。还说当她自杀的时候，左右的侍女本来想抓住她的衣服把她抓住，可是因为她的衣服已经腐烂了，所以衣服就断裂了，她就死了。死了以后，据说她曾经跟宋王说希望能够跟韩凭合葬，可是宋王故意不给他们合葬，就把他们两人分葬了两个坟墓，说你们如果真的有感情，你们两个自己合在一起吧。所以不久之后，这两个坟上就生芽长树长枝叶，然后这两棵树

---

[1] 刘学锴、余恕诚：《李商隐诗歌集解》，第1153页。

的枝叶就互相纠结在一起了，就变成连理的树了。而中国的神话还有一种传说，说夫妻两个因爱情而殉死的，死后就会变成一对蝴蝶，这也是梁山伯、祝英台变蝴蝶的由来。所以李商隐是说，这个青陵台代表一个女子的贞洁，女子的殉情而死，所以他说"青陵台畔日光斜"，在斜日的余晖之中，满天都是那种红色的晚霞，这么高，这么美，这么艳丽，就如同是那个在青陵台殉死的女子的万古贞魂，她贞洁的那种魂魄，化成西天这些美丽的晚霞——"青陵台畔日光斜，万古贞魂倚暮霞。"可是李商隐这个人，总是把未来说得很悲观，就跟他说这个月亮一样——"初生欲缺虚惆怅，未必圆时即有情。"他是说，就算你们殉节死难，就算这个女子有这个"万古贞魂倚暮霞"的贞守，可是你要知道，当这个魂魄变成蝴蝶以后，你就不要奇怪，韩凭这个男子变成蝴蝶，他就"等闲飞上别枝花"了。李商隐从来都是用很悲观的态度写诗。那我的诗也与他完全无关，我说"一春梦雨常飘瓦，万古贞魂倚暮霞"，这两句在李商隐的诗里边是两件事情，而且李商隐的"一春梦雨常飘瓦"只是写景物的，并没有很深刻的意思，这个"万古贞魂倚暮霞"呢，在李商隐的诗里边是一种讽刺、一个对比，说韩凭就"等闲飞上别枝花"了。可是当我把这两句摘录下来，"一春梦雨常飘瓦，万古贞魂倚暮霞"，它们就合起来变成了一种境界。就是说代表你一种美好的梦、追寻，"一春梦雨常飘瓦"，就是这样柔细的、这样飘飞的一种梦想，这是你的梦想。那么从你的品节来说呢，是"万古贞魂倚暮霞"，是你的持守、你的品节，像西天的晚霞那样高远、那样灿烂，是万古都不会改变的，所以是"贞魂"。我把它们摘出来，这两句就具有"象喻"的意味了，就是在对比之中，成全了一个"象喻"的意思。"昨夜西池凉露满"呢，也是李商隐的诗："不辞鹣鹣妒年芳，但惜流尘暗烛房。昨夜西池凉露满，桂花吹断月中香。"如果说李商隐的诗里边果然有——经过牛李的党争，而对于令狐绹以后之对他的疏远，对他之不加援手——有一种怨意——这个肯定是有的，我前面已经讲过《九日》那首诗，"霜天白菊绕阶墀""九日樽前有所思"，然后他说"郎君官贵施行马，东阁无因再得窥"。李商隐对于令狐绹的怨意，那首诗是表现得很明显的。如果证明令狐绹不对李商隐加以援手，而李商隐对他有怨，《九日》那一首诗是足可为证明的——所以这一首《昨夜》有人也认为是这样一种意思，说"不辞鹈鴂妒年芳，但惜流尘暗烛房"[1]。"鹈鴂妒年芳"是化用《楚辞》中的句子："恐鹈鴂之先鸣兮，使夫百草为之不芳。"[2]鹈鴂鸟一叫，春天就过去了，群芳都零落了，他是说春天的芬芳的花草之生命的短暂，他说鹈鴂鸟是妒忌这个芳华，所以它一叫，这个芳华就零落了。他说我"不辞"——我对于人的美好的光阴之消逝不推辞，我知道这是人的定命，每个人都会衰老，"不辞鹈鴂妒年芳"。我所觉得可痛惜的，就是"流尘暗烛房"—— 一个光明的蜡烛，它的烛房——蜡烛的心——是光明的，是热烈的，可是被尘土给遮暗了。所以他说，人的生命的短暂是不可避免的，可是人生活在世界上应该得到—— 一个我所期待的、我愿意得到他理解的人——可是我没有得到。所以说这是最可惜的一件事情，这是遗憾的一件事情，所以"不辞鹈鴂妒年芳，但惜流尘暗烛房"。而这是从本质上说——我是不得人谅解的。何况在这样的情景之中，"昨夜西池凉露满"。我们常常说"西池"，常常说"西窗"，难道不能东池、东窗吗？但是"西"，是代表一种凄凉的意思；"东"，是生发的意思。所以他说"西池"，说"凉露"，都是凄凉的，都是寒冷的。昨天晚上，是"昨夜西池凉露满"，"桂花吹断月中香"。据说月亮

---

[1] 刘学锴、余恕诚：《李商隐诗歌集解》，第1195页。
[2] 洪兴祖：《楚辞补注·离骚经章句第一》，北京：中华书局，1983年，第39页。

里边有桂花树，每当八月十五的时候，你就可以闻到桂花的香气，而月亮里边桂花的桂子会坠落到人世来。他说"昨夜西池凉露满"，不用说我不能到月中去，不用说月中的桂子不落到地上来，不用说这个了，"桂花吹断月中香"——这是一个倒装的句子——就是连桂花的月中香都被完全吹断了。他是表示他的追求、他的希望完全都落空了，这是李商隐。而且呢，我们还有一种联想，可以这样说，就是人家说"蟾宫折桂"，就代表男子的仕宦能够得到满足。现在蟾宫的桂你不但折不到，就连桂花的香气都闻不到了，被风给吹断了。所以这首诗，虽然我们不能像《九日》那首诗那么切实地指说，可是他对于令狐绹的这种怨意，是可能有的，"不辞鹡鸰妒年芳，但惜流尘暗烛房"。总而言之，李商隐这三首诗，一个是圣女祠，"一春梦雨常飘瓦"是写景的；一个是"万古贞魂倚暮霞"，是说到青陵台这个韩凭的妻子的贞魂，而李商隐是从来对美好的都怀疑，都不相信，所以他说"莫讶韩凭为蛱蝶，等闲飞上别枝花"呢，就算你是万古贞魂，可是韩凭变成蝴蝶以后，他可能就飞上别的花朵了；至于《昨夜》呢，很可能是李商隐对于他人生仕宦不得意的一种感慨。可是当它们被我结合在一起来用的时候，就都抽离了原诗的意思，就在我重新的结构之中了。"一春梦雨常飘瓦，万古贞魂倚暮霞"，这是自己的梦想、自己的持守，"昨夜西池凉露满"，不管经过怎样的寒冷，在什么样的寒冷的境界，我仍然有一个追求一个向往，我"独陪明月看荷花"，这是我。每个人性格都不同，这是表现的我的性格。这是我用了李商隐的诗。我在温哥华的时候有一个朋友，他说，其实这首诗中的三句诗都是你从李商隐的三首不同的诗中摘录来的，可是合在一起，哎，好像是一首很完整的诗啊，"一春梦雨常飘瓦，万古贞魂倚暮霞。昨夜西池凉露满"，所以我"独陪明月看荷花"嘛。

这是我用李商隐的诗句写的诗。好，我现在就说，这已经不是李商隐的诗了，而且也不是我对李商隐诗的解释，这是我用了李商隐的诗，很可能不是李商隐的原意，所以你可以背叛他的原意。而这是什么？这是"兴发感动"，一可以生二，二可以生三，三可以生无穷，是李商隐的诗从我这里引发的我的一切。这是我们说，讲李商隐的诗，有西方的文论，有中国的诗学，有诠释，有接受。从李商隐的诗诠释到什么？而我用义山诗句写的是什么？这已经是从诠释到感发和接受了，所以诗歌的生命是不死的。

（五）中西视域下的李商隐诗歌之特色

这个题目，我虽然讲了很多次，我还是没有完全说清楚，因为牵涉的方面很复杂。关于中国古代的诗说，一是孔子，赞美子贡、子夏说："赐也，始可与言诗已矣，告诸往而知来者。""起予者商也，始可与言诗已矣。"孔子注重在感发中的联想，说"诗可以兴"，就是可以给你感发的联想，你从它给你的感动之中，要在你的心灵、智慧之中，发生某一种作用。而孔子为什么是这样子呢？这个其实也有历史的背景，因为春秋时代诸侯的聘问都是用诗来作对话的。《左传》中很多地方都有这样的记载，比如说晋国的公子重耳，当他离开晋国，流亡到外边的时候，见到秦穆公，秦穆公吟一首诗，公子重耳吟一首诗，这些故事我都讲过。而所谓这样的吟诗，都不见得是诗的本义，其实，是兴发感动出来的一种东西。它和孔子的诗说，都注重这种引申出来的意思，都可以算作西方文论所说的"创造性背离"，但是这两种"创造性背离"，有一种根本性质的不同。春秋各国使者的这种"引诗"来办外交的方法，是"断章取义"，他们不管整个诗的意思，就用这两句话来代表当时的意思，也是一种"创造性背离"。可是孔子所说的"诗可以兴"[1]，赞美子贡、子夏的那种活学活用，是一种对这个诗句的本质的心灵上的启发和感动，王国维所说的成大事业、大学问者有三种境界，就是这种兴发感动式的"兴"。所以，王国维一方面说，"昨夜西风凋碧树。独上高楼，望尽天涯路……"，这是成大学问、大事业的三种境界；一方面又说，这是"诗人之忧生也""诗人之忧世也"[2]。同样一句话，他这里说是这个意思，那里说是那个意思。他虽然在两个地方说的意思不同，但基本的性质是相同的，都是从自己的心灵的启发、感动来说的，不是"断章取义"地使用、应用，而是一种你对于这个诗的本质的感发，你内心中的一种从它的原义生发出来而不必与原义相同的感动、兴发。一定要把这个弄得清楚，这是中国的说诗，有这么一派。这是最早的春秋时代，孔子所注重的。

可是后来，汉儒以后，毛传、郑笺，就开始比附，说这个是讽刺什么什么人，那个是讽刺什么什么人，这个是什么政治，那个是什么政治，才有了这种将"比兴"跟"美刺"结合在一起，附和历史说诗的方法。这个要分别来看待，若果然有这种历史背景的，是可以的，比如说现在有人要笺注陈寅恪的诗，说这个说的是什么，那个说的是什么，它真的有历史背景，你把它发掘出来，这个是可以的。可是有的时候，诗里未必有这种意思，你非要说它是这种意思，这就是一种牵强附会的说法了。所以，这些都是要分别清楚的。虽然都是从诗里边引申兴发出来的，但是有很多的性质的不同。像张惠言说"'照花'四句，《离骚》

[1] 子曰："小子何莫学夫诗？诗，可以兴，可以观，可以群，可以怨。迩之事父，远之事君；多识于鸟兽草木之名。"杨伯峻《论语译注·阳货篇第十七》，第196页。

[2] "'我瞻四方，蹙蹙靡所骋'，诗人之忧生也。'昨夜西风凋碧树。独上高楼，望尽天涯路'似之。'终日驰车走，不见所问津'，诗人之忧世也。'百草千花寒食路。香车系在谁家树'似之。"王国维《人间词话》，第6页。

'初服'之意"[1]，我们可以在"照花前后镜""懒起画蛾眉"中，找到一个文化上的语码的传统，给人这种联想，这个还是可以的。至于后来的，像清朝的端木埰这些人，说南宋的王沂孙的词的时候，就有很多是牵强比附了，他那些比附很复杂，我也不同意他的说法，所以我没有引申出来，但是你们可以去看。所以，这有种种的不同。春秋的时候，引诗的自由发挥，而汉儒则用比兴、美刺来说诗，有的恰当，也有的不恰当，要分别来看待；论词的比兴之说，有的是有道理的，可以依循的，有的是牵强的。要养成这种分别、辨析的能力。

至于李商隐的《锦瑟》诗，当然有些人——就是中国的旧传统的说诗人，喜欢牵强比附——说这个是说什么，那个是说什么——一定要给它一个本事。那么，我说过，这个情况是要分别看待的，有的是果然有这个本事的，有的是不必然有的，你要很仔细地做出这种分辨来。哪一个是牵强比附，哪一个不是牵强比附，你要对它有一个分辨的能力。

还有呢，就是我还讲到西方的文论，我说过艾略特那个"新批评"——要离开作者，回到作品，不是说这个作者的原意是什么，是作品本身表现了什么——艾略特曾经提出来一个我常常也曾在西方的文论中引用的概念，叫作objective correlative[2]，objective是外在的，correlative就是跟这个诗有一个相关的关联。这个没有什么恰当的翻译，我曾经把它翻作"外应物象"。他们有一个定义，就是说，你完全不用说明，你完全都是形象（image），一大串的形象，而这一大串的形象里边，表现了某一种情意。之所以提出这个论点，是因为新批评学派的作者，就用这种方法来作诗。一个最好的例证就是艾略特的《荒原》（*The Waste*

---

[1] 张惠言：《词选》，唐圭璋《词话丛编》第二册，第1069页。

[2] T. S. Eliot, "Hamlet and His Problems", in his *The Sacred Wood: Essays on Poetry and Criticism* (1920), Montana: Kiesinger Publishing, 2010.

Land），西方的老师也避免不去讲它的很长的一首诗，它用了很多西洋的典故，有宗教上的典故、哲学上的典故、文学上的典故，都是典故。有人认为，它整体说来，是反映当时他那个时代的那种文化上的荒芜零乱的某一种感觉，可是，你很难把它讲出来，它就是一串串的形象。李商隐的《锦瑟》诗，还不完全是如此，《锦瑟》诗的首尾两联还是比较理性的，首联"锦瑟无端五十弦，一弦一柱思华年"，是总起；尾联"此情可待成追忆，只是当时已惘然"，是总结；中间四句都是一串一串的形象。这就很近于艾略特所说的那种objective correlative，但这还不是李商隐这种风格的代表作。我曾经讲过一组他的这种风格的代表作——《燕台四首》，《锦瑟》诗还有一个总起、总结，《燕台》完全没有，完全是形象，一大串美丽的形象，一大串美丽的声音，它从来没有说明是什么。当然，我曾经尝试，说了《燕台四首》。我说《燕台四首》，不是比附、牵强——一定说这句话说什么历史，那句话说什么历史，我都没有说；我用的是孔子和王国维的办法——它这个形象给我的内心的兴发感动是什么。我认为，读诗最重要的是"诗可以兴"，如马一浮在《复性书院讲录》中讲的，诗给你的，忽然间有一个感动，可以使死者复生、仆者兴起，内心给你一种生命的震动和兴起，这是真正的好诗。那些从外表的事实来比附的，有的确实有——就是说有的作者，就是用这种猜谜语的办法、牵强比附来作诗的，他是这么作的，你可以用牵强比附地来找，像余英时之笺释陈寅恪。但是，一般真正所谓"诗"，是给人兴发感动的，说的是你自己真正的受用，不是跟人家斗智的猜谜语，是这个诗歌的生命，给了你什么样的兴发感动，这才是最基本、最重要的，这是我这么以为。

还有，自从有了艾略特这种用一大串形象、根本不加说明的所谓objective correlative的作法，后来的西方英美文学，又发展出一种"意识流"（stream of consciousness）的做法，像詹姆斯·乔伊斯（James Joyce）的长篇小说《尤利西斯》（Ulysses）。我六十年代在北美的时候，正是大家热衷于讨论他这本书的时候。它有时候整页一个标点都没有，你读了半天，真是不知道它说什么。可是，相对而言，比较来说，《尤利西斯》还是可以懂的，里面还是有情节、故事，乔伊斯最难懂的一部作品是《芬尼根的守灵夜》（Finnegans Wake），那天我看到报纸上说，我们中国把这本书翻译出来了，第一个中译本。而且我觉得很了不起的是，这个翻译的人是个女性，这是很难得的，有这么深厚的广泛的西方文化背景的知识，能够翻出来大家都翻不动的一本书，是了不起的，这个翻译的人叫戴从容，她是中文系的，中文系里不是也有外国文学么，她是中文系中修外国文学的。我真的觉得这位女士很了不起，很多人认为我们女子顶多有点感性，能够伤春悲秋地写点诗，讲诗也就是兴发感动，作诗是感性的，说诗也是感性的，可是这个戴从容女士实在了不起，把这个困难的，而且牵扯到西方的宗教、哲学、文学这么复杂的背景的东西翻出来了，实在很了不起。而且，这种做法——我现在可以念一段戴女士的话来给大家听，她说："诗人的职责，不在于描述已经发生的事，而在于描述可能发生的事……就是指叙述未必实有其事，却必须合乎规律、合乎逻辑、合乎情理。然而在文学史上，有一些作品确实有意或者无意地违背了规律、逻辑、情理，由此带上了乔伊斯所说的一种'荒诞'的特征。"这是可能的，而且要用非常怪诞的不合逻辑、不合情理、完全悖谬的故事，表现人生最基本的、最深刻的、最内在的感受和意义。《尤利西斯》和《芬尼根的守灵夜》，这是乔伊斯的尝试。其实另外一个小说家，对西方影响也很大的，就是弗兰兹·卡夫卡（Franz Kafka）。他的那些小说，就是表面上完全不合情理，完全不合现实，可是他真是写出来了人性最内在、最深刻的本质。戴女士说，这些作者

"往往把目光放在人性的本质和生存的最终极的意义上。虚构的离奇的世界往往是这类艺术摆脱现实枷锁所必须采取的'另一个'空间"[1]。因为人都被现实限制了，你就要打破现实，探寻出那个最根本的东西。这种作品，不可无一，不可有二。宇宙之大，世界之间，你的创造有这种可能性，你可以用最不现实的、最不逻辑的东西表现一个最基本的东西，因为只要有现实，就有了局限，你要有一个现实、一个背景、一个历史，它就是给你的一个限制。那个本质一定是要超越那个现实的，所以，你要打破所有的外在的限制，表现那个本质，这本来是人类可以创造，可以尝试，可以走的一条路。可是这种创作、这种打破，第一，是要你有一个真正的内涵，有一个很深刻的人性的本质的东西；第二，是要你真的在文学上，有能够用各种不寻常的方式表达的能力。如果你不是真的有很深刻的东西要表达，你掌握文字的能力也不够，你随便搞些新奇的花样，那你肯定是失败的。现在我们就讲回李商隐，我在台湾写的那篇讲李商隐《燕台四首》的名为《旧诗新演》的文章中，我就已经把李商隐和卡夫卡做过比较。就是说李商隐的诗，尤其是他的《燕台四首》，那真是符合于艾略特所说的objective correlative，都是一大片形象，没有给你说明，它还不像《锦瑟》有开头有结尾，但是它真是有东西，不是没有东西，它的整体，而且可以说每一句里面，都有非常敏锐的、非常深刻的感情，有对于人生的种种体验。

还有就是说，我们说诗，如果它本来有的意思，比如陈寅恪的诗——它真是反映了当时那个时代、那个环境的那种生活，把它找出来，这是不错的；可是，如果没有，你给它牵强比附，那就是失败的。之前我们讲李商隐的诗，涉及中国传统的诗说，发展下来有两派，一派

---

[1] 戴从容：《芬尼根的守灵夜·中译本导读》，上海：上海人民出版社，2012年，第19页。

是一定要把它指实，一定要把它比附，一定要把它说成是什么很切实的东西；一派是根本不说，什么高古、清幽，完全都不说，这都是走极端。而最重要的，还不在于你怎么样说。一个人读诗最重要的，是诗的生命在你的生命里有了什么样的作用，这是最重要的。

最后，就是说李商隐的诗，常常是悲观的，我还写了一首李商隐的诗。现在因为时间不够了，我准备了很多材料没有办法讲了，我只能简单地说吧。我们开始不是讲过李商隐一首诗吗？"路绕函关东复东，身骑征马逐惊蓬。天池辽阔谁相待，日日虚乘九万风。"我不是说，当我遭遇到不幸苦难的时候，我也曾用李商隐的诗也写过很多悲观的诗嘛，"换朱成碧余芳尽，变海为田夙愿休"，我也说是"埋骨成灰恨未销"。可是我到八十多岁以后，人家说你八十多岁以后怎么样了呢。李商隐的诗说"路绕函关东复东，身骑征马逐惊蓬"。这首诗我用了它的韵，我说"一任流年似水东，莲华凋处孕莲蓬。天池若有人相待，何惧扶摇九万风"。有一个年轻的朋友，他曾经看了我的诗，我说"天池若有人相待，何惧扶摇九万风"，他说真有一个人等待吗？其实我说的，不是一个现实的人，"天池若有人相待"，就是你的人生，你有没有找到你人生的价值和意义的所在。假如你真的找到你人生的意义和价值的所在，你就有了一个期待。我以前也曾经失落，也曾经悲哀，我也曾经遭受到很多的苦难，我的苦难是非常多的，可是我现在觉得，我真正的寄托，我的心意是在传承，就是刚才我说的，古人留下了这么多美好的诗篇，这些诗篇里边有这么多美好的心灵、美好的志意、美好的愿望，我要尽我的力量，把我所知道的、所体会的说给年轻人知道。我如果没有尽到我的责任，我觉得我是上对不起千古以上的诗人，下对不起年青的学生，我说"天池若有人相待"，也许，也许我讲的不是怎么好，但是我是真诚的。也许有人看了我的书，听了我的演讲，就是像刚才这个马一浮所说的，如"仆者之起，如病者之苏"，让你心里边一动，有仁心发起之处，我觉得那就是我的愿望达到了。我说"天池若有人相待，何惧扶摇九万风"，我觉得，我的希望、我的愿望是看到有继起的年轻人。我已经这么老了，是迟暮，已经是迟暮之年；你们大家，正是芳华的时候，所以我希望每一个青年人都能够在诗里边得到兴发，得到感动，能够找回你们那一点仁心的发动之处，谢谢大家。

（刘靓整理）

（原载《北京社会科学》2014 年第 6 期，收入时略有改动）

略谈李义山的诗

从来系日乏长绳，水去云回恨不胜。

欲就麻姑买沧海，一杯春露冷如冰。（《谒山》）

石桥东望海连天，徐福空来不得仙。

直遣麻姑与搔背，可能留命待桑田？（《海上》）

姮娥捣药无时已，玉女投壶未肯休。

何日桑田俱变了，不教伊水向东流。（《寄远》）

青女丁宁结夜霜，羲和辛苦送朝阳。

丹丘万里无消息，几对梧桐忆凤凰？（《丹邱》）

苦海迷途去未因，东方过此几微尘。

何当百亿莲华上，一一莲华见佛身。（《送臻师二首》其二）

曾逐东风拂舞筵，乐游春苑断肠天。

如何肯到清秋日，已带斜阳又带蝉。（《柳》）

荷叶生时春恨生，荷叶枯时秋恨成。

深知身在情常在，怅望江头江水声。（《暮秋独游曲江》）

不辞鹧鸪妒年芳，但惜流尘暗烛房。

昨夜西池凉露满，桂花吹断月中香。（《昨夜》）

远书归梦两悠悠，只有空床敌素秋。

阶下青苔与红树，雨中寥落月中愁。（《端居》）

路绕函关东复东，身骑征马逐惊蓬。

天池辽阔谁相待，日日虚乘九万风。（《东下三旬苦于风土马上戏做》）

要介绍一个诗人，我们有时可以由他的生平入手，譬如杜甫就是一个例子；有时则可以由诗人的朋友对他的描写来介绍，杜甫《赠李白》诗说："秋来相顾尚飘蓬，未就丹砂愧葛洪。痛饮狂歌空度日，飞扬跋扈为谁雄？"这首诗可以说相当准确地为李白勾画出一副面影。然而除此之外，有些诗人必须由作品的本身来认识，现在我们要谈的李义山就是这一类的诗人。

前面我选了李义山的十首七言绝句，我认为它们很能代表他的风格、精神和他对生命所持的态度。李义山的诗本身就是很有魅力的，前面的十首绝句，我们可以发觉在诗题典词的本身间并没有很重要的关连，如叫作《昨夜》的一首，是因为诗里就有"昨夜"两个字，叫作《丹丘》的一首，是因为诗里就有"丹丘"二字，又如《海上》一首也是一样。由于这样的情形，李义山诗的题目我们知道或者不知道并没有很重要的关系，我们不一定可以从诗题得到对于那首诗的意义的深切暗示，因此我觉得要了解李义山诗，主要是应该面对每一首诗的本身，看你究竟能从中感受一些什么。以前的人用什么样的态度来解释和欣赏他，我们现在先不谈，我想我们还是从诗的本身的了解入手。

要了解前面的十首诗以前，我想先谈谈一个诗人跟外界发生关系时的approach的问题，也就是说他跟外界接触时的途径，他怎样去接触外界，怎么样去感受事物。Approach是非常重要的，每个诗人接触外界的路子都不同，同样的一个东西，你怎么样去接受它，怎么样去描写它，它进到你的里边是怎么样进去的，你又怎么样去把它表现出来，这对于一个诗人是最基本、最重要的，所以在介绍李义山以前我想先谈这一点。

李义山诗读起来真有无可奈何的感觉，他那种充满怅惘哀伤的感情，你对它真不知如何是好。杜甫诗大都是写天宝之乱以后的生活，那些生活是很悲苦的，但在杜甫诗中始终抱有一点希望，他一直希望朝廷变好，人民的生活能有改善，他虽然在悲哀之中，可是一直抱着这种希望。李义山就不同了，他的诗表现一种迷失，好像有所追求、有所期待，可是永远也追求不到，永远也期待不得。他对外界、对生命所取的观照态度总是病态的、残缺的、悲哀的、痛苦的，我们可以说这是他对问题的探触方式，是他的独特的"诗思"，是他通过外界的approach。在此我可以先举个例子，前面引的《东下三旬苦于风土马上戏做》一首诗有两句说："天池辽阔谁相待，日日虚乘九万风。"这是用的《庄子》大鹏鸟的寓言，相同的写大鹏鸟"扶摇直上九万里"的如李白，他是取这样的态度："大鹏一日同风起，扶摇直上九万里。假令风歇时下来，犹能簸却沧溟水。"表现一份天才的狂想和自我期许。苏东坡则说："九万里风安税驾，云鹏今悔不卑飞。"他虽说"悔"了，虽表现了高飞者寂寞孤独的悲哀，但还认为自己是"高飞"的，只是比李太白少了一点狂气。而李义山就不同了，他完全着重在悲哀的一面，写天池的无人，写高飞的徒劳和空虚，"谁相待""日日""虚乘"都是很深沉的迷失和绝望，而他的诗里就把这种感情深刻地表现着。现在我们可以开始讲他的诗了。

前面引的十首诗，可以分为四类：第一到第四首是以神话为主题；第五首是赠人，表现他对宗教的了解；第六、七首是咏物；第八首到第十首写他自己的生活。我想我们可以从这四方面对李义山诗有一较深度的了解。

第一首诗说："从来系日乏长绳，水去云回恨不胜。欲就麻姑买沧海，一杯春露冷如冰。"首二句写得真是绝望，真是失望的悲哀。他说要把太阳系住，却缺乏这么长的绳子，而这不仅在我如此，从古以来人类就无法系住太阳，也就是说世界上有一种永恒存在的无常的悲哀，是没有一个人能挽回的，也是李义山接着说的"水去""云回"，同样是无可奈何的两种现象，那是无法挽留的逝去的悲哀。后两句则表现他曾是追求过的，曾经想向天上的神仙麻姑买下整个沧海，可是得到的是什么？是一杯春露而已，而且是"冰冷"的一杯。历来注解家都说这是李义山求令狐绹的一首诗，这些先不必管，我们此处要的是面对诗的本身，那种徘徊失去的悲哀，以及它的自质和表现方式。（《抚州南城县麻姑山仙坛记》云："麻姑自言接待以来，见东海三为桑田，向闻蓬莱水乃浅于往者，会时略半也，岂将复还为陆陵乎？"）

第二首："石桥东望海连天，徐福空来不得仙。直遣麻姑与搔背，可能留命待桑田？"这是写秦始皇派徐福入海求仙的事。李义山说徐福去求仙了，可是他看到的是海连天，他是"空来"了，因为找不到神仙。后面一句说希望得到神仙麻姑来搔背，可是那是不可能的。他这首诗的意思是说，在世界上你想追求的却偏偏得不到，就像你想等待沧海变为桑田一样。

第三首："姮娥捣药无时已，玉女投壶未肯休。何日桑田俱变了，不教伊水向东流。"月宫中嫦娥之捣不死之药，天上的玉女之不断投壶，都是永远没有止息的工作。桑田俱变，伊水东流，哪一天才能够如此呢？不过是没有希望的追求和等待罢了。（《神异经》云："东王公与玉女投壶，脱误不接，天为之笑，开口流光，今电是也。"）

第四首："青女丁宁结夜霜，羲和辛苦送朝阳。丹丘万里无消息，几对梧桐忆凤凰？"李义山常把他的悲哀表现为一种怅惘的哀伤，有所追求、期待而不得，可是他那份追求、期待是永远不肯罢休的。如这首诗的第一句，青女，也就是霜神，恳切地希望结成美丽的霜华，霜华是洁净美丽的东西，是由霜之女神辛苦殷勤的感情和劳力所结成的，然而当这感情和劳力付出以后，却不免明朝被日光融化的命运。由霜的遭遇迅速地转到人的处境，第三句就说"丹丘万里无消息"，丹丘是不死之乡，是昼夜常明之处（《楚辞·远游》"仍羽人于丹丘兮，留不死之旧乡"）。这就是说所追求的理想境界是在万里之外，一点消息也没有。如果丹丘是不存在的，也许根本就不要追求，但"几对梧桐忆凤凰"，凤凰是求不到的，可是我们看到梧桐树，而神话中梧桐是凤凰栖落的，所以虽然丹丘是在万里之外且无消息，然而我仍徒劳地追求着，如同等待凤凰一样，就是说我要放下来而我没有办法放下来。李义山另外的诗说"春蚕到死丝方尽，蜡炬成灰泪始干"，他一直在追求期待，也一直在追求期待不得的哀伤之中。

前面说的这一组都是有关神话的，他说到麻姑、嫦娥、玉女、青女、沧海、丹丘等等，这些神话有一个共同的意义，那就是它们都在表现遥远渺茫的追求而不能获得，他所用的神话是如此的。现在我们来看他写人世，前面引的第五首是送给和尚的，他说："苦海迷途去未因，东方过此几微尘。何当百亿莲华上，一一莲华见佛身。"很多人送给和尚的诗都是表示觉悟的，如杜甫《游龙门奉先寺》说"欲觉闻晨钟，令人发深省"，是说了悟到人世的虚幻。现在我们来看李义山怎么写。首句说我们在苦海中淹没沦陷且迷途，可是我们不知因果，不知为什么今生会如此。第二句的"微尘"指的是尘劫，佛家讲劫，说世界上几千百年就有一"劫"，到那时宇宙的一切都消灭了，这一句的意思是说自从佛法传到我们东方，已经过了好多次大尘劫了，如果佛法真能拯救我们，我们早就脱苦海了。因此第三、四句就反问要等到哪一天，我才能看到百亿朵的莲华上，每一朵都显现了救星？也就是说哪一天整个宇宙才会充满了佛的光明的、圆满的境界？这是李义山送和尚的诗，我们可以看出他对拯救对宗教的态度。

以下来看他写物，第六首："曾逐东风拂舞筵，乐游春苑断肠天。如何肯到清秋日，已带斜阳又带蝉。"柳树曾芬芳地拂在歌舞的筵席上，时间是游园的春天，在这样美丽的地方、这样使人动情的季节中的柳树，何以肯忍受那凄美秋日时披满身上的斜阳和一片垂死的秋蝉的叫声？有当日那样好就不应该落到今日的下场，有今日的下场就不应该有当年的好。你看李义山对生命、人生的疑问，是："如何肯到清秋日，已带斜阳又带蝉。"

第七首也是咏物的："荷叶生时春恨生，荷叶枯时秋恨成。深知身在情常在，怅望江头江水声。"第一句说悲恨是与生命同时生长起来的，有生命就有悲哀。到了秋天生命完全成熟了，那恨就停止了吗？不是的，是"秋恨成"。"成"字写得真好，是成熟。辛稼轩说："少年不识愁滋味，爱上层楼，爱上层楼，为赋新词强说愁。而今识尽愁滋味，欲说还休，欲说还休，却道天凉好个秋。"（《丑奴儿·书博山道中壁》）到了生命的晚年，才是真正对人生的恨体会得最深的时候。接下来"深知身在情常在"，是说我深深地知道生命存在，我的感情就存在；感情存在，我的恨就存在。而它像什么？它像江头的流水滔滔滚滚地不断向东流去。说起来应该是怅望江头的水，而他选加了一个"声"字，这样便不但看到江水东流，还听到它呜咽的声音。李义山另一首诗也说"怅望西溪水，潺湲奈尔何"，人生不但像江水东流，还带着这样潺湲呜咽的声音。

他所看到的柳、荷花是这样的一面。杜甫说"花柳更无私"（《后游》），这是他对花柳的体认，王维说"行到水穷处，坐看云起时"（《终南别业》），这是他对水、云的态度，他们都有一种了悟，一种哲理性的达观，而李义山看到的是"怅望江头江水声"，所以一个诗人接触外物的方式是不同的。

最后我们就要来看李义山写他自己的生活了。第八首："不辞鶗鴂妒年芳，但惜流尘暗烛房。昨夜西池凉露满，桂花吹断月中香。"《离骚》说："恐鹈鴂之先鸣兮，使夫百草为之不芳。"相传鶗鴂叫的时候，一切花草都将零落了。屈原是说怕它一叫，百草就不再芬芳了，李义山深入一层，这里的深入正如"直遣麻姑与搔背，可能留命待桑田"，就算真的能得到和保有了，但你能等到那一天吗？这是层次上的深入。本来鶗鴂是妒年芳的，但李义山以为这样的情景我是不避免的，百草千花要零落殆尽是无法避免的，也就是说最不幸的结果我都不避免。我只是惋惜"流尘暗烛房"，烛房是烛心所在的地方，生命的短促及其必定凋落是我不逃避的，可是我悲哀那无缘无故飞来的尘土把烛心淹没，使它的光辉幽暗，人生最可悲的是光明被遮盖，被他人误会和摧毁，这才是我最惋惜的。"昨夜西池凉露满"，表面上是说凉露撒满西池，可是"凉"字、"满"字所呈现的寒冷遍彻的感觉是非常深刻的。李义山写寒冷的感觉如"青女素娥俱耐冷"，都给人以孤清的凄寂的心灵上的寒冷之感。末句"桂花吹断月中香"，相传月中有桂树，现在我希望闻到桂花的香气，可是被风吹断了，所以我与月中的桂树是完全隔绝了，更不用说到月宫。从表面上看，这诗是写昨夜的露水、月中的桂树等等，但就整首诗的表现手法来说，并不是写实的。鹡鹩不是写实的，而是象征的，"鹡鹩妒年芳""流尘暗烛房"都是一种"意象"，用来象征生命的短暂和遭际。

第九首："远书归梦两悠悠，只有空床敌素秋。阶下青苔与红树，雨中寥落月中愁。"诗题是《端居》，就是闲居的意思。首句说远人的书信遥遥渺茫，返乡的梦也好久做不成了，我只有什么？"只有空床敌素秋"，一张一无遮蔽的床，我静卧抵抗外界的寒冷孤寂。接着两句是李义山惯用的两两相对的对句，这种对句，我以为是在表示有多重可能，阶下的青苔、红树并举，就是说不论它是绿色的或红色的，在雨中或在月光之下都一样愁苦。这一首是写他的家居生活，下面一首则是写他的旅行的，他说："路绕函关东复东，身骑征马逐惊蓬。天池辽阔谁相待，日日虚乘九万风。"第一句是写实，写他的旅行是经过函谷关向东行。第二句在写实中就有跳出去的意思了，"征马"是远行的马，"惊蓬"是惊飞的秋天的蓬。杜甫《赠李白》诗说"秋来相顾尚飘蓬"，而李义山这句诗说"身骑征马逐惊蓬"，可见他觉得他的一生是像漂泊的蓬了。这还不算，他在路上想到什么？这样的远行，他觉得像是从北海南飞，要飞到南方的天池的大鹏鸟一样，同时他又想：在那么遥远的天池边还有谁在等待我？明知没人等待，所以我的行旅也就成了白白的、徒然的漂泊了，像惊蓬一样随风而转。同样是写旅途，杜甫说"骑驴十三载，旅食京华春"（《奉赠韦左丞丈二十二韵》），陆放翁以诗人的潇洒在细雨中骑驴入剑门，李义山却说"天池辽阔谁相待，日日虚乘九万风"，一切只不过是徒劳罢了。

现在我们来谈谈李义山诗的特色和形成它的原因。

李义山在中国古代诗人中是最善于用象喻的大家，比如前面讲过的沧海、桑田、伊水等等，当然他也有写实的作品，我只是说象喻是他作品的重要特色。跟别的诗人比较起来，他用的象喻手法最多，也最好，而且他还是真正有心用象喻来表现的。像陶渊明，他有的时候用菊花、松树、云、鸟，也是一种象喻，可是陶渊明之取用这些东西作象喻，只是他心里有一种概念，而那概念与松、菊、云、鸟的意义有相合之处，所有他偶然就用了它们，不是有意地、具有反省地在经营象喻。杜甫诗中有些诗虽然是写实的，但有象喻的意味存在，但他也不是有心去写，只可以说是一种感情的投射，就是感情和人格的影子，因此他在象喻手法上并无特殊成就。李义山是有心在象喻上下功夫的。前面十首诗，每一首都有其象喻存在，你不能只按它们表面的、现实上的意义来解释。他在使用象喻的手法时，喜欢用怅惘的、迷离的、幽微杳渺的意象，总之不是很确实的东西，它们的意义是很难明确地解说的。为什么他的象喻在取象的外表和内容上有这种特质——而这无疑成了他的作品的一大特色——我们可以由内在和外在的原因来探讨。

　　先谈内在的原因。决定一个诗人作品的风格有两个要素，一是它的本质，一是表现方式。陶诗是属于澄明的灵性的表现，李义山诗在本质上则属怅惘哀伤的类型，而他喜欢的表现方式则取象于现实无有之物。他借神话来表现是如此，即使写到自己也是"昨夜西池凉露满，桂花吹断月中香"，那桂花不是人间的，又如"天池辽阔谁相待，日日虚乘九万风"借来象喻的鹏鸟也是现实无有的，所以我们可以说在本质上和表现方式上，李义山是属于高绝的心灵特质的诗人。这问题我在前面已经说明过，这里不详谈。

　　其次谈外在的原因。我们先从他的幼年谈起。李义山的幼年是很不幸的，他在一篇《祭裴氏姊文》中说"年方就傅，家难旋臻"，据张采田《玉谿生年谱会笺》说，李义山父亲死时，他只有十岁，他是长子，而他父亲死于浙东，于是他就扶柩回他们河南的故乡。《祭裴氏姊文》说："躬奉板舆，以引丹旐。"而那时是"四海无可归之地，九族无可倚之亲"，可见如何凄惨。以后三年丧满了，那时是"衣裳（即丧服）外除，皆甘是急，乃占数东甸，佣书贩舂"。"旨甘"是说奉养父母的食物，在此是指生活；"占数东甸"是说居住在洛阳；"佣书"是抄写工作；"贩舂"，根据冯浩注李义山诗文集有几种解释，有人说"舂"是舂米，"贩"是出卖的意思，就是说李义山当时会做舂米的工作，可是有人以为"舂"是"簸"的错字，因此"贩舂"是卖簸箕。不管怎么说，我们知道李义山在年少的时候，曾经做过辛苦卑贱的工作。如果说他父亲死时他是十岁，那么"衣裳外除"时他也不过是十三岁，十三岁就挑起生活的担子，他的不幸我们是可以想见的，所以我想李义山幼年的不幸在他心灵上是有很大的打击的，加以他在本质上是感觉特别敏锐的人，因此他所受的刺激和伤害必然更大。这便是何以他的诗总是病态的、残缺的、悲哀的、痛苦的，这是外在因素之一。第二个原因就是他平生的遇合，李义山平生的遇合是造成他的不幸的很重要的原因。李义山是怀州河内人，就是现在的河南，当令狐楚做河阳节度使时，他"以所业文干之"，拿文章给地位高的人看，希望由此得到赏识，这是唐代很普遍的现象。令狐楚看了以后，"以其少俊，深礼之，令与诸子游"，由是李义山举进士第。后来王茂元镇守河阳，请李义山到他的幕府做秘书，同时"爱其才，以子妻之"，于是李义山就成了王茂元的女婿。王茂元是李德裕的好友，而令狐楚和他的儿子令狐绹是牛僧孺的一党，一边是翁婿之情，一边是两代世交，李义山以一介孤寒书生无辜地被牵入牛李党争之中，而且是在一个两面不得谅解的夹缝里，这是他心中充满着不得谅解的悲哀和痛苦的原因。

外在原因的第三点是他一生仕宦不如意。令狐绹做了十年宰相，"以商隐背恩，尤恶其无行"（《旧唐书》），因此当王茂元死后，李义山到京师，便遭到"久之不调"的命运，所以他的大半生是依人幕府，做书记、判官一类的工作，他一生辗转于许多幕府之间，所过的都是不得志的生活。这一个原因也许使他的诗形成隐晦与不正面叙写的特色。他有的诗根本就是"无题"，还有虽然有题面等于无题的，因为那题目只是诗中的二字，前面说过的不算，其他如《锦瑟》《瑶池》《人欲》等都是。何以如此，就是因他有些悲哀痛苦不是能用一个具体的题面来叙写的，这一点也可以说是对人生综合性的体认以后的痛苦和感觉，不是针对某人某事而发，不能以一个题目限定它，所以是"无题"，如曹丕所说："忧来无方，人莫知之。"（《善哉行》）还有一个原因，是他所写的感情或因某人某事而发，但不能明白说出来，对李义山来说，确实是有很多难以言说的感情的，因为那是许多错综的恩怨，不管是对令狐绹还是王茂元。

李义山作品中有《燕台四首》，分春夏秋冬来写，前人有许多不同的解释。这四首诗不能看成是无题诗，因"燕台"二字不出现在诗中。冯浩、张采田等人认为，燕台是唐人对使府（即幕府）的一种称呼，李义山《燕台四首》是写他与使府中的一个后房妻妾的爱情。我以为这四首诗之命名为"燕台"，是因为他大半生都过着依人幕府的生活，《燕台四首》就是描写他大半生的悲惨、整个人生的不如意，他的追寻、失落和迷惘，不一定限于哪个幕府，他的意思是说：我的一生就是过的这种幕府生活。这四首诗最可以把他各方面的特色表现出来，因为太长了，此处不谈。

前面我们说李义山是中国古代诗人中使用象喻手法的大家，现在我们以《锦瑟》一诗为例，看他怎么把意象综合组织起来。

锦瑟无端五十弦，一弦一柱思华年。

庄生晓梦迷蝴蝶，望帝春心托杜鹃。

沧海月明珠有泪，蓝田日暖玉生烟。

此情可待成追忆，只是当时已惘然。

首先我们应抓住"锦瑟"这个意象，它是非常精美的乐器，而据传说，五十弦的锦瑟弹起来是"令人悲哀不止"，于是泰帝破为二十五弦，但李义山写的是五十弦，可以想见是悲哀到无法忍受的程度的，可以解释说：有这样美好的心灵的诗人却有这样深沉的悲哀。诗的首二句是总起，接下来四句是意象，以一个"思"字引起。"庄生晓梦迷蝴蝶"这句，梦是迷惘的，晓梦则又是短暂的，而庄子蝴蝶梦的寓言是何等的迷惑。"望帝春心托杜鹃"，所谓"春心"，是"春心莫共花争发，一寸相思一寸灰"。这句和上句组织起来，它的意义是：人生是短暂的（晓梦），但多情的春心，即使魂魄变成杜鹃（望帝），还要泣血，口口声声说"不如归去！"接下来二句，沧海、蓝田，月明、日暖，珠有泪、玉生烟，都是非常鲜明的对比。我刚说过并举的对比在诗中表示多种可能，此二句所有的意象都在表示诗人曾有过那样的经验或境界，至此便来个总结了，那就是"此情可待成追忆，只是当时已惘然"。"可待"的意思，就是说五六两句的所有经历，不待日后回忆而在事发当时就已惘然了。整首诗就是这样错综组合起来的，首尾有纲领的提挈。《燕台四首》的组织也是如此。

中国传统诗论，一贯认为写景寓情必须明白可见，就是说要可了解、可认识的，而这种了解和辨识偏重理性的知解。李义山完全不是这种形态的诗人，他在中国古代诗人中是很可注意的一位，他是第一个有心地、自觉地使用象喻手法的大家，而这种表现是不适合于我们传统的文学理论的要求的，因此他的诗便遭遇到好多误解，这是因为人们都用理性的解说去探究他、剖析他，而不由感性去直接面对他和接近他的诗，这样的欣赏态度是我们一向缺乏的，因此在无法抗拒李义山诗的魅力而又不得确解的时候，批评家只好说"望帝春心托杜鹃，佳人锦瑟怨华年。诗家总爱西昆好，独恨无人作郑笺"了。

（曹西马笔记）

（原载台湾大学学生刊物）

讲李商隐《燕台四首》

西方的符号学认为，语言、文字都是一种符号。在诗歌里边，语言符号的作用是非常微妙而且丰富的，它的形、音、义各有各的作用，结合起来形成一种整体的美，所以在具体讲解之前，我还是先把这几首诗给大家念一遍：

> 风光冉冉东西陌，几日娇魂寻不得。
>
> 蜜房羽客类芳心，冶叶倡条遍相识。
>
> 暖蔼辉迟桃树西，高鬟立共桃鬟齐。
>
> 雄龙雌凤杳何许，絮乱丝繁天亦迷。
>
> 醉起微阳若初曙，映帘梦断闻残语。
>
> 愁将铁网罥珊瑚，海阔天翻迷处所。
>
> 衣带无情有宽窄，春烟自碧秋霜白。
>
> 研丹擘石天不知，愿得天牢锁冤魄。
>
> 夹罗委箧单绡起，香肌冷衬琤琤佩。
>
> 今日东风自不胜，化作幽光入西海。（《春》）

> 前阁雨帘愁不卷，后堂芳树阴阴见。
>
> 石城景物类黄泉，夜半行郎空柘弹。
>
> 绫扇唤风阊阖天，轻帷翠幕波洄旋。
>
> 蜀魂寂寞有伴未？几夜瘴花开木棉。

桂宫留影光难取，嫣薰兰破轻轻语。

直教云汉堕怀中，未遣星妃镇来去。

浊水清波何异源，济河水清黄河浑。

安得薄雾起缃裙，手接云軿呼太君。（《夏》）

月浪衡天天宇湿，凉蟾落尽疏星入。

云屏不动掩孤颦，西楼一夜风筝急。

欲织相思花寄远，终日相思却相怨。

但闻北斗声回环，不见长河水清浅。

金鱼锁断红桂春，古时尘满鸳鸯茵。

堪悲小苑作长道，玉树未怜亡国人。

瑶琴愔愔藏楚弄，越罗冷薄金泥重。

帘钩鹦鹉夜惊霜，唤起南云绕云梦。

双珰丁丁联尺素，内记湘川相识处。

歌唇一世衔雨看，可惜馨香手中故。（《秋》）

天东日出天西下，雌凤孤飞女龙寡。

青溪白石不相望，堂中远甚苍梧野。

冻壁霜华交隐起，芳根中断香心死。

浪乘画舸忆蟾蜍，月娥未必婵娟子。

楚管蛮弦愁一概，空城罢舞腰支在。

当时欢向掌中销，桃叶桃根双姊妹。

破鬟倭堕凌朝寒，白玉燕钗黄金蝉。

风车雨马不持去，蜡烛啼红怨天曙。（《冬》）

他说了些什么？是不是朦胧诗？大家在听我读的时候也许会发现，这四首诗常常写到一个女子，好像有一种爱情，又好像有一种追寻，总之，他写得恍惚错综、深微幽窈，读罢真是让人深感无可奈何！像这样的诗，究竟应该怎么讲解呢？一般来说，中国过去讲诗的人都喜欢结合历史背景来进行分析，考察诗人所生活的时代、生平以及诗的内容等等，这个本来是不错的。比如讲杜甫的诗，我们就一定要考证那些诗的写作背景是怎样的，因为杜甫的诗需要这样讲。不过，诗有很多类型，针对不同类型的诗，讲解时应该采用不同的方法、途径，用英文说，就是不同的 approach。《毛诗·大序》上说"情动于中而形于言"，所以中国的诗歌非常注重兴发感动的作用。以中国最古老的诗歌总集《诗经》为例，归纳其引起作者和读者感发的几种方式，我们可以归纳出赋、比、兴三种。赋就是说你不用一个形象，只用叙述说明，就给人一个直接的感受，从而引起相应的感动。一般情况下，大家都以为有一个鲜明形象的诗才算是好诗，比如王昌龄的《从军行》："青海长云暗雪山，孤城遥望玉门关。黄沙百战穿金甲，不破楼兰终不还。"再如王之涣的《凉州词》："黄河远上白云间，一片孤城万仞山。羌笛何须怨杨柳，春风不度玉门关。"这都是先用一个形象起头的。可是赋这种体式不是如此，它只靠叙述的口吻，就可以直接打动你了。以杜甫的《醉时歌》为例，这是杜甫送给他的一个朋友——郑广文的诗。他说："诸公衮衮登台省，广文先生官独冷。甲第纷纷厌粱肉，广文先生饭不足。先生有道出羲皇，先生有才过屈宋。德尊一代常坎轲，名垂万古知何用！"这完全用的是赋的方法：前四句两两相对，一扬一落，使"诸公"的显达奢靡与"广文先生"的迍遭困顿形成鲜明的对比；五六两句先说"先生"的德如何高、才如何大，又扬了起来，紧接着便说，即使如此，仍然是"常坎轲""知何用"，又沉了下去。另外一种是兴，像"关关雎鸠，在河之洲。窈窕淑女，君子好逑"，这首诗大家非常熟悉，说的是先听到雎鸠鸟叫的声音，见到沙洲上鸟的形象，由此而产生了欲寻佳偶的联想。再比如《诗经》中的另一篇《苕之华》："苕之华，芸其黄矣。心之忧矣，维其伤矣。"这里用"苕华"黄萎的形象来表现人生的忧伤，也是以一个形象引起感发的。像这种由物及心、由形象过渡到情意的表现方法，就叫作兴。还有一种是比，例如《诗经》中的《硕鼠》："硕鼠硕鼠，无食我黍。三岁贯女，莫我肯顾。逝将去女，适彼乐土。乐土乐土，爰得我所。"因遭遇到统治者的聚敛剥削，诗人内心先有了一种痛苦与不平，于是用"硕鼠"的形象来比喻那些剥削者，它是由心及物——内心先有了一种情意，然后找到一个外物的形象来表达这种情意。这种表现方式，我们称之为比。

以上我对赋、比、兴三种方式做了一个简单的介绍。一般说来，中国传统的批评家们，正是一贯用这三种方式结合历史背景来说诗的，这样说诗比较容易掌握诗歌的内容。可是，李商隐的这几首诗，你很难简单地说它们就是由心及物或者由物及心，因为整组诗都是由各种各样的形象构成的。在西方的文学批评里，讲到形象与情意的关系也有很多种，像明喻 (simile)、隐喻 (metaphor)、转喻 (metonymy) 以及寓托 (allegory)、象征 (symbol)、拟人 (personification)、举隅 (synecdoche) 等等。对于李商隐这组诗中的形象，如果用西方的文学术语来说，大概可以借用艾略特的用语"外应物象"。也就是说，整组诗是用一连串的形象间接地传达作者的某种情意的。虽然这种情意与这些形象有相当的关联，可是作者始终没有清楚地说出他所要说的到底是什么。所以对于这几首诗，你就不能进行完整而理性的分析和说明了。不过，有许多人还是用旧传统的方法来猜测，作出了各种各样的解释。

先就本诗题目及所写人物而言，有人以为"燕台"是一个女孩子的名字，而春、夏、秋、冬四首诗正是写她一年四季不断追寻的过程；也有人认为，"燕台"指的使府，也就是那些地方行政长官的幕府。据历史记载，燕昭王曾经筑黄金台以招揽天下的贤士，黄金台即是"燕台"，它代表能够招募贤才来工作的地方，所以后来人们常称幕府、使府为"燕台"。根据这一点，有人就推测说《燕台四首》中所写的那个女子或许是使府后房的姬妾，因为李商隐的一生都是在使府之中度过的，在此期间，他有可能与府主的后房人产生感情，于是写了这组诗。还有人认为，李商隐早年曾一度在玉阳山学道，当时有可能爱上某个女道士，而《燕台》诗中又有一些神话的典故，所以这四首诗或许是写女冠的。另外，因为这组诗的第四首《冬》中有一句是"桃叶桃根双姊妹"，于是又有人说，这首诗应该是写两个女子，即当时皇宫里的飞鸾和轻凤，所以写的是李商隐本人与宫嫔的恋爱关系。

就地点而言，有人说，这首诗中写了"石城"，石城有两个，一个是石头城，即南京，一个是湖北竟陵的石城；他又说"蜀魂"，蜀指的是四川；而"瘴花""木棉"，岂不应该又到云南那边去了；至于"云梦""湘川"，当然是楚地：所以这许多可以指实的地方色彩，是不妨认为诗中女主人公是在南方的。假如再检查诗中北方地方色彩如"济河""黄河""燕台"等，则"诗中忽南忽北，正是原作者故弄狡狯，无意将谜底告人"（劳干《李商隐·燕台诗评述》）。

再就四首诗中春、夏、秋、冬的章法而言，有人说第一篇"春"是细写"春情怨思"，第二篇"夏"是追述旧时的幽会，第三篇"秋"是说那个女子又离开他到远方去了，第四篇"冬"是说"我"还羁留此地的一种怅恨之情。

总之，对于这几首诗，前人众说纷纭，莫衷一是。因为时间关系，我不能给大家一一遍举。现在我所要说的，则是与这四首诗有关的一个故事。除了《燕台四首》以外，李商隐还写过一组名为《柳枝五首》的诗。在那组诗的序文中，他是这样说的："柳枝，洛中里娘也"，柳枝是河南洛阳的一个女孩子；她喜欢"吹叶嚼蕊"，"嚼蕊"就是吃花，台湾诗人余光中就写过"食花的怪客"，总而言之，她非常喜欢那些芬芳美好的事物；她也喜欢音乐，"调丝撆管，作天海风涛之曲，幽忆怨断之音"——有这样一种幽深、呜咽、哀怨、凄断的声音。再说她的装束，是"生十七年，涂妆绾髻未尝竟"，这个女孩子的生活习惯、所爱好的，不同于一般的女孩子，人家总是该做什么就做什么，化妆就要化得彻底，可她不是，她化妆从来没有化完过。所以，她的那些亲戚邻居就"疑其醉眠梦物断不娉"，觉得这个女孩子整天痴痴迷迷、恍恍惚惚的，一定嫁不出去了。有一天，李商隐的一个名叫让山的从兄弟骑马经过柳枝家的门前，在院南边的柳荫旁下马吟诵了这四首《燕台》诗。在这里我还要顺便说一下吟诵的重要性。诗歌是要吟诵的，在吟诵时，你要把你的声音给它，让你的生命和感情透过你自己的声音与诗歌结合起来。所以中国有很多关于吟诵诗歌而使人感动的故事。比如《聊斋》里的《连锁》一篇，说青年书生杨于畏进京赶考，暂时住在乡间的一个荒僻的地方。他每天晚上都听见外边有一个女子吟诗的声音——"玄夜凄风却倒吹，流萤惹草复沾帏"，其声哀挽，其情幽怨。后来，杨生走出去寻觅那个吟诗的女子，结果她一闪即逝，只在草地上留下了一个香囊。他把香囊拿了回去，而那个女子后来还是出现了。她本是一个女鬼，最后还魂与杨生结成夫妇，这当然是一个美满的故事。再有，像《聊斋》中的另一篇《白秋练》的故事，也是一个因听人吟诗而受感动的例证。

所以，当柳枝听到让山吟诵这四首诗的时候，马上惊问道："谁人有此？谁人为是？"我觉得这真是掌握了问话要点的两句非常好的问话，"谁人有此"者，是说谁能有这样的一份感情；"谁人为是"者，是说谁能作出这样的诗。"有"是指内心的情思，"为"是指作诗的才能——什么人有这样的感情？什么人有这样的才能？前些年我与四川大学的缪钺先生合作撰写《灵谿词说》时曾经说过，如果说李商隐平生有一个知己的话，那么这个人肯定是柳枝。因为她还没有看，她只是听到别人吟诵这几首诗，就体察到这个作者的感情、才华与一般人是不同的，就有了如此深刻的感动。当柳枝这样问时，让山就回答说：这是我的一个从兄弟李商隐写的。于是柳枝"手断长带"，她就用手把衣服上的带子断掉一节交给让山，说：你将此带交给那个写诗的人，请他明天到这里来与我相见。第二天，李商隐果然就来了。而柳枝也一改以前的"涂妆绾髻未尝竟"，她是"丫鬟毕妆"。"丫鬟"是古代女子的一种发型。古代的女子有很多种发型：如果是"高髻"，在头顶上把发髻梳得很高，那是高贵庄严的一种发式；如果是"倭堕髻"，垂在旁边的，像温庭筠的词中所说的"倭堕低梳髻，连娟细扫眉。终日两相思"（《南歌子》），就表现了一种浪漫的情思；而现在我们说的"丫鬟"，是一边梳一个髻，这就显出女孩子清纯活泼的特点。"丫鬟毕妆"，"毕妆"就是严妆，这一次她化妆化得一丝不苟，"抱立扇下，风障一袖"。等到李商隐来了，柳枝就对他说："后三日，邻当去溅裙水上，以博香山待，与郎俱过。"在古代，清明节前后，有很多女孩子都要去水边斗草寻芳，湔洗衣裙，以驱除不祥。柳枝说：三天以后，我要在博山香炉之内焚一炉最好的香，等待你的到来。李商隐当时答应了，可那时他与另外几个朋友约定说要去京师参加考试，而其中一个人把他的行李偷偷先带走了。所以他不能久留，便失信于柳枝，没等到约会的日子，就离开了那里。后来，等到他再回来的时候，让山告诉他说：那个女孩子已经嫁给别人了。于是，他写了《柳枝五首》这组诗。

我之所以要给大家讲这个故事，第一，是因为这个故事与《燕台四首》有一定的关联，它曾经引起过柳枝那样深的感动，证明它果然是好诗；第二，因为有了这个故事，后来的一些评注说诗的人就说，这《燕台四首》所写的，可能就是李商隐和柳枝的爱情故事。比如什么"石城景物类黄泉"哪，"内记湘川相识处"哪，这很多的地名，都说的是柳枝结婚以后去了这里，又去了那里等等。我们说这种猜测显然是不可能的，因为根据李商隐的《柳枝》诗序，是他先写了《燕台》诗，然后被柳枝听到，才引起感动的，所以《燕台》所写之人自然不会是柳枝。那么这四首诗究竟写了些什么呢？既然它没有一句落实之语，而其中所写的人物、地域等等又不可确指，所以我们不妨将这些理性的东西暂时抛开，用另外一种方式来进行讲解。这次讲演的题目是"从西方文论看李商隐的几首朦胧诗"，下面，我们就将西方文论中有关的内容作一下简单的介绍。

先从阐释学讲起，阐释学又叫诠释学，英文是 hermeneutics，Hermes 在西方神话中是指为宙斯大神（Zeus）传递信息的一个使者，而诠释学原本是指西方研究《圣经》的学者们如何给经文作出正确解释的一种学问。《圣经》中讲，耶稣在传道的时候，有时也用一些具有象喻意味的故事，而这些故事除了表层的意思之外，还有一些更深层的意思，因此人们可以对它作出很多不同的解释。可后来西方的一些哲学家们也用这种方式来解释哲学，所以原来的这种解经之学，也就逐渐脱离了教条的束缚，而发展成为一种可以普遍适用于哲学、文学等解释的阐释学了。既然阐释学的本义是想要推寻出经文中神的旨意，用以解释文学作品时，则变成要追寻作者的本意。比如李商隐的这几首诗，它究竟说的是什么？是写他的一段恋爱故事吗？如果是，那么他所恋的对象又是谁？或许，这是写他在使府中仕宦的不得志。而他的本意到底是什么呢？

我们知道，不同的诗人与不同的诗，其写作背景及写作方式都各有不同，像杜甫的诗《闻官军收河南河北》，就是说听到官军收复了河南、河北的一些失地；《自京赴奉先县咏怀》，就是说诗人从京城到奉先县途中的见闻和感受，我们清清楚楚地知道他的本意是什么。但是像李商隐这样的诗，我们却很难说明它的本义。阐释学除了讲本义以外，还讲到衍义，就是读者体会出来的一些意思，不见得是作者的本意，它只是诠释者本人在不同的时空背景下阅读作品而获得的一种理解。无论是本义还是衍义，在西方的阐释学里边，都被认为是可以有很多层次的，所以他们还有另外一些批评术语，比如 multiple meaning，这是从作者的角度，说作者在创作的时候，其本意可能是多重的；再如 plural significance，则是从读者的角度，说一个作品可以引发读者多重衍义的推想。可是，不管是作者的本意还是读者推想出来的衍义，任何一个意思，都应该从作品的文本 (text) 中引发出来，因为"文本"为阐释者提供了各种阐释的可能性。我们要阐释一个作品，只能透过它的文本去理解。除此之外，别无其他依据。

所谓"文本"，就是作品中语言文字的本体。按照瑞士语言学家索绪尔 (Saussure) 的说法，"文本"作为一种表意符号，其作用主要可以归纳为两条轴线：一条是语序轴 (syntagmatic axis)，是指语法结构的层次；另一条是联想轴 (associative axis)，是说每一语汇所可能引起的联想的作用。如果说语序轴是一条横向的语言进行的次序，联想轴则是从纵向生发出的一系列可能联想到的语谱 (paradigm)。比如看到"蛾眉"一词，你可能想到《诗经》中的"螓首蛾眉"的"蛾眉"，也可能想到《楚辞》中"众女嫉余之蛾眉兮"的"蛾眉"，还可能想到李商隐诗中"长眉已能画"（《无题》）中的"长眉"，这是一条联想的轴线。索绪尔的理论为以后的学者提供了不少可以发挥的余地。至于把符号学用于研究诗歌的，则以罗曼·雅各布森（Roman Jakobson）和洛特曼（J.M. Lotman）

二人的学说最值得注意。雅各布森把索绪尔所说的两条轴线综合在一起，认为诗歌的语言是非常丰富的，既可以从横向的语序轴引发很多不同的联想，也可以从纵向的联想轴引发很多不同的联想，二者彼此错杂地交织在一起。他说，诗歌语言具有六面六功能的多重作用，这是雅氏的说法。洛特曼认为：文本都是由语言符号组成的，平时我们所说的语言符号都比较简单，说"胶片"就是"胶片"，说"书本"就是"书本"，这是约定俗成的日常语言符号；可是，诗歌语言符号常常有很多的信息，这些信息往往结合了一个国家、民族的文化、历史的背景与传统，所以当某个语言符号在一个国家使用了很长的时间以后，它就会形成一个带有很多历史文化背景的符码，即"文化的符码"（cultural code）。比如前面我们说过的"燕台"二字，它在中国的文化传统中，就代表了使府、幕府这样的地方。洛氏还认为，当读者理解文本的时候，有两种不同的作用：一种是对于符码的理性认知（cognition）。比如杜甫说"剑外忽传收蓟北"，就是说我在剑门关外听说了河北那边收复失地的消息；再比如说"皇帝二载秋，闰八月初吉"，说的就是肃宗皇帝至德二载的秋季，闰八月初一这一天。这些符码都可用理性来认知，我们可以清清楚楚地知道他所说的是什么。还有一种作用属于感官的印象（sense perception），这完全是一种感觉的感知，不是可以用理性来说明的，你要用感官直接去感受它。

　　既然语言的符号这么微妙，有这么多种作用，所以我们还要讲一下接受美学。德国接受美学家伊塞尔在《阅读活动——一个美学反应的理论》（*The Act of Readin：A Theory of Aesthetics Response*）中，提出文本具有一种可能的潜力（potential effect），就是说诗歌语言中蕴藏了一种可以引发读者产生多种联想的作用，而这种作用是在读者阅读的过程中加以完成的。还有就是我们前面说，一个符码，你可以由它联想到其他文本上的符码。比如从温庭筠的"懒起画蛾眉"想到《诗经》《楚辞》中的"蛾眉",这种情况叫作"互为文本"(intertextuality),就是说这个文本里面包含着那个文本,它们之间的关系是相互的。所以,对于一句诗,有时你可以从前人很多诗歌的语言符号里把它们镶嵌在一起,就是 mosaic of tradition,因为那些语言符码里包含了古代的很多传统,它们之间可以"互为文本",而当很多的文本中有一个 tradition 结合在一起的时候,其中任何一个 tradition 都可以引起你很多很丰富的联想。

除此之外,讲到诗歌语言的作用,我还应该再提一下法国女学者朱丽亚·克利斯特娃的有关理论。克氏在其《诗歌语言的革命》(*Revolution in Poetic Language*)一书中说,诗歌的语言有两种作用:一种是象征的作用(symbolic function),一种是符示的作用(semiotic function)。当然,克氏所说的象征的作用跟我们普通说的象征是不一样的。比如说松树象征坚贞,这只是简单地用一个具体事物表现一种抽象意义,而克氏所说的象征的作用是指诗歌理论里边已经约定俗成的一种比较固定并且可以确指的象喻的作用。比如说以"蛾眉"象喻才人志士的品德之美即属此类。所谓"符示的作用",是指诗歌语言中那些没有建立起固定意义的符号的作用,正因为不固定,这种作用才显得活泼自由,读者可以产生不同的联想、作出不同的诠释。等一下我就要用这种方式来探求李商隐的《燕台四首》,不过在此之前,我们还应该做一些切实的工作。

一般说来,你要想真正理解一首诗,太拘执死板了就会限制你的兴发和想象,这自然是不好的;可是你如果一任主观,随便爱怎么讲就怎么讲,又容易流于荒谬随意的妄说。关于这个道理,我们同样可以征引一些与此相关的西方理论。西方接受美学认为,读者在接受的时候,每个人都可以有不同的接受的想象。意大利接受美学家墨尔加利曾写过一篇论文,题目是《论文学接受》,在这篇论文里边,他提出来一个说法，意大利文是 La trahison creative，英译为 creative betrayal，即"创造性背离"。就是说读者在阅读的时候，明明知道自己的诠释很有可能不是作者的本意，但是可以背离作者的本意，作出带有自己的创造性的解释。其实，刚才我们也提到了诠释学，诠释学认为，每个人的诠释都是诠释人自己的感受和理解。本来，他们还曾提出过"诠释的循环"这一术语，就是说你从你自己出发，来追寻作品的意思，可是最终你追寻的所得是回到你自己。所以，每个人读诗都有不同的感受：你读了有你的感受，他读了有他的感受；你今天读这首诗有今天的感受，明天读这首诗又有明天的感受，但是你永远不可能追寻出作者的本意来。

我在课堂上常常提到王国维的《人间词话》。在《人间词话》里，王国维提出了"古今之成大事业、大学问者"的"三种境界"，他说："'昨夜西风凋碧树。独上高楼，望尽天涯路'，此第一境也；'衣带渐宽终不悔，为伊消得人憔悴'，此第二境也；'众里寻他千百度，回头蓦见，那人正在，灯火阑珊处'，此第三境也。"晏殊、柳永他们有这个意思吗？没有。所以他最后又说："此等语皆非大词人不能道，然遽以此意解释诸词，恐为晏欧诸公所不许也。"——如果我说这个意思就是晏欧诸公本来的意思，那恐怕他们是不会同意的。我之所以要在这里引王国维论词的例子，就是说读者的接受不必然是作者的本意，而且王国维也明明知道他所说的不见得是作者的本意，这只是他一个人的"读者的接受"。如果从西方接受美学的角度来看，这无疑属于带有创造性之背离的一种读法。

既然读者可以有一种"创造性的背离"，那岂不是解释任何一首诗，读者都可以无所限制自由发挥？也不尽然是如此的。前面我们提到读者的诠释要以文本为依据，而文本中那些语言符号的微妙作用可以给你一种提示。关于语言符号的这种作用，艾柯在《一个符号学的理论》

(*A Theory of Semiotics*) 中曾特别提出"显微结构"一词。所谓"显微结构"不是文法上的结构，而是指文本里边所包含的那些最细致、最微妙的质素。它既包括声音，也包括形体和字意，读者正是根据这种非常精微的结构所提供的暗示，才能对文本中的潜能做出正确的发挥。所以在说诗的时候，我们一方面要有自己的感发联想的自由，同时也不能凭任自由，你要放出去的有多少，应该抓住的又有多少，这中间有一个尺寸。你既不能完全放开，也不能死板地被完全套住，一弛一收之间，是非常值得注意的。

明白了这一点，我们再来看李商隐的这四首诗，他所反映的到底是什么？而他为什么会有这样的感情？当然，这还要从李商隐的生平谈起。李商隐生在唐宪宗元和七年（812），卒于唐宣宗大中十二年（858），他一生虽然仅活了四十几岁，可在此期间，朝廷竟然更换了宪、穆、敬、文、武、宣六个皇帝。此时，唐王朝正处于多故之秋，外有藩镇之患，内有宦官专权，再加上朋党之争，这个王朝显然已经走向没落了。在朝廷之内，不用说大臣的升降不能由皇帝做主，就连皇帝本人的生杀废立都被操纵在宦官手中，像唐宪宗，据说就是被宦官陈弘志杀死的，穆宗小皇帝只做了很短时间就去世了，而敬宗是被宦官刘克明杀死的。这是当时的时代背景。再就李商隐的家庭而言，他的父亲李嗣只做过卑微的县令等官吏。在李商隐十岁的时候，李嗣病故于浙西幕府。作为家庭中唯一的男孩子，他要负担起全家的责任与苦难。所以，他奉丧侍母，把他父亲的灵柩从浙江运回到河南郑州。当他回到故乡的时候，"四海无可归之地，九族无可倚之亲"：四海之大，没有一个可以归属的地方；九族之中，也没有一个可以投奔的亲人。那时他们一家人生活的困苦简直是难以形容的。刚回到故乡时，他连户口都没有，等到三年服丧期满，他才"占数东甸"，也就是在东都畿甸安家落户。为了奉养母亲和其他家人，他不得不"佣书贩舂"（《祭裴氏姊文》），给人家做一些抄写或舂米之类的事情。在这种极其艰难的环境中，他"悬头苦学"，十几岁时写的文章已经颇为可观了。"十六能著《才论》《圣论》，以古文出诸公间"（《樊南甲集序》）。在他十八岁的那一年，令狐楚到河南做了天平军节度使，他非常欣赏李商隐的才华，于是聘请他"入幕为巡官"，并且特加优待，教李商隐与自己的儿子令狐绹一同学习当时官场上流行的骈体文。后来，李商隐参加过两次考试，结果都没有考上。一直到他二十六岁的时候，高锴主持贡举，当时令狐绹已在朝廷中做官，高锴曾问他：谁是八郎你最好的朋友？令狐绹听罢连说了三次李商隐。所以这一次李商隐就考中了进士。本来，他在考中以后还是可以回到令狐楚幕下去的，可就在那一年，令狐楚在兴元病故。李商隐去参加了丧事，然后在返回长安途中写下了著名的长诗——《行次西郊作一百韵》，那是在开成二年的冬天。

前面我们说，晚唐社会，宦官专权，像宪宗、敬宗都是被宦官杀死的。等到文宗继位，他就想改革政治，清除宦官专权这种不合理的现象。于是在太和九年，文宗与李训、郑注等大臣共同谋划，他们先是让人假装说在金吾大厅后边的石榴树上"夜降甘露"，然后让宦官首领仇士良等人去验看，想趁他们进去时杀掉他们。可是，宦官首领叫一个小宦官先去试探一下，当他来到那里的时候，偏偏天不成人之美，一阵风吹过，帐幕被掀起一角，现出后面伏藏着的甲兵，于是事情败露，自宰相王涯以下的很多朝官都被诛戮了，这就是"甘露之变"。

"甘露之变"以后，文宗更加受到宦官的挟制。有一次他问大臣："你们觉得我是一个怎样的皇帝？"大家当然是赞美他如何如何圣明了。可是他说："我看我自己连汉献帝都不如，他是受制于权臣，而我是受制于家奴！"他曾经写过一首诗："辇路生春草，上林花满枝。凭栏何限意，无复侍臣知。"他说春天的时候，上林苑中的花开得很漂亮，我本应该去玩赏物华，可是我没有心情去游赏，以至于辇路上长满了春草。我靠在栏杆上，心中有无限的感慨，但是没有一个侍臣知道我感慨的是什么。

李商隐早期的诗歌有很多都是感慨"甘露之变"以后的时事的。比如《曲江》一诗："望断平时翠辇过，空闻子夜鬼悲歌。金舆不返倾城色，玉殿犹分下苑波。死忆华亭闻唳鹤，老忧王室泣铜驼。天荒地变心虽折，若比伤春意未多。"他说再也见不到皇帝乘坐着翠辇来游曲江的盛况了；如今，只听到半夜鬼哭神嚎的声音。往日那些乘坐金舆侍从皇帝游赏的妃子们已是一去不返，只有曲江的流水依旧流向玉殿旁的水沟中。第五句用的是西晋陆机的典故。史载陆机因为被宦官陷害而被诛，临死前曾经说："华亭鹤唳，岂可复闻乎？"第六句用的是西晋索靖的典故。在西晋灭亡之前，索靖已经预见到国家就要灭亡了，所以当他看到洛阳宫门前的铜驼时，曾感慨地说：我马上就要看到你被荆棘蔓草所淹没了。这两句是影射"甘露之变"中大批朝臣被杀戮的事情以及自己对于国家前途命运的深重忧虑。最后他说"天荒地变心虽折，若比伤春意未多"，这真是天荒地变般的巨大变故，我的心都要为之破碎了。不过，与"伤春"相比，还是后者更令我伤怀。钱锺书曾写过一句诗"伤时例托伤春惯"（《故国》），因为中国古人常常把伤时的悲哀用伤春来表现。由这首诗可以看出，李商隐是一个有理想、有才华、关心朝政的人。

太和九年"甘露之变"以后，文宗的年号改成开成。开成二年的冬天，李商隐考中进士不久，写了那首《行次西郊作一百韵》。在这首诗中，他说了些什么？他说："农具弃道旁，饥牛死空墩"，耕田的器具被抛掷在路边，而耕牛都饿死在荒颓的土台上。"依依过村落，十室无一存"，我满怀惆怅地走过了一个又一个的村庄，常常看到十间房子都是空的，里边的人不是死了，就是逃走了。"儿孙生未孩，弃之无惨颜"，生下来的婴儿，还没等长到成童的年龄，就被他们的父母抛弃了——自顾尚不暇，又怎能养活他们呢？"不复议所适，但欲死山间"，百姓们不再说我们逃到哪里去，因为已经没有任何地方可以逃，他们也只能是死在乱山的沟壑之中了。"盗贼亭午起，问谁多穷民"，盗贼在光天白日的中午就敢出来抢劫，他们到底是什么人？都是些走投无路的穷人！"官健腰佩弓，自言为官巡。常恐值荒迥，此辈还射人"，那些腰间佩戴弓箭的"官吏"们，自称是替政府巡查"盗贼"，可是恐怕当他们走到荒郊野外的时候，真不知道他们会做出什么样的事情来。最后他说"我听此言罢，冤愤如相焚"，听到老百姓说这样的话，我内心的愤慨就像火烧起来一样痛苦。所以，"我愿为此事，君前剖心肝。叩头出鲜血，滂沱污紫宸"，为了减轻老百姓的这些痛苦与不幸，我愿意在皇帝面前把我的心肝都剖出来；我愿意把我的头颅磕破，流出鲜血染在朝廷的宫殿之上。可是"九重黯已隔，涕泗空沾唇！"《楚辞》上说"君之门兮九重"，你要想见到皇帝，哪里是容易的事情？君门那么遥远、那么昏暗，层层都是关口，层层都有阻隔；所以我空有满怀热切的愿望，最后只能涕泪交流，沾湿我的唇边。你要注意，这首诗是在李商隐考中进士后不久写的，而此诗所反映的，正是他对于国家和人民的一种深切的关怀之情。

刚才我们说李商隐考进士的时候，曾经得到令狐楚的儿子令狐绹的推誉，可就在这一年，令狐楚就病逝了。唐朝的一些官员常常在新进士之中选择女婿，当时有一个叫王茂元的人，也很欣赏李商隐的才华，于是把女儿嫁给了他。我们知道，晚唐朝廷充满了朋党之间的政治斗争，令狐家属于牛僧孺一党，而王茂元属于李德裕一党。李商隐既先受知于令狐楚，而后又就婚于王氏，不自意竟陷入了牛李党争的夹缝之中！他一生仕宦很不得意，终年漂泊在各地的幕府之间，历依天平、衮海、桂管、武宁、东川诸幕。在幕府中写一些什么东西？我现在每一次看到李商隐的《樊南文集》，真的是替他难过。你看他的诗，这是多么有志意、有才华的一个人，而他的文集呢？都是为那些府主写的应酬文字。当然，李商隐也曾经屡次向令狐绹陈情，希望令狐绹能够谅解他，希望能够恢复昔日的一段友情，可是令狐绹始终没有原谅他。这从李商隐的诗中可以得到证明，他曾写过一首题为《九日》的诗，"九日"就是重阳节。他说："曾共山翁把酒时，霜天白菊绕阶墀。"这是怀念令狐楚的，令狐楚在世时非常赏识李商隐的才华，不论有什么聚会，总是把他带在身边，所谓"座旁一人、白衣最少者"，就是指的李商隐了。所以他说"曾共山翁把酒时"，我记得当年跟随恩主一起喝酒的时候，正是在白露为霜的秋季；那时，阶旁开遍了白色的菊花。然而"十年泉下无消息，九日樽前有所思"，现在恩主死去已有十多年了，过去的一段恩情没有人再提起，我再也无从述说了，可是每值重阳佳节，当我看到那"霜天白菊"，就会情不自禁地想起一幕幕往事。最后两句他说："郎君官贵施行马，东阁无因得再窥。""郎君"指的是令狐绹，李商隐这首诗写于宣宗大中三年，而此时的令狐绹已经身居高位了。这里我们还要补充一点：为什么令狐绹在宣宗朝后来能够做到宰相的高位，而且做了那么长久。本来，宣宗是宪宗的儿子。当宣宗继位时，白行简是宰相。有一天，宣宗对白行简说："我记得那年我父亲去世，当灵柩被运走时，忽然风雨大作，当时除了一个'颀身长髯'者依旧陪在灵柩旁没有离开以外，其他的人都去避雨了，这个人是谁？"白行简回答说是令狐楚。宣宗就问：令狐楚有儿子吗？白行简说："有，此人叫令狐绹，不过现在他远在湖州做刺史。"于是，宣宗把令狐绹召回京师，授以官职，后来屡迁至宰相高位。本来，以令狐绹与李商隐当年的交情，当令狐绹身居高位之后，是可以提拔李商隐的，可是他因为党争的恩怨，始终不加以援引，所以李商隐在《九日》这首诗中才会有"东阁无因得再窥"的感慨。

李商隐还写过很多悱恻缠绵的诗，也都是有感于此的。比如《昨夜》："不辞鹔鹴妒年芳，但惜流尘暗烛房。昨夜西池凉露满，桂花吹断月中香。""年芳"指的是一年的芳华、一年中最美好的日子。"鹔鹴"，屈原在《离骚》中说："恐鹈鴃之先鸣兮，使夫百草为之不芳。"他说恐怕鹈鴃鸟叫的时候，所有的花草都零落了。在这首诗中，李商隐加深语气说，鹈鴃鸟叫的时候，一年的芳华都零落了，可是我不逃避这个憔悴零落，因为人都会老死，美好的事物总会消逝，古往今来皆是如此；而最令我感到惋惜、悲哀的，是那蜡烛的烛心被尘土遮暗，是我内心深处的这一份情意没有人可以理会，没有人可以谅解！接着"昨夜西池凉露满，桂花吹断月中香"："西池"当然可能是真有一个西池，但是按照诗歌的习惯，"东"——日出之地，是象征茂盛、兴旺、希望的；而"西"——日落之地，则显得比较衰微、衰飒、隐晦。他说昨天晚上西池中洒满了凉凉的露水，而那明月之中桂花的香气都被寒风吹断，人天之中就这样永远被隔绝了。你看他的悲哀、他的感慨，而李商隐的一生就是在这样的哀思中度过的。

另外，李商隐还写过一首《赋得鸡》："稻粱犹足活诸雏，妒敌专场好自娱。可要五更惊稳梦，不辞风雪为阳乌。"它的名字叫作"鸡"，鸡的职责是什么？左思说"铅刀贵一割"（《咏史》其一）。你就算是一把铅刀，可你的名字毕竟叫"刀"，那么，你就要发挥你作为刀的用处。如果你一辈子都没有用来切一下，那你凭什么叫刀呢？同样，雄鸡是报晓的，可是这首诗中所写的"鸡"，它做了些什么？"稻粱犹足活诸雏"，它只知道争食吃——自己吃饱了不算，它还搜刮了好多的剩余食料以养活它的幼雏；而在搜集这些粮食的时候，它们"妒敌专场好自娱"，忌妒自己的对手，总想击败对方，独擅这一份权势。"可要五更惊稳梦，不辞风雪为阳乌"，你可知道，在五更天还没有亮的时候，你要把那些在黑暗之中的睡梦人惊醒；你不要怕寒风冰雪，要尽你的责任，出来报晓，把太阳叫出来，难道你只是为了抢那些粮食吗？

从这些诗我们都可以看出，李商隐有理想、才华，关心政治、社会民生，可是他一生沉沦下僚，郁郁不得志，所以才写了这样悲哀愁苦的诗篇；而且，这种悲哀还不能够明白地表达出来——令狐楚是他的恩主，王茂元是他的岳父，其间的恩怨猜嫌，必有许多难以言说的苦痛、复杂隐曲的感情。李商隐死后，有一个叫崔珏的诗人写了两首《哭李商隐》的诗，其二中有两句说"虚负凌云万丈才，一生襟抱未曾开"，李商隐确实是如此的。

李商隐是一个极富才情的人，他不仅想象力丰富，感情也非常深挚。在这里，我们不妨将他与唐代另一个有名的诗人李贺作一下对照。李贺比李商隐稍早一些，他的诗写得也很朦胧，像什么"画栏桂树悬秋香，三十六宫土花碧"（《金铜仙人辞汉歌》）等，都是这样。不过我对李贺诗的感受与对李商隐诗的感受是不同的。西方文学批评有一个术语叫作意识批评（criticism of consciousness）。就是说，凡是伟大的作家，他都有一个意识形态（patterns of consciousness），或者 patterns of impulse、patterns of experience。因为每一个人都要接受外在事物的影响，而他们思想感情的活动、所产生的感应，总是因人而异的。我觉得李商隐的意识形态与李贺的意识形态是不同的。如果把他们简单地作一个分别，我以为：李贺这个人的感受是属于自我、小我、一己的那种感受，虽然这种感受非常敏锐，但是他缺少了一种博大的关怀之情。这个话很难说，总之，一个人关怀的究竟是什么，是你自己，你的家庭，还是什么其他的事物，这似乎是每个人天生来的一种感情中的本质因素，而李商隐与李贺的差别就在于此。尽管李贺比李商隐还早了一点，尽管李商隐的朦胧诗可能受了李贺的朦胧诗的影响，但是他们的本质是完全不同的。读李贺诗给人的感受只是诡奇、精致、新鲜、敏锐，可是没有很深厚的东西在里面，但李商隐是有的。

知道了李商隐的生平及其情感的本质，下面我就讲一下他这一组诗的题目为什么叫"燕台"了。一般说起来，李商隐诗的题目有很多不同的性质。比如《行次西郊作一百韵》，就是说作者行经长安城的西郊，看到农村社会的种种现象，内心有所感动而写的一首诗，这是很清楚的。另外，他还写了一些《无题》诗，像什么"昨夜星辰昨夜风"（《无题二首》其一）、"相见时难别亦难"（《无题》），这都是大家非常熟悉的。除此之外，还有一些诗虽然也有题目，可它不像《行次西作郊一百韵》这类题目写得那么清楚，他只是取诗中的二字为题，所以实际上也仍是接近于无题之作。比如《丹丘》："青女殷勤结夜霜，羲和辛苦送朝阳。丹丘万里无消息，几对梧桐忆凤凰？"题目叫"丹丘"，是因为这首诗里边有"丹丘"二字。又如《瑶池》："瑶池阿母绮窗开，黄竹歌声动地哀。八骏日行三万里，穆王何事不重来？"题目叫"瑶池"，是因为这首诗的头两个字是"瑶池"。再如《海上》："石桥东望海连天，徐福空来不得仙。直遣麻姑与搔背，可能留命待桑田。"因为第一句有"东望海连天"，所以题目就是"海上"。总之，这一类诗的题目多半与诗里边的某个字句有关系。那么《燕台四首》呢？这组诗既然标明了"燕台"二字，它自然不同于一般的无题之作；同时，"燕台"二字又没有在这四首诗的任何一句中出现过，所以这也不同于像《瑶池》《海上》那样的取诗中某些字样为题目的作品。如此说来，"燕台"应该是有意思的，可它究竟应该是什么意思呢？

　　前面我们说过，因为燕昭王曾筑黄金台以招纳贤士，所以后来人们习惯于称使府为"燕台"。李商隐一生在很多幕府之中做过事，他一直想要回到中央政府工作，可是总也没有这个机会。最后，当他四十多岁的时候，他所在的幕府是在四川梓州。当时梓州的节度使名叫柳仲郢，李商隐曾写过一首《梓州罢吟寄同舍》的诗，他说："不拣花朝与雪朝，五年从事霍嫖姚。""霍嫖姚"即汉朝的嫖姚校尉霍去病，这里借指柳仲郢。李商隐说：不管是花开的日子还是下雪的日子，我一直跟随着你，作为你的僚属已有五年之久了。在这首诗的最后，他说："长吟远下燕台去，唯有衣香染未销。"我现在长吟着这首留别的诗走下"燕台"，离开梓州幕府，就要远行了；这时，只有衣服上所染的余香还没有完全消散。在这首诗中，他用了"燕台"两个字，而这里"燕台"也应该指使府——用李商隐自己的一首诗来证明他另一首诗，这当然是不错的。就算你证明了那不是使府，你又怎样去猜测它呢？过去那些守旧的人，说这是李商隐跟使府后房的姬妾谈恋爱。这是不可能的一件事情，有很多人都反驳过。我曾经一度认为，我们不要那么死板地说他就是跟使府后房谈恋爱，因为李商隐一生漂泊，都是依托在幕府之间，所以这四首诗可能是写他平生的不幸生活的。但是现在想起来，这也不对。从前面我们提到的《柳枝》诗序可以知道，这几首诗是写在李商隐还没有考中进士之前，是他先写了《燕台》诗，然后才有柳枝的故事。从这一点可以证明，当时他还很年轻，还没有那种漂泊使府、辗转依人的经历与悲慨。既然这也不可能，那么"燕台"又应该指什么呢？

　　前面我已经给大家介绍了所谓的"创造性的背离"，就是说读者对作品的诠释可以带有读者自己的创造性。不过，读者要从文本出发，以文本所提供的可能的潜力为依据，而不能离开太远。所以下面我就说一下我自己的看法。据考证，李商隐在十七岁的时候参加过一次考试，结果没有考上；二十岁时又参加了一次考试，可是还没有考上，他是在开成二年才考中进士的。《燕台四首》本应写在《柳枝五首》之前，有人把《柳枝五首》编在开成元年，那么开成元年以前朝廷发生了什么事情？大家都知道开成以前的年号是太和，太和九年发生了"甘露之变"，很多朝臣被杀死，以至朝堂一空；李商隐有感于此，曾写过《曲江》一诗，那时他不过二十岁左右。后来，在他考中进士以后，又写了《行次西郊作一百韵》的长诗，表达了自己对于国家、朝廷、人民的一份关怀之情。那么"燕台"可能是什么意思？前面提到，"燕台"的本义是说燕昭王筑黄金台以求天下的贤士，李白曾写过一首诗，其中有两句是："昭王白骨萦蔓草，谁人更扫黄金台？"（《行路难三首》其一）他说：像燕昭王那样的人已经没有了，连昭王的白骨也早已被蔓草所掩埋，什么人能够再把黄金台扫干净，以招揽天下的贤士呢？所以我认为，李商隐写《燕台》诗的时候，虽然还没有漂泊依人的悲慨，但他已经是两次应试都没有考中，而朝廷又屡遭变故，国事日非，像李商隐这样有理想、有才华的人，很可能会产生一种追寻理想却不得知遇的悲哀。联想到历史上求贤若渴的明主燕昭王，则这几首诗以"燕台"为题，不就可以理解了吗？

好，我们已经讲了题目，下面就来看一下这几首诗。开始时，我不是说，在四十年前我就写过一篇论《燕台四首》的文章（参看《迦陵论诗丛稿》）吗，在那篇文章中，我引了庄子的"得鱼忘筌，得意忘言"，就是说，作为一个竹篓子，是用来捕鱼的，你只要捕到鱼就好了，至于篓子的形状等等并不太重要。而且，用"鱼"来比喻诗歌的欣赏，我们也有一个传统，清朝词学家周济在谈到词的欣赏时曾经说："临渊窥鱼，意为妨鲤，中宵惊电，罔识东西。"（周济《宋四家词选·目录序论》）他说，你站到一个渊谷的上面往下看，看到深水之中好像有游鱼的影子，可是看不清楚。于是，你就猜测那是鲂鱼还是鲤鱼呢？午夜中宵的时候，忽然间有一条闪电闪过去了，你确实看到了那一闪，可是这个闪电的方向究竟如何呢？还没等你把握住，它就消失了。在诗歌的欣赏中，有一部分作品也是不可能给予确定解说的。你仿佛感受到了什么，可究竟是什么？你又不能够具体地把它说清楚。像《燕台四首》这样的朦胧诗，你应该怎样去欣赏它？如果就我个人而言，我在思想上有非常自由、非常放纵的一面，这使我说诗时往往不按照古人的任何成法；可是同时，我在行为上又有非常拘执、非常保守的一面，有时候也唯恐逾越礼法。所以，我当年就给我那篇文章起了一个名字，叫《旧诗新演》。就是说，虽然是旧诗，但我给它一个新的演义。中国旧小说中不是有很多演义吗？像《三国演义》《隋唐演义》等，都是把历史加以推演，加进去很多作者自己假想的成分；鲁迅的《故事新编》也是将现代的意思加到古代的神话故事中。于是我也尝试一下，看一看旧诗是否可以来一个"新演"呢？我觉得像李商隐的《燕台四首》这样的诗，如果把它比喻成一条鱼的话，你找不到一个合适的鱼篓把它抓上来，所以我就亲自跳到水里边，去摸一摸这条鱼。或许，我也没有把鱼捞上来，我也没能让大家看到整条鱼，证明一下它究竟是鲂鱼还是鲤鱼，但是我确实摸到那条鱼了，我有一种很真切的感受。下面，我就把我自己的感受说出来给大家做一个参考，看看他到底写了些什么。

风光冉冉东西陌，几日娇魂寻不得。

蜜房羽客类芳心，冶叶倡条遍相识。

暖蔼辉迟桃树西，高鬟立共桃鬟齐。

雄龙雌凤杳何许？絮乱丝繁天亦迷。

醉起微阳若初曙，映帘梦断闻残语。

愁将铁网胃珊瑚，海阔天翻迷处所。

衣带无情有宽窄，春烟自碧秋霜白。

研丹擘石天不知，愿得天牢锁冤魄。

夹罗委箧单绡起，香肌冷衬琤琤佩。

今日东风自不胜，化作幽光入西海。

　　这是这组诗的第一首《春》，从春天里人的感情之萌生写起。春天是怎样来临的？李商隐在一首《无题》中写道："飒飒东风细雨来，芙蓉塘外有轻雷。""飒飒"是风雨的声音，"东风"自然是指春天的风。伴随着春风，春雨洒落下来了，这句写的是春天的景象。"芙蓉"就是荷花，他说在荷塘的外面，我听到隐隐的雷声。雷声是惊眠起蛰的——冬天，很多草木都黄落了，很多昆虫也伏藏到地下去了；可是，当雷声响起的时候，草木都萌生发芽了，昆虫也都复苏，然后从土地里边爬出来了，万物的生命都被呼唤起来了。这时，大自然的春意带给人的是什么呢？《文心雕龙·明诗》篇中说："物色之动，心亦摇焉。"钟嵘《诗品·序》中也说："若乃春风春鸟，秋月秋蝉，夏云暑雨，冬月祁寒，斯四候之感诸诗者也。"这都是说由于外界的春夏秋冬、风云月露等各种景色的变化，从而引起人内心的感动。所以，当春天来到，塘外传来阵阵轻雷声的时候，那个女子是"金蟾啮锁烧香入，玉虎牵丝汲井回"。"金蟾"，"金"就是铜，中国古人常常把"铜"说成是"金"，那么"金蟾"就是指蟾状的铜制香炉；"啮"是咬；"锁"是"关住"，因为香炉的炉口处有一个钮，当炉盖儿盖下来的时候，一下子就咬紧、关上了。你所封锁、关住的是什么？是"烧香入"。"烧"是何等热烈，"香"是何等芬芳，而封锁它的"金炉"又是何等珍贵！所以，诗应该怎么样写，应该怎么样欣赏，不是说你猜测出它所写的究竟是哪一个人，她的名字是叫"燕台"还是什么使府后房的姬妾，等等，这些外在的东西并不重要，你且不用管它；真正重要的，是它的感情的本质是什么。譬如喝酒，重要的不是那盛酒的杯子是方的还是圆的，它的外形怎么样，而是那杯中的酒芳醇甘洌的程度到底如何。像李商隐的这首诗，他把情感本质表现得真是好，你必须一个字一个字地去体会。这种分析方法，如果引证西方文论来说，早在十九世纪，新批评学派 (new criticism) 就提出了细读 (close reading) 的方式。所谓细读，就是说你要逐字地仔细去读，看它每一个语言文字符号都表示什么。后来，意大利符号学家艾柯就提出"显微结构"一词，强调语言符号本身那种最精微、最细致的本质、质地。比如一张桌子，它是樟木做的，还是黄杨木做的？它的纹理怎么样？你摸上去有什么感受？总之，你要有一种最精微的分辨。总之，你如果想真正仔细地欣赏一首诗，就应该养成这种最精致、细微的感受和辨别能力。

好，刚才我们说"金蟾啮锁烧香入"这个形象表现了她的感情像黄金一样珍贵、香一样芬芳、燃烧一样热烈，又像啮锁那样深闭。这个女孩子除了烧香以外，还做了些什么？古代没有自来水，只是在庭院中有水井，所以，这个女子在烧香之后就去打水。怎么打？是"玉虎牵丝汲井回"。"玉虎"就是辘轳把柄上的虎状装饰；"丝"是井绳，要想把井里的水打上来，这个辘轳上的井绳就得千回百转。所以你看，当"飒飒东风细雨来，芙蓉塘外有轻雷"的时候，这个女孩子有了"金蟾啮锁烧香入"这样芬芳热烈、珍贵美好的感情，有了"玉虎牵丝汲井回"这样悱恻缠绵、千回百转的情意，她就要找一个投注的对象了。像韦庄的《思帝乡》中所说的："春日游，杏花吹满头。陌上谁家年少、足风流？"又如冯正中的《抛球乐》说："款举金觥劝，谁是当筵最有情？"所以，下面两句他就说："贾氏窥帘韩掾少，宓妃留枕魏王才。""贾氏"是指晋朝贾充的女儿，贾充手下有一个叫韩寿的僚属，常常来贾府，这个女子看到他年少貌美，一见钟情，于是偷偷与他私会，还把他父亲在朝廷所得的最珍贵的香送给了这个年轻人。后来，这件事情被贾充发觉，就把女儿嫁给了韩寿，这是一个很美好的结局。"宓妃"在这里指曹丕的皇后甄氏，据说甄氏在嫁给曹丕之前，曾与曹植有一段感情。在她被谗死后，留给曹植一个枕头，曹植经过洛水，梦见甄氏，于是写了《洛神赋》。李商隐这两句诗是说贾氏在帘后向外偷窥，对韩寿钟情，是因为爱他年少俊美；宓妃留枕与魏王曹植，是因为仰慕他的才华——你有这样的感情，就要寻找一个值得自己投注感情的对象，但最终的结果如何呢？"春心莫共花争发，一寸相思一寸灰。"春天是来了，万紫千红的花朵都开放了，可是你的春心不要像那花朵一样开放，因为你每一寸的相思，最终都会像那燃烧的香一样，寸寸化为灰烬。

由这首诗我们可以看出，李商隐一方面有这样热烈的感情，有这样执着的追寻，可是他追寻的结果总是失落的。我用这首《无题》来讲我们现在这首"春"，你看它的第一句。当"风光冉冉东西陌"的时候，春天的到来，就引起了你的春心，你要有所追寻了。需要注意的是，他没有说"春光"，而是说"风光"，"风光"与"春光"有什么不同？我不是说一个人鉴赏诗歌要养成一种精微、锐敏的感受与辨别能力吗？因为"春光"显得比较死板，而"风"给人一种动态的感受，"风光"再加上"冉冉"二字，则天光云影都在流动徘徊，一切的光影都在摇荡之中。这是飘飞舞动的春天，是充满生意的春天。那么，春天是从哪里来的？——"东西陌"，在那各个方向的小路上，到处都是明媚的春光，到处都有春天的气息。我们说春天的到来会引起人的追寻，而他要寻什么？寻一个"娇魂"。李商隐写得真是美！他要寻的还不是一个"美人"，而是"娇魂"。"美人"只是一个外在的美的形体；而"娇魂"则是属于人的精神、灵魂深处的一种最宝贵的本质。在刚才那首《无题》中，他说"春心莫共花争发，一寸相思一寸灰"，现在他又说"风光冉冉东西陌，几日娇魂寻不得"——我不是没有追寻，可是我寻了那么多日子，却没有找到一个可以投注感情的"娇魂"。你"寻不得"就算了，可是他还在"寻"——"蜜房羽客类芳心，冶叶倡条遍相识"。

李商隐这个人真是善于想象，他诗歌里边的意象很丰富。不同于形象，我们说一个放映机、一个皮包，这只是形象，而意象是透过你内心的情意创造出来的那个形象。李商隐诗里边的意象是很妙的，他说"蜜房羽客类芳心"，在那花心的深处，藏着有花蜜的花房；而蜜蜂煽动着翅膀翩翩飞舞，即是"蜜房羽客"。郭璞在《蜂赋》中说"亦托名于羽族"——蜜蜂属于带翅膀的那一类昆虫，所以这里的"羽客"指的就是蜜蜂。"蜜房"的"房"字用得好，它给人一种闭藏深隐的感觉。"蜜房羽客类芳心"就是说蜜蜂飞到花房深处去寻找那最甜的蜜，这种寻觅与人对芳心的寻觅是有类似之处的。那么怎么样去追寻？"冶叶倡条遍相识"。你如果只看外表，"冶"和"倡"都不是很好的字眼："冶"是过分风流的样子，"倡"是过分浪漫的样子。可是如果反过来想，"冶"给人一种非常艳丽的感觉，"倡"给人一种非常茂盛的感觉；"冶叶"是那么美的叶子，"倡条"是那么繁茂的枝条！如果不追寻就算了，真的要追寻，就要"遍相识"，把所有可能寻找的地方——每一片叶子、每一根枝条都去寻找到。

在这种追寻之中恍然如有所见了。他说："暖霭辉迟桃树西，高鬟立共桃鬟齐。""霭"是烟霭迷蒙的样子，"暖霭"是说在春天的暖日和风中有这种温暖的感觉和迷蒙的光影；"辉迟"是说太阳的光辉已经是迟迟地快要西斜了。这时候，就在桃树的西边，仿佛有一个女子，什么样呢？"高鬟立共桃鬟齐"。这句话好像不太通。"高鬟"这个我们理解，是指女子头顶上梳得高高的发鬟；而"桃鬟"呢？桃树本是一种植物，它又没有头发，怎能也梳一个鬟髻在头上？李商隐的诗就是这样，你不能用理性来说明它，但是你可以用心灵来感受它。这句是说，当他追寻不得却仍在追寻的时候，恍惚之中仿佛真的就看见了那个人，看见一个高鬟的女子站在那里，而且"立共桃鬟齐"，跟那开满桃花的桃树并立在一起，那万朵繁花竟真的如同美人头上的簪花高髻了！正如温庭筠《菩萨蛮》所说的"照花前后镜，花面交相映"。可是这只是"暖蔼辉迟桃树西"之中的一个幻影。

于是，他接下来说："雄龙雌凤杳何许，絮乱丝繁天亦迷。"你真的找到了这样一个对象吗？李白有一首诗说："张公两龙剑，神物合有时。"（《梁甫吟》）"张公"指的是晋朝的张华，据说张华在晚上观察天象，看到斗牛之间有光气上冲于天，于是，他找到了另一个也懂得天象的人雷焕来看。雷焕说这是宝剑之光气，是从丰城那里发出来的。等到雷焕到丰城任县令后，他叫人在丰城的监狱内掘地数尺，挖出了一对宝剑，一把送给了张华，自己留了一把。后来，张华在政治斗争中被杀，他的宝剑也不知所终了；而雷焕死后，就把宝剑给了他的儿子。有一次，雷焕的儿子佩着那宝剑出去游历，经过一条河边时，宝剑突然从腰间一跃而出，跳到水里去了。他赶紧叫人潜到水中去找，可那些找剑的人上来报告说，他们并没有看见什么剑，只看到两条龙游走了。李白这两句诗是说张华与雷焕的两把宝剑虽然分隔了这么久，可是它们终归有重新会合到一起的时候。天下有这样的好事吗？果然每个人都能够找到自己应该会合的那个人吗？不是的，"雄龙雌凤杳何许"，在这句中，龙与凤是一个对比，雄与雌是一个对比，不管是雄龙还是雌凤，无论是男性还是女性，他们都没有找到他们应该找到的对象，一切都是这样地渺茫。人，当你追寻了很久却终无所得的时候，就"絮乱丝繁天亦迷"。你看一看外面的景物，茫茫天地之间，到处是零乱的游丝。李贺说"天若有情天亦老"（《金铜仙人辞汉歌》），这种迷惘，这种失落，天若有情，定也早已为之意乱情迷了。

李商隐的诗有追寻，有失落，失落以后还是要追寻的。前几天我看了一个有关唐诗的磁碟，其中有一段是根据李白《月下独酌》的诗意改编的，他们让一个现代人穿上古装扮演李白，独自在那里走，天上真的出现了一轮明月，然后李白就举起酒杯，对月而饮。我觉得它虽然有人有景，但那只是一个外表的故事，说李白是举杯邀月，而这首诗里边真正的生命、真正的感情，却没有表现出来。其实，这首诗所写的，是一个天才在寂寞之中的飞扬的挣扎。"花间一壶酒"，在这么美的花间，又有一壶美酒，这本是很好的一件事情；可是，你有没有一个可以倾诉的对象呢？没有，是"独酌无相亲"。李商隐说"纵使有花兼有月，可堪无酒更无人"（《春日寄怀》），大自然有花有月，它对得起我们，可纵然如此，我们人间又有什么呢？我既没有美酒可饮，周围又没有一个相知的人，就这样白白地辜负了大自然所赐予的良辰美景。李白虽然也说"独酌无相亲"，但是他不像李商隐。李商隐说"春心莫共花争发，一寸相思一寸灰"，他已经断定了这种相思的无益。可李白不是，他是要飞起来的，所以，他在"独酌无相亲"的孤独寂寞之中，要"举杯邀明月，对影成三人"，他要举起酒杯，邀天上的明月，把月亮当作自己的朋友。李白不是还写过"却下水精帘，玲珑望秋月"（《玉阶怨》）吗？就算周围没有一个朋友，我"相看两不厌"的还有那敬亭山呢！"举杯邀明月"，然后是"对影成三人"，我抬起头来，看到天上的明月；低下头来，地上还有我的影子。这样，月、我、影就成为三个人了。你看"花间一壶酒"是高扬起来的，"独酌无相亲"就沉落了下去；"举杯邀明月，对影成三人"两句又扬起来了。接着"月既不解饮，影徒随我身"。我虽然把月亮当作能够安慰我的朋友，可月亮肯跟我举杯共饮吗？影子虽然亲密地伴随着我，可我能跟它谈话吗？事实上，月亮既不能与我共饮，影子也只是白白地跟着我，它永远不能够与我对话。这两句又沉下去了。但李白还是要试着飞起来的，他说："暂伴月将影，行乐须及春。"有这样美好的春天，有这样美丽的花、皎洁的月、芳醇的酒，我又何必悲哀？还是让我暂且与月亮、影子为伴，及时行乐吧！"我歌月徘徊，我舞影零乱"，我唱起歌来，引得那月亮在云间徘徊；当我起舞的时候，我的影子也随我一同起舞，呈现出零乱的姿态：这两句是飞起来的。然后再沉下去说："醒时同交欢，醉后各分散。"我醒着的时候，月亮和影子都是我的朋友；可是我醉倒之后，既不知道月亮，也不知道影子了。李白就此一直沉落下去吗？不是，他最后还是会飞起来的："永结无情游，相期邈云汉。"如果说我在有情的人间再也找不到一个朋友，那么我就要永远跟无情的大自然中的事物交朋友，不管它是月亮也好，是敬亭山也好，我所期待的如果不在人间，那当然是在天上，在那么遥远的白云、银汉之中。所以，这种飞扬的挣扎才是李白这首诗的好处，不是说有个穿古装的人在月亮底下举一杯酒就能够表现出来的。

从以上这首诗我们可以看出，李白是一个在失落之中总要飞扬起来的人，可李商隐不是这样，他不是说"雄龙雌凤杳何许，絮乱丝繁天亦迷"吗？不过，他并没有停止追寻，所以他接着说："醉起微阳若初曙，映帘梦断闻残语。"当我梦回酒醒的时候，天边还有一片"微阳"。"微阳"是说那日光已经不是很亮，也不是很温暖了，是残留下来的一点落日的余晖。尽管如此，可在我看起来，这余晖就像是破晓时的日光。我怎么能够把自己的追寻放弃？我虽然没有寻到什么，但是在我的意识之中，它就在我的眼前、身旁，是"映帘梦断闻残语"。杜甫在《梦李白》一诗中说："落月满屋梁，犹疑照颜色。"他说我梦到我所怀念的那个友人，梦醒之后，落月照在屋梁之上，恍惚间，我仿佛看到了梦中友人的身影。杜甫这两句诗只是说似乎看到了友人的影子，而李商隐则不仅看到了人影，还"闻残语"——梦中谈话的声音还依稀留在耳边，像韦庄的词说的"昨夜夜半，枕上分明梦见。语多时，依旧桃花面，频低柳叶眉"（《女冠子》）。所以"映帘梦断闻残语"就是说当我醒来时，落日的余晖照在帘子上，我还隐隐听到她跟我梦中谈话的声音，可这些都是假象，是我梦中的影像、梦中的声音。

"愁将铁网罥珊瑚，海阔天翻迷处所。"他说我虽然满怀哀愁，可我一定要再去寻找，用什么方法去找？我要用"铁网罥珊瑚"。据说珊瑚生在海底的礁石上，海人先是用一面铁网沉入水底，珊瑚慢慢地生长，然后一枝一枝从网的空隙中透网而出。等到它长得足够大的时候，海人把铁网一拉，那珊瑚就被连根网出来了。李商隐说，我要做一面最坚固的铁网，下到最深的海底，把那最美丽的珊瑚捞上来。但是，我的网下在哪里呢？果然有珊瑚在里边吗？我果然能够把那珊瑚捞上来吗？"海阔天翻迷处所"——茫茫的大海、渺渺的长空，哪个地方是我可以下网捞珊瑚的所在？我要寻找的一切到底在哪里？

在这种失落的悲哀中，他接着说："衣带无情有宽窄，春烟自碧秋霜白。"《古诗十九首》中说："相去日已远，衣带日已缓。"你始终没有见到你所怀念的那个人，所以你因他而憔悴，像柳永的《蝶恋花》中所说的"衣带渐宽终不悔，为伊消得人憔悴"。一个人的消瘦憔悴在哪里见到？就在你的腰带越来越松的地方见到。"衣带无情"，因为它明明告诉你，说你又憔悴了，你又消瘦了，你是失落的。《古诗十九首》中还说："思君令人老，岁月忽已晚。"岁月无情，人生有限，而等待却是无限的。"衣带无情有宽窄"，有谁来关心你这种等待的寂寞与悲哀呢？那"春烟自碧秋霜白"，春天的烟柳、烟草自然只是一片迷蒙的碧绿，而秋天的冷露凝霜也只是一片无奈的苍白！由春到秋，由春烟之碧到秋霜之白，这些对你有一种安慰吗？李商隐写过一首咏蝉的诗，他说："本以高难饱，徒劳恨费声。五更疏欲断，一树碧无情。"任你叫到五更，声音都稀疏得快要断绝了，可那满树的碧叶却是无情的，有谁来关怀你这生命短暂的哀蝉呢？

我的等待像什么？"研丹擘石天不知，愿得天牢锁冤魄。"冯浩注引《吕氏春秋》说："石可破也，而不可夺坚；丹可磨也，而不可夺赤。"这是何等坚贞的一种品质！正如陆放翁的一首咏梅词中所说的"零落成泥碾作尘，只有香如故"（《卜算子》）。如果我是梅花，如果梅花有香气，那么，就算我零落在地上，被车马轧得粉碎，可我的香气依然存在。所以，"研丹擘石天不知"就是说，作为丹，任凭你怎样研磨，我的红色永远不改；作为石头，无论遭到怎样的擘裂，我坚固的本性是永远存在的。但是，就算你不变，你这种遭到研磨擘裂的痛苦有人同情、有人理解吗？没有，"研丹擘石"是"天不知"。我的心魂始终没有找到一个安顿的所在，所以我"愿得天牢锁冤魄"。什么是"冤魄"？含情莫展、屈抑难伸的魂魄。既然我在人间找不到一个安顿的所在，那么，我宁愿将自己烦冤的魂魄永远锁在天牢之中。

春天即将逝去，春天呼唤起来的春情也已经落空，夏天就要来到了。他接着说"夹罗委箧单绡起，香肌冷衬琤琤佩"。有一天，当那风光冉冉的春天已经走了的时候，你就要把春天所穿的夹衣收起来放到箱子里，穿上夏天薄薄的纱衣。"香肌冷衬琤琤佩"说的正是夏天的感觉，从哪里感觉到的？从衣饰与肌肤上感觉到的——当你脱掉身上厚重的衣服时，肌肤便与佩玉接触在一起；而这个时候，你确确实实感觉到春天永远地消逝了。"今日东风自不胜，化作幽光入西海"，到了今天，已是"东风无力百花残"，春天再也不能够唤回来了，而大自然的春光、人的春心，这一切都到哪里去了？"春归何处？寂寞无行路"（黄庭坚《清平乐》），它们都已"化作幽光"，那么幽深、那么黯淡、那么渺茫的一线光影；可是，这缕幽光也消逝了。消逝在哪里？"入西海"。消逝在那茫茫的、深深的、无底可寻的碧海之中了。哪里的海？如果是东风，自然是向西吹的，所以他说是"化作幽光入西海"。

好，从"风光冉冉东西陌，几日娇魂寻不得"的追寻，一直到最后，他仍然没有寻找到——"今日东风自不胜，化作幽光入西海"，春天已经走了，于是夏天来到了。

前阁雨帘愁不卷，后堂芳树阴阴见。

石城景物类黄泉，夜半行郎空柘弹。

绫扇唤风阊阖天，轻帷翠幕波涸旋。

蜀魂寂寞有伴未？几夜瘴花开木棉。

桂宫留影光难取，嫣薰兰破轻轻语。

直教云汉堕怀中，未遣星妃镇来去。

浊水清波何异源，济河水清黄河浑。

安得薄雾起缃裙，手接云軿呼太君。

这一首的标题是《夏》。我们说不同的作者对于同一主题的感受也是不同的，比如一般人写夏天，大多是写其炎热、喧嚣、骄阳似火的一面，而李商隐的这一首《夏》中所写的，则完全是另外一种情景。"前阁雨帘愁不卷，后堂芳树阴阴见"，这是一个阴雨连绵的夏天。从亭阁的前面望过去，是"雨帘愁不卷"，这个"雨帘"，如果用西方新批评学派所提倡的"细读"的方式来评说，它其实有两种可能：一个是说"前阁"真的挂着一个"帘"，帘外正下着雨；另一个是说飘飞的雨丝正像帘幕一样，《西游记》中不是还有"水帘洞"吗？水既可以成帘，雨当然也可以成帘了。如果说"雨帘"有两种可能，"愁不卷"就也有两种可能：若是前者，"不卷"的就应该是阁前所挂的帘幕；若是后者，则"不卷"的就是雨，是那雨一直没有停止，像杜甫说的"雨脚如麻未断绝"（《茅屋为秋风所破歌》）那样。前面是"雨帘愁不卷"，后面呢？"后堂芳树阴阴见"。"芳树"是芬芳美好的树，当然"芳"也可能是说有花，就是没有花，绿叶满枝，像杜甫《秋雨叹》中所说的"著叶满枝翠羽盖"，那也是美好茂盛，充满欣欣生意的树。"阴阴"也有两种可能：一是说繁茂的样子，同时也是阴暗的样子，在这样美好的季节，尽管有美好的芳树，但毕竟是阴暗的。这两句明明写的是夏季，他却从那么阴沉晦暗的雨天着笔，"前阁"是"雨帘愁不卷"，"后堂"是"芳树阴阴见"，而阁内之人自"愁"，堂外之树自"芳"，此亦一生命，彼亦一生命，生命的繁盛美好与生命的黯淡哀愁形成了鲜明的对照。前面我们讲到了"显微结构"，李商隐这两句诗正是从生命相反的两面下笔，写出了一种极其复杂而微妙的感受。

接着两句："石城景物类黄泉，夜半行郎空柘弹。"中国历史上有两个"石城"，都很著名：一个是南京的石头城，另一个是湖北竟陵的石城。竟陵的石城之所以出名，是因为那里出了一个名叫莫愁的女子。《旧唐书·音乐志》记载："石城有女子名莫愁，善歌谣。"当时有一个歌谣说："莫愁在何处？莫愁石城西。艇子打双桨，催送莫愁来。"（《古乐府·莫愁乐》）这就很妙了，从字面上看，莫愁就是没有忧愁的意思。我们说"石城"是美好的，石城的女子也应该是美好的，更何况那石城的女子名叫"莫愁"呢？可是他说"石城景物类黄泉"。"黄泉"还不同于黄昏，黄昏只是一日之终、日落之时，而黄泉却是在地下，也就是我们说的"九泉之下"。他说为什么本应该是非常美好的人间的石城，现在看起来竟然像"黄泉"一样呢？"夜半行郎空柘弹"，"柘"是一种树，据说这种树的枝条非常有弹性，可以做成弹弓——一种用弹丸射鸟的工具。《西京杂记》上记载："长安五陵人以柘木为弹，珍珠为丸，以弹鸟雀。"另外《晋书》上也记载了一个有关"弹弓"的故事：潘岳长得非常美丽，他年少时带着弹弓出去，游赏打猎时，道旁的妇女们都把他包围起来；如果他坐着车的话，那些妇女就把很多的鲜花美果丢到他的车上去。可是现在呢？"夜半行郎空柘弹"，虽然他是一个年轻人，他的相貌也可能很美，但是他夜半出去，却只是"空柘弹"，白白地出来，白白地拿着那么好的柘木弹弓了。当然，好的弹弓也代表了这个年轻人好的身手。王国维说："万事不如身手好，一生须惜少年时。"（《浣溪沙》）一个少年，你有这么好的身手，你出去大家都赞美，你岂不更好？可是现在你是夜半出来的，正如项羽所说的"富贵不归故乡，如衣锦夜行"，没有一个人看见你，谁能来欣赏你？这两句写的是一种不得知赏、不得知遇的寂寞与悲哀。

但是，夏天毕竟来了，所以他接着说："绫扇唤风阊阖天，轻帷翠幕波洄旋。""绫扇"是指用帛绫做成的扇子，班婕妤的《怨歌行》说："新裂齐纨素，皎洁如霜雪。裁为合欢扇，团团似明月。出入君怀袖，动摇微风发。"扇子当然是用来扇风的，可是在这句诗中，他不说"绫扇扇风"，而是说"绫扇唤风"。我们说李商隐用字就是很妙，他诗中的许多字真是有自己的一种独特的感受，而且那些字往往不是已经固定下来的一种说法，是他李商隐自己的创造。"绫扇唤风"就是说绫扇的摇动好像是一种呼唤——把风召唤来了；从哪里召唤来的？从"阊阖天"。"阊阖"指的是天门。那精美的绫扇把天上的风召唤下来了，召唤下来后怎么样？"轻帷翠幕波洄旋"，那翠色的帷幔本来是用最薄的丝织品做的，此时被天风吹动，就如同洄旋的水波一样。杜甫有句曰"天青风卷幔"（《伤春》），这真是夏日生活中一种很美丽的情景。

有这样美丽的景色，人又如何呢？"蜀魂寂寞有伴未？几夜瘴花开木棉。""蜀魂"就是杜鹃，传说古代蜀国的国君望帝失去了自己的国家，于是他的魂魄变成了杜鹃鸟，日夜悲啼"不如归去，不如归去"，直到啼出血来。这一句是说，当杜鹃鸟叫的时候，春天就迟暮了，而这一声声寂寞悲哀的呼唤，有人回答吗？有人理解吗？它能否得到一个伴侣的安慰呢？"几夜瘴花开木棉"，南方素称瘴疠之地，所以"瘴花"就是南方的花。南方有一种高大的木棉树，开红色的花朵，在这样高而且红的木棉花的映衬下，那寂寞的蜀魂应该更加寂寞了。

作者从白天写起，那么到了晚上呢？"桂宫流影光难取，嫣薰兰破轻轻语。"这两句真是写得既朦胧又分明。前面我们说李贺的诗写得也很朦胧，因为他不是用认知的符号写出来的。以"画栏桂树悬秋香，三十六宫土花碧"（《金铜仙人辞汉歌》）二句为例，他说画栏旁的桂树上所悬挂的是秋天的香，秋香是什么？是桂花。那么"土花"又是什么？是青苔。"秋香""土花"，这都是不常见的符号，写进诗中便给人一种很朦胧的感觉，只是李贺的诗不能给人很多情感上的感受。再看李商隐这两句诗："桂宫留影光难取"，"桂宫"，古书上说月亮里边有桂树，所以"桂宫"就是月宫。从月宫之中洒下来的月影很美，但是你能够掌握住它吗？不能，这个光你是抓不住的。虽然把握不住，可你似乎听到了，"嫣薰兰破轻轻语"。"嫣"是美丽的，"薰"是芬芳的，"兰破"是指兰花含苞乍破的样子。如果说花有一种语言，我们不是常常说"花如解语"吗？所以这句是说那嫣然的、馨香的兰花在微风轻拂中悄然绽放，你仿佛觉得它真的说话了。

如果有"桂宫流影"这样美丽的光影，有"嫣薰兰破"这样亲切的声音，你希望能把它抓住，握在手里，拥入怀中，所以继续追寻，"直教银汉堕怀中，未遣星妃镇来去"。"直教"是说我简直要这样做，怎么样做？我要教天上的银河堕入到我的怀中；如果能够这样，那么"未遣星妃镇来去"。"星妃"指的就是织女，传说织女跟牵牛每年只有在七夕的晚上才能见一次面，刚刚来了，马上就要走了；"镇"是经常、常常的意思。这句是说，如果我真能够按照我的愿望把它留住的话，我就不再教那个星妃常常地来了又匆匆地走了。从这句也可以看出，李商隐与李贺确实是不同的。李贺虽然也用了一些很生僻的字面，可他没有深厚的感情在里面，而李商隐的诗里却包含了深厚的感情。

　　你美好的愿望究竟实现没有？"浊水清波何异源，济河水清黄河浑。"我毕竟没有能够把银河拥抱在我的怀中，因为我们本来是不同的，一个是浊水，一个是清波，我们永远不能够在一起。在这里你要知道，诗人用字往往各有重点。以"清浊"二字为例，杜甫在《秋雨叹》中说："去马来牛不复辨，浊泾清渭何当分？"他说在这样阴雨连绵的日子里，你什么都看不清楚，是清是浊，你分辨不出来。显然，杜甫是用这样的诗句来慨叹当时唐朝的政治，他的重点在于清浊。而李商隐这句诗的重点就不是清浊了，他只是表示一种分别，浊水、清波二者的源头不同，性质不同，归属也不同，像徐志摩说的"你有你的方向，我有我的方向"（《偶然》）；济河的水是清的，黄河的水是浑的，济河有济河的方向，黄河有黄河的方向，所以你"直教银汉堕怀中，未遣星妃镇来去"那是不可能的。

　　尽管如此，他还是不能放弃，"安得薄雾起缃裙，手接云軿呼太君"，你能够在不同之中果然找到一点可能会合在一起的地方吗？他说，有一天我真的把那个女子迎来了，当她来的时候，她穿着"缃裙"——淡黄色的衣裙，那么娇柔的颜色，那样飘逸的情致，就好像笼着一层薄雾一样。"手接云軿呼太君"，"云軿"是仙女所乘的车，"太君"是神话中对于仙女的称呼。他说当她的云车到来的时候，我就亲自去迎接她，在以手亲接云軿之际，更伴随着低低的呼唤，这是一种何等令人欣喜的情景！然而，这一切都是在"安得"二字的笼罩之下，"安得"正是未得，我终归什么也没有得到。

> 月浪衡天天宇湿，凉蟾落尽疏星入。
> 云屏不动掩孤颦，西楼一夜风筝急。
> 欲织相思花寄远，终日相思却相怨。
> 但闻北斗声回环，不见长河水清浅。
> 金鱼锁断红桂春，古时尘满鸳鸯茵。
> 堪悲小苑作长道，玉树未怜亡国人。
> 瑶琴愔愔藏楚弄，越罗冷薄金泥重。
> 帘钩鹦鹉夜惊霜，唤起南云绕云梦。
> 双珰丁丁联尺素，内记湘川相识处。
> 歌唇一世衔雨看，可惜馨香手中故。

这一首是《秋》。"月浪衡天天宇湿，凉蟾落尽疏星入"，这两句是从秋夜凄清的景色写起的。秋天的月亮是最明朗的了，所以是"月浪衡天"。这个"衡"字有的版本作"冲"，当然这样也未尝不可，只是"冲"字在这两句中显得太强劲了，而"衡"字通"横"，"月浪衡天"就是说月光如水波般布满了整个天空。"天宇湿"，月光的波浪从天上流泻开来，把天边都沾湿了。面对着这如水的月光，那人一夜没有合眼。"凉蟾落尽疏星入"，"蟾"代表月亮，传说月中有蟾蜍，所以月宫也叫蟾宫，那么秋天的月亮当然是"凉蟾"了；当月亮落下去的时候，天上还有几点孤星，"入"是说星光从天上、窗外照射到窗内来。

"云屏不动掩孤颦，西楼一夜风筝急"，这两句是从人事着笔的。"云屏"即云母屏风，李商隐的《嫦娥》诗说："云母屏风烛影深，长河渐落晓星沉。"云母屏风沉静不动，它所遮掩的是什么？是那个孤独的女子忧伤的面貌。李白诗"美人卷珠帘，深坐颦蛾眉。但见泪痕湿，不知心恨谁"（《怨情》），也是写一个颦眉的女子。"西楼"，李后主说"无言独上西楼"（《相见欢》），一般来说，中国诗歌的每一个字都有它的感情与暗示，这里的"西楼"还有前面《春》那一首中的"西海"，都能给人一种或衰飒，或黯淡的感受。"风筝"，这里也不是指小孩子们在天上放的那个纸鸢，古人所说的"风筝"相当于檐前铁马之类，风一吹就铮�而鸣的东西。当那个女子看尽了这一夜的"凉蟾落尽疏星入"的时候，她所听到的是"西楼一夜风筝急"。

在这样的环境中，她"欲织相思花寄远"，如果你真有相思的感情，你就应该把你所有的相思织成花朵——相思当然是如花朵一般美丽了，不仅如此，我还要把它寄给远方我所怀念的那个人，可是"终日相思却相怨"，整日地相思，整日内心都充满了哀怨。"相思"为什么还要"相怨"呢？这从《红楼梦》中可以看出来，林黛玉对宝玉本来有很深厚的感情，可是见面时常常要争吵，这是因为爱之深，所以才有怨，如果没有爱，也就无所谓怨了。

这样的相思、这样的哀怨，有谁知道？"但闻北斗声回环，不见长河水清浅。"你在楼中听到的只是北斗回环的声音。杜甫的《同诸公登慈恩寺塔》中说："七星在北户，河汉声西流。"他说北斗星就在我的窗外，我听到天上银河向西流泻的声音。当然我们知道地球有自转公转，你看北斗的那七颗星，它斗柄所指的方向，不仅每个夜晚，从天黑到天亮，它每时要转很多方向，就是一年之间，它的方向也是日有不同的；而北斗转的时候，光阴也在不断地流逝，积时成日、积日成月、积月成年，这么长久的相思、这么长久的哀怨！但是"不见长河水清浅"，我们的阻隔，如果像天上的银汉一样，能不能盼到水浅的一天呢？如果真的那样，我们不用鹊桥就可以过去相见了。可那么长的时间都过去了，长河的水始终没有变清浅，我们永远是"盈盈一水间，脉脉不得语"（《古诗十九首》）。

"金鱼锁断红桂春，古时尘满鸳鸯茵。""金鱼"，古时候的锁经常做成一条鱼的形状，因为据说鱼这种动物是从来不闭眼睛的，把锁做成鱼的形状，就是取其长夜不瞑、日夜看守的意思。"金鱼"锁的是什么？"红桂春"："桂"，多么芬芳的花；"红"，多么美艳的颜色；"春"，多么美好的季节！可是现在，所有的"红桂春"，这一切芬芳美好的事物，都被金鱼锁断了。"古时尘满鸳鸯茵"，"鸳鸯"本是幸福美满的象征，而茵褥上绣着鸳鸯的图案，更容易让人产生温柔旖旎的联想，但是那"鸳鸯茵"上已经布满了尘土，还不是一天的尘土，是"古时尘满"——自古以来就是这样的。

"堪悲小苑作长道，玉树未怜亡国人。""小苑"，泛指一切精美的园林宫苑等。杜甫的《秋兴八首》说"芙蓉小苑入边愁"，这里的"芙蓉小苑"指的是长安城外的芙蓉苑。那里本是皇家的宫苑，可是有一天国家败亡了，这些宫苑就被荒废而变成了行人的大道了。人世间的世变沧桑，多少事情都过去了，这原是自古而然的。"玉树未怜亡国人"，"玉树"是指南朝的陈后主所作《玉树后庭花》的曲子，陈后主当然是亡国之君了，李商隐所哀怜的并不是那个唱《玉树后庭花》的亡国之人，而是小苑化作长道。前面我们讲李商隐的《曲江》时说"天荒地变心虽折，若比伤春意未多"，"天荒地变"岂不可悲哀？但是我悲哀的还不是这个，而是"伤春"，因为天荒地变只是一时的变故，而伤春则是人世间永久的美好光阴、美好事物的消逝；同样，"玉树亡国人"仅限于一个国家、一个君主的得失成败，而"小苑作长道"则是千古的兴亡、千古的盛衰。

"瑶琴愔愔藏楚弄，越罗冷薄金泥重。"阮籍的《咏怀》诗说"夜中不能寐，起坐弹鸣琴"，当你内心有一种激动的感情而不能安定下来的时候，你可以弹琴，用音乐来消解。"愔愔"是形容琴声的安和柔美；"楚弄"，"弄"是一个曲调，比如《梅花三弄》《蔡氏三弄》等等，"楚弄"就是楚调，陶渊明的诗就有标题为"怨诗楚调"者，可见楚调是哀怨的。这句用的是反衬的句法，他说你表面上听起来，那瑶琴的声音是安和柔美的，可是它里边其实隐藏了多少哀愁幽怨的感情！下边一句"越罗冷薄金泥重"同样用的是反衬。"越罗"是越地出产的丝织品，它的质地很薄，穿在身上自然有寒冷的感觉；"金泥"应指"越罗"上所印的金粉的花纹。于是，那么凝重、富丽的"金泥"便与那么轻软、凄冷的越罗形成了鲜明的对比，传达出一种非常微妙的感受。

"帘钩鹦鹉夜惊霜，唤起南云绕云梦。"古代有很多贵族家庭常常在华美的居室中挂着鹦鹉，在秋天的霜夜，鹦鹉因寒冷而惊起，不停地叫着，于是唤起了"南云绕云梦"。苏东坡有一首词说："明月如霜，好风如水，清景无限。曲港跳鱼，圆荷泻露，寂寞无人见。紞如三鼓，铿然一叶，黯黯梦云惊断。"（《永遇乐》）"梦"是渺渺茫茫的，南方是温暖多情的地方，所以，那惊霜鹦鹉的叫声就唤起了"云梦"。"云梦"在中国诗歌中是一个符码，宋玉《高唐赋》中说在云梦山上，楚王遇见神女，她"朝为行云，暮为行雨，朝朝暮暮，阳台之下"，可见，"云梦"本是一个多情浪漫的梦，而当这样的梦被唤起之时，她就要给自己相思怀念的那个人写一封信了。

"双珰丁丁联尺素,内记湘川相识处。""珰"就是耳环。古诗说"耳中明月珰","明月珰"自然是明月珠做成的耳环了。耳环都是成对的,所以是"双珰";两个耳环放在一起,上面的珠玉或金银相互碰撞,便发出"丁丁"的声音。"丁"字念 zheng,《诗经》里说"伐木丁丁",形容伐木的声音。他说我要把我的一对耳环封在书札里边寄给远方的人。李商隐还有一首《春雨》也说:"远路应悲春晼晚,残宵犹得梦依稀。玉珰缄札何由达,万里云罗一雁飞。"我究竟怎么样寄给他呢?"内记湘川相识处"。他说,我在那封信里边还写下了我们当年相见的地方。在哪里相见的?在"湘川"。因为这句诗里出现了"湘川"二字,所以很多人就去考证了,说李商隐在湘川认识了谁,那个女子是什么人,叫什么名字,等等。其实也不必然如此,你看《楚辞》上说什么湘君、湘夫人啦,总之,湘川这个地方有很多女神,是非常浪漫、充满想象的地方。

　　最后两句:"歌唇一世衔雨看,可惜馨香手中故。""歌唇"自然指所思女子的歌唇,李后主的《一斛珠》说:"一曲清歌,暂引樱桃破。"他说我们虽然分别了,可是我在记忆中永远能够想见你的歌唇,想见你歌吟时的情景,而这一切,我都是含着满眼的泪水看到的。"可惜馨香手中故","馨香"是指寄书者手上的芳香,但这仅有的一缕余香也不会永远存留,它终将在你的手中——这么珍重它、爱惜它的人的手中渐渐地逝去。这两句同样用了对比的手法,如此美丽的歌唇却要衔泪带雨而看,如此美好的馨香却不能长保,他总是既写那美丽、浪漫、多情的一面,又写那寒冷、寂寞、悲哀的一面。而到此馨香渐故之时,秋天已经过去了。

　　　天东日出天西下,雌凤孤飞女龙寡。
　　　青溪白石不相望,堂中远甚苍梧野。

冻壁霜华交隐起，芳根中断香心死。

浪乘画舸忆蟾蜍，月娥未必婵娟子。

楚管蛮弦愁一概，空城罢舞腰支在。

当时欢向掌中销，桃叶桃根双姊妹。

破鬟倭堕凌朝寒，白玉燕钗黄金蝉。

风车雨马不持去，蜡烛啼红怨天曙。

　　这首《冬》是这组诗的最后一章，开头"天东日出天西下"写得真是有力量。当然，李商隐有时是用一些饱含感情的字样，像什么"衔雨看""掩孤颦"等等。但是，即使他不用那些字样，他的一些诗句同样带着很强大的感动人的力量。前面我们提到索绪尔的理论，他说语言的作用有语序轴和联想轴两条轴线，而语言的感发力量有时从语序轴带出来，有时则是从联想轴带出来。李商隐这句诗的感发力量即是从语序轴带出来的，"天东日出天西下"，一个是"天东"，一个是"天西"，才说"出"，转眼就说"下"，这是何等匆遽的无常！屈原说"日月忽其不淹兮，春与秋其代序"，一天的迟暮是这样，一岁的迟暮也是这样。短短七个字，说得斩钉截铁，强烈地使人感受到一种生命无常的震撼力量。接着"雌凤孤飞女龙寡"，"雌凤"与"女龙"性别相同而种类不同，而无论是"雌凤"还是"女龙"，她们都是孤独的；无论哪一个族类，他们的生命都是充满缺憾的。

　　"青溪白石不相望，堂中远甚苍梧野。""清溪"指青溪小姑，是一个美丽的女子；"白石"指白石郎，是一个英俊的男子。本来，青溪边美丽的女子应该与白石英俊的男子结成同生共命的伴侣，可是他们却"不相望"，两个人永远不能相见。"堂中远甚苍梧野"，"苍梧"是什么地方？是舜死的地方。传说舜去南巡，死在苍梧的山野里，李白的《远别离》写的就是帝舜与娥皇、女英的别离。那是一种怎样的别离？一般说来，人世间的别离，或者是生离，或者是死别，就算是死了，总归有个埋葬尸骨的地方。可是舜死在苍梧之野，葬在九嶷山上，连尸骨都没能运回来；不仅尸骨没有运回来，连坟墓都不知道在哪里。所以娥皇、女英在湘水边哭泣，泪下沾竹，化作斑斑的血泪。现在李商隐说"堂中远甚苍梧野"，本来堂中应该是很近的，可没想到即使在这么近的堂中，竟然像隔着苍梧的山野那么遥远，这真是一种永恒而无望的隔绝。

"冻壁霜华交隐起，芳根中断香心死。"你要知道，现在已经是冬天了。"壁"给人一种隔绝封锁的感受，"冻壁"则完全处于寒冷的封锁包围之中了。"霜华"，他写得真是美！因为凡是大自然的结晶，往往呈现一种细小的花的形状，所以既然雪可以叫雪花，那么霜也可以叫"霜华"了。"交"是交叉错综；"起"是一层一层增加上去它的厚度；"交隐起"，冻壁上的霜华是那样浓密地交错在一起，越积越厚了。在这样一寒彻骨的隔绝之下，"芳根中断香心死"，你真就断了芳根、死了香心——不管你多么美好的芬芳的情思，都死去了，都断绝了。

"浪乘画舸忆蟾蜍，月娥未必婵娟子。""浪"是徒然的意思，"蟾蜍"代表天上的月亮。你不是向往天上的明月吗？你不是一直想"直教银汉堕怀中"吗？可是即使你真的能够乘坐着画船到月宫上去，找到那个美丽的嫦娥，她也未必像你所想象期待的那样美好。我的老师顾随先生写过一首《浣溪沙》，其中有这样几句："谁信今朝花下见，不如凤昔梦中来。空花今后为谁开？"他说以前我在梦中向往一个形象，只是没想到今天真的在花下见到它，却与我梦中所想的不一样，我的理想落空了。从今以后，就算有一朵空花，它又为谁而开放呢？连空花都幻灭了。所以李商隐这两句诗写得真是非常绝望，本来你还有一个理想，还在追寻，但是现在你不仅知道了这一理想本无实现的可能，而且连这种追寻的本身，也难免于最终幻灭的下场。

　　"楚管蛮弦愁一概，空城罢舞腰支在。"因为这句中出现了"楚管""蛮弦"的字样，所以有人就考证，说这个女子是不是又到了楚地、到了南方了？其实，李商隐不见得是这个意思，刚才我们说，一个诗人，他用字的重点是不同的，你不必一定要抓住它考证一番，说"楚管"在哪里，"蛮弦"又在哪里，你不用管它。在这里，"楚""蛮"是两个不同的地方；"管""弦"是两种不同的乐器。他说不管是楚管也好，是蛮弦也好，你无论用什么地方的乐器来演奏什么地方的音乐，总之都是"愁一概"——悲痛都是相同的。"空城罢舞腰支在"，姜白石的诗说"只因不尽婆娑意，更向街心弄影看"（《灯词》），你起舞，应该有人欣赏才对，可是你舞的地方在哪里？在"空城"；空城还不说，空城也已经是"罢舞"了，如果一直没有人见过你婆娑的舞姿，将来也永远不会再有见到的可能了。尽管你不能再舞，但你的腰支仍在。杜甫说："老去才难尽，秋来兴甚长。"（《寄彭州高三十五使君适、虢州岑二十七长史参三十韵》）你毕竟不能放弃自己曾经珍贵美好的才质。

　　"当时欢向掌中销，桃叶桃根双姊妹。"刚才我们说"可惜馨香手中故"，你当年的那些欢笑都消逝了，在哪里消逝的？在你的掌中，就是在你自己的手掌中，你也没有办法把握住它，无法把它留住。那么你失去了多少？"桃叶桃根双姊妹"，因为这一句的缘故，苏雪林女士就认为李商隐写了两个女子，就是皇宫里的飞鸾和轻凤姐妹。其实，这句的"桃叶桃根"与前面的"楚管蛮弦"一样，你不用去考察，说到底是楚还是蛮，是管还是弦。不用说一个女子不存在了，就是"桃叶桃根"一对姊妹、一双女子都不存在了。作者将"桃叶""桃根"并列，又加上"双姊妹"三字，这都是在加重语气，加重这种美好事物双双落空的悲慨。在"当时欢向掌中销""桃叶桃根双姊妹"这一切美好的事物都消失之后，你还剩下些什么呢？

"破鬟倭堕凌朝寒，白玉燕钗黄金蝉。"高明的诗人用字，美丽的字有美丽的好处，不美的字有不美的好处。李后主说"晚装初了明肌雪"（《玉楼春》），那是严妆，非常完整、一点破绽都没有的一种装束。可是"破鬟"，当她消磨到现在，她的倭堕鬟已经残破不整了。你要用你的残破来面对什么？"凌朝寒"，你要面对第二天清晨的寒冷。李商隐还有一首诗说："远书归梦两悠悠，只有空床敌素秋。"（《端居》）他说我等待远方的书信，可是书信没有来；那么，就让我做一个归家的梦，但梦也没有做成。现在我只有一张寒冷的空床，而我面对的、包围我的却是那肃杀寒冷的秋天。可以想见，当一切都归于残缺破灭的时候，你以如此空虚孤寂的心灵，面对"朝寒""素秋"这样寒冷的侵袭，这是何等难以忍受的悲苦！"白玉燕钗黄金蝉"，关于"白玉燕钗"还有一个传说，据《洞冥记》记载，汉武帝时有一根玉钗，被放在一个盒子里边，等到昭帝继位以后，打开盒子一看，那玉钗忽然变成一只白燕飞走了。这个神话故事我们且不管它，总之，"白玉燕钗"是一种最美丽的玉钗。"黄金蝉"，指的是一种蝉形的饰物。这句是说，虽然你的头上还有"白玉钗""黄金蝉"这么美好的饰物，可它们都是没有感情的东西，而你的髻鬟毕竟已经残乱不堪了。

最后两句："风车雨马不持去，蜡烛啼红怨天曙。"本来风雨多象喻摧伤阻隔等等，可是李商隐的这句诗把"风"想象成"车"，把"雨"想象成"马"。如果风为车雨为马，这么奔腾驰骤时，它们是否能把我带到我所爱的人那里去？不，尽管你希望如此，但风不会变成车，雨也不可能变成马，现在只有风雨，只有朝寒，"风车雨马"不会把你带去，而此时长夜将尽，你点燃的蜡烛也即将滴尽最后的红泪，"春蚕到死丝方尽，蜡炬成灰泪始干"，逝者如斯，所余者只有泣血的哀啼而已。

从第一首《春》到这一首《冬》，从"风光冉冉东西陌"的生意萌发，经过多少缠绵往复的追求向往，到最后只剩得"蜡烛啼红怨天曙"这样临终的哀怨，正像《红楼梦》中所说的"想眼中能有多少泪珠儿，怎禁得秋流到冬，春流到夏"，李商隐这几首诗真是写尽了宇宙间亘古长存的一种长怀憾恨的心灵境界。

我这样讲还没有结束。四十年前，当我写《旧诗新演——李义山〈燕台四首〉》一文即将结束的时候，我收到台北友人寄来的一本杂志，刊名叫《现代文学》。这份刊物是白先勇等人编的，他们当时在台大外文系读书，经常介绍一些西方的文学作品，在那本杂志上，有一篇介绍犹太裔的捷克作家卡夫卡的译文。当然，我这个人喜欢跑野马，我就想到十九世纪的一个近代的西方小说家居然与我国唐代的一个诗人之间有某些相似的地方。

第一，李商隐与卡夫卡之所以成为出色的文学家，主要的一个原因是他们本来所禀赋的一种迥异于常人的以心灵取胜的品质。我们说一个人的作品之所以好、之所以能够取胜于人，有很多的原因：也许是内容好，也许是词句好，也许是思想好，也许是意义好，可是我觉得像卡夫卡、李商隐这样的作者，他们主要是靠其最本质的心灵取胜的。当时在那期杂志上还登了一个名叫梁景峰的人翻译的一篇《卡夫卡简介》，在那篇文章中，他引用了卡夫卡的日记，日记中说我的创作，就是我梦幻一般的内在生活的表现。梁景峰说像卡夫卡的作品，我们不能用理性去领悟，光是追寻一个内容的概要，这是没有多大作用的。所以，我们只有竭尽心力去体会作品之中的象征性及其语言的造型，才能够打开他的作品来加以探究。

第二，李商隐与卡夫卡都非常善于把真实的生活体验糅合在自己充满梦幻的心灵幻想之中，所以他们的作品往往不是纯粹的写实，也不是纯然的幻想，更不是出于理性的寓言或托寓。李商隐的某些诗篇同卡夫卡的小说一样，既不是以理性来叙写的现实，也不是以狂妄的梦想制造出来的幻境，更不像一般传统的作者用托寓、寓言所做出来的有心的安排。他的作品一般都是真实生活在其梦魇般的心灵之中的反映；而也就在这种经过反射的变态的映像之中，读者从作品不同的角度可以得到许多不同的感受。而且，我们可以赋予它们不同的意义，他们的作品也就在这种多面的感受、多面的解说的可能性之中，显示出他们所独有的一份特殊的美感。

第三，从读者对他们的态度来说，卡夫卡跟李商隐也有某些相似之处。当时那本《现代文学》杂志上还有陆爱玲翻译的爱德文穆尔的《卡夫卡论》，文中说："假如有人承认他的优点的话，他便毫无选择余地地要把那些优点列于首席。另一方面也有许多人觉得他无甚优点，且认为竟有如许读者尊他为相当有天才的作家是不可思议的。"我想这种情形是因为他们的作品所写的多是一种心灵的感受，所以要想欣赏他们的作品，你就应该先有一颗与他们相接近的心灵，然后才能进入属于他们心灵的梦幻的境界中去，作出比较深刻的体会和欣赏，而那种心灵并不是每个人都相同的，所以有的人非常欣赏，有的人就完全不能够欣赏，甚至轻视或诋毁。

以上是我个人一时联想所及的卡夫卡与李商隐的某些相似之处，我自己曾经写过一首题为《读义山诗》的绝句：

> 信有姮娥偏耐冷，休从宋玉觅微辞。
> 千年沧海遗珠泪，未许人笺锦瑟诗。

我相信世界上果然有一个像嫦娥那样的女子，她"碧海青天夜夜心"，她忍耐了高空的寒冷，可是大家都不相信怎么会有这样的人，愿意过这样的生活？对于李商隐的某些诗，你不要给他牵强比附，说那一定是写他与使府后房的姬妾谈恋爱，或者说那女子就是皇宫里的飞鸾和轻凤，或者说他一定有什么托寓，是讽刺哪一个政治上的人物等等。千载之下，他的诗篇就像沧海之中留下的一颗颗闪烁着晶莹泪点的珠颗，即泪即珠，即珠即泪；而义山诗中那种深微幽窈的心灵境界只可以相类似的心灵去感触探寻，他是不许人给他作笺注、作解说的。既然不许作笺注，我今天说了这么多，实在是很愚妄的徒劳。

好，这次讲座我们就结束在这里。